货运交通系统(第2版)

Freight Transportation System（2nd Edition）

袁 泉 石小法 编著

同济大学出版社
TONGJI UNIVERSITY PRESS
·上海·

图书在版编目(CIP)数据

货运交通系统 / 袁泉，石小法编著. -- 2版.
上海 ：同济大学出版社，2025. 8. -- ISBN 978-7-5765-1501-5

Ⅰ. U

中国国家版本馆 CIP 数据核字第 2025A9H295 号

货运交通系统(第2版)

Freight Transportation System (2nd Edition)

袁 泉 石小法 **编著**

责任编辑 李 杰 **责任校对** 徐逢乔 **封面设计** 于思源

出版发行 同济大学出版社 www. tongjipress. com. cn
(地址:上海市四平路 1239 号 邮编:200092 电话:021-65985622)
经 销 全国各地新华书店、建筑书店、网络书店
排 版 南京月叶图文制作有限公司
印 刷 苏州市古得堡数码印刷有限公司
开 本 787mm×1092mm 1/16
印 张 12.25
字 数 298 000
版 次 2025 年 8 月第 2 版
印 次 2025 年 8 月第 1 次印刷
书 号 ISBN 978-7-5765-1501-5

定 价 68.00 元

目 录

第 1 章
绪　　论

1.1 货运交通系统的重要性

古往今来，货运作为国家经济发展的主要支柱之一，在各项经济和社会活动中扮演着极其重要的角色。早在 1894 年，孙中山先生在其《上李鸿章书》中就明确提出，将"货畅其流"作为改革纲领之一。百余年后的今天，货运仍然在社会经济活动和人民生活中占有极其重要的地位。

货运(指货物运输)的定义为：用设备和工具，将物品从一地点向另一地点运送的物流活动。与此同时，公路、港口、航道、桥隧、轨道、机场、仓库、货运场站、配送中心等交通基础设施共同构成了一个复杂的货运系统，货物依托该系统在各个环节有序地流通。货运交通系统高效、可靠的运转对整个社会具有十分重要的意义。

(1) 货运交通系统是社会经济发展的重要基础和保障。

随着全球经济一体化的发展趋势和市场竞争的日益加剧，以及现代先进物流技术在世界范围内广泛的应用和发展，人们开始逐步认识到，在产品供应链中扮演着连接原料产地、制造点、销售点及消费点的重要角色的货运交通，已成为社会经济在高起点上持续发展的重要基础。货运交通不仅与物流产业息息相关，还与国民经济其他各产业有着密切的产业关联，是有效实现社会再生产，提高国民经济运行质量和效率，提高城市经济综合实力和竞争力的重要基础和保障。

(2) 货运交通系统与人们的生活品质息息相关。

货运交通与客运交通是城市交通的两大组成部分，货运交通的正常运转是城市经济社会活动赖以生存的基本条件，货运需求量的变化直接反映了城市经济的发展水平和人民的生活品质。随着社会经济的快速发展和人们生活需求的增长与多样化，人们对货运交通系统的服务水平要求也在日益提高。一方面，伴随着电子商务兴起和物流管理中降低库存、提高顾客服务水平的需要，城市货运交通组织出现了多品种、小批量、多批次、多样化的不同层次的需求，这些需求也对货运交通系统的便捷性、可靠性提出了更高的要求。另一方面，货运交通系统作为综合交通系统的一个子系统，货运需求的变化将导致城市道路货运车辆大大增加，这也会进一步加剧城市交通拥挤和环境污染，从而直接或间接影响人们的生活水平和生活质量。

(3) 货运交通系统的发展水平是一个国家或地区综合实力的主要标志之一。

随着货运基础设施的建立和完善以及先进运输技术的引入与应用，建立一个高效、可靠的货运交通系统已不仅是企业实现利益最大化、增强竞争力的有效途径，同时也是一个城市乃至国家实现公共利益最大化、建设和谐有序的流通环境以及保护生态系统、促进可持续发展的重要手段。美国、欧洲、日本等发达国家和地区城市的货运交通发展历程表明：构建一个高效可靠的货运交通系统，并适时地制定和完善货运交通政策，不仅能够推动和保障区域物流的快速健康发展，还有利于改善和优化城市交通，促进国家经济的可持续发展和人民生活水平的提高。因此，货运交通系统的建设在发达国家已经成为政府综合交通系统规划建设的重要内容之一，其也逐渐引起了各个发展中国家政府的关注和重视。

1.2 货运交通系统与经济社会的关系

货运交通系统是一个十分复杂的人工经济系统，包括货运需求、载运工具、基础设施以及信息技术等一系列要素。伴随着经济社会的发展，货运市场逐渐形成并发展，同时也产生了货运需求。货运市场反映了货物运输经营及相关活动的需求供给和交换关系，它是一个涉及货物运输经营主体与服务客体的复杂范畴。大量研究和事实证明，货运交通系统与经济社会之间存在着相关性。

实践表明，一个国家经济社会的发展与其货运交通系统存在着密不可分的关系。一方面，经济社会的快速发展对货运交通系统提出了更高的要求；另一方面，货运交通系统的高效、可靠发展和日益完善也带动了经济的快速、可持续发展。

1.2.1 货运交通系统与国民经济的关系

1. 货运需求对国民经济活动的影响

货运需求的产生源自产业之间的投入产出关系。在社会生产与消费活动中，产品的生产地与消费地的空间分离催生了货运需求。货运的作用是通过货物的空间位移，使抽象的客观存在转化为实实在在的产品投入、产出及消费。货运量是由社会消费与生产所派生的，是衡量运输系统输出大小的指标，同时它也是社会经济发展状态的某种侧面反映。

国民经济系统是由各具特定功能、共同承担整个国民经济系统运转任务的生产部门构成的产业经济系统。各生产部门之间具有错综复杂的相互服务关系，这种关系通过交通、通信等流通环节来完成。货运需求作为交通部门重要的流通环节，是各国民经济部门之间的联系得以形成的纽带之一，货运交通系统是货物移动的载体。

2. 货运交通对生产力的影响

国民经济的增长和人民生活水平的提高主要依赖于两种方式，即更多的劳动力或更高的生产力。以美国为例，随着其国内人口老龄化的发展以及净出生率的下降，美国主要依靠生产力的提高来实现其经济发展的目标，而货运交通就是影响其生产力的重要因素之一。

高效的货运交通系统能够减少货物运输和服务成本，能够提供从一地到另一地更加快捷、可靠的运输服务。这一过程体现在收集原材料以及将产品投放市场的过程中。货运交通系统对生产力的影响主要体现在以下几个方面：①在途时间的减少→劳动力成本降低；②同样时间内车辆行驶距离增加→更少的车辆需求；③载运工具的大型化；④货运系统的智能化；⑤更高的运输可靠性。

3. 货运基础设施对经济增长的影响

货运基础设施是货运交通系统的重要构成要素之一，完善的货运基础设施建设和科学有效的运输基础设施投资能够促进货运交通的高效发展，从而带动生产力的提高和竞争力的提升，对经济量增长起到积极的推进作用(图 1-1)。

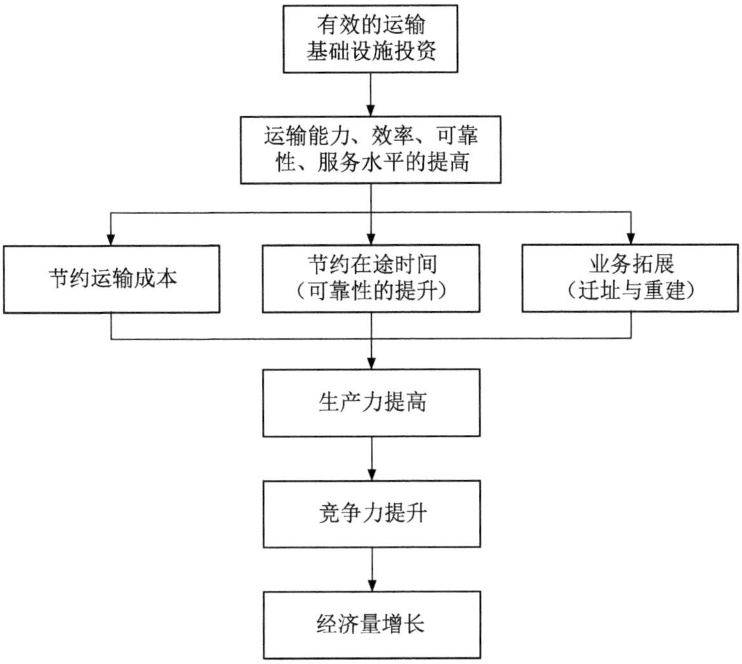

图 1-1　运输基础设施投资与国家经济增长之间的关系

资料来源：ICF Consulting，21st Century Freight Mobility(ICF 咨询公司，21 世纪的货物移动)。

1.2.2　货运交通系统与社会进步的关系

货运交通系统的高效、可靠运转一方面促进了社会经济的发展，另一方面也促进了社会的进步，主要表现在以下几个方面：

(1) 货运交通系统促进科学技术的引进和教育的发展，它也是先进的科学技术发展的动力之一。18 世纪以蒸汽机为标志的第一次工业革命和 19 世纪以电力为标志的第二次工业革命都是以交通运输为起始环节之一，许多新兴技术也往往出现在货运交通系统和物流系统较为发达的地区。通畅的货运交通系统促进科学技术的交流与发展，反过来，先进的技术与理念也促进货运交通系统自身的发展与进步。

(2) 货运交通系统有利于促进社会分工和生产的规模化与集约化。许多社会分工与产业的发展会受到货运交通系统发展水平的制约，一些产业也是在货运交通系统的不断完善和发展下才逐渐形成规模化生产和精细化生产。

(3) 货运交通系统的发展能够促进人们视野的开拓与观念的更新。货运是促进国家与国家、地区与地区乃至人与人之间交往互通的重要手段与形式。顺畅的货运交通会使地区经济与外界交往活跃，能够伴随着货物的流动侧面增加人们的思想、文化以及先进的方法技术等方面的交流互动，有利于开拓视野，启迪思维，促进思想的进步与观念的更新。

1.3 货运交通与物流系统

1.3.1 物流与物流系统的概念

物流被认为是“第三利润源泉”，这一概念是在不断的实践发展中形成的。

早在1935年，物流以实物分配(Physical Distribution，PD)的概念出现。美国销售协会阐述了PD的概念：“PD是包含于销售之中的物质资料和服务在从生产场地到消费场地的流动过程中所伴随的种种经济活动。”在第二次世界大战期间，美国军事部门将其发展的“物流管理”(Logistics Management)方法应用于军需物资的采购、运输、仓储、分发的统筹安排和全面管理，取得了显著的效果。第二次世界大战以后，随着西方经济进入大批量生产与销售的时期，降低流通成本的问题开始广泛引起人们的关注，PD的概念也更为系统化。直到20世纪50年代，PD的概念在日本被译为“物的流通”，简称物流，并越来越被广泛使用。近20年来，logistics逐渐取代PD，成为物流科学的代名词，象征着物流科学开始走向成熟。

目前世界范围内对物流还没有一个统一的定义。物流进入中国后，经过多年的研究与探索，《物流术语》(GB/T 18354—2021)给出物流的定义：“根据实际需要，将运输、储存、装卸、搬运、包装、流通加工、配送、信息处理等基本功能实施有机结合，使物品从供应地向接受地进行实体流动的过程。”

物流系统是一个比较复杂的综合系统，它由运输、储存、装卸、搬运、包装、流通加工以及物流信息等环节构成。物流系统的效益并不是其各个局部环节效益的简单叠加，因为各个环节之间存在相互影响、相互制约的关系，也就是交替损益的关系。各个环节都是物流系统链中的一个环节，任何一个环节过分削弱都会影响到物流系统链的整体强度。物流系统的目的是实现物流的空间和时间的有效利用，在保证社会再生产顺利进行的前提条件下，实现各种物流环节的合理衔接，并取得最佳的经济效益。

1.3.2 货运是物流系统的重要组成部分

货物运输的任务是对物品进行空间的移动。物流部门通过运输解决物品在生产地和需求地之间的空间距离问题，从而创造商品的空间效益，实现其使用价值，以满足社会需求。

货物运输是物流系统的重要环节之一。在实际经济运行过程中，作为物流基本功能的货物运输有着多种多样的形态，如企业物流运输系统与宅急便物流运输系统等，因此，物流离不开货物运输。

除了基本的货物运输功能以外，现代物流系统包含着更加广泛的内容，如仓储、包装、装卸、搬运、流通加工、配送、信息处理等一系列作业环节。

1.4 货运交通系统的发展历程及趋势

1.4.1 货运交通系统的发展历程

货物运输是人类获取食物、衣服、起居材料、工具以及武器的手段。早在远古时代，自有人类以来，就有货物运输。货物运输的发展历史与人类文明的发展史紧密相连。

从世界范围内来看，货运交通系统的发展往往伴随着一种或多种运输方式的进步与发展，但是在不同的发展阶段又各有侧重。在整个货运交通系统发展历程中，随着运输技术的进步和载运工具的多样化发展，各种运输方式的发展侧重和主导作用也各有不同。

在文明时代早期，人类的货物运输及贸易主要利用帆船、固定车轴的简陋车辆及骆驼商队等载运工具进行；中世纪左右，马颈项圈和罗盘的发明促进了陆路和海上货物运输的发展；到了近代以后，机械化运输的出现和道路的改进使得四轮马车成为陆上运输的重要工具。

总的来说，在19世纪之前，货物运输的载运工具并无太大的革新与改进。进入19世纪以后，随着机械化运输的发展，货运交通系统的发展历程大致可以划分为以下四个阶段。

1. 水运阶段(19世纪上半叶)

19世纪初，以瓦特发明的蒸汽机在水路运输中的应用为标志，从此开始了水路运输的机械化时代。在相当长的一段历史时期内，水路运输在各种运输方式当中具有不可替代的地位。尤其是在铁路出现以前，水上运输与以人力、畜力为动力的陆上运输工具相比，其运输能力、运输成本和便捷程度等都处于优越的地位，同时水运的发展对工业布局和大都市的形成也有很大的影响。

2. 铁运阶段(19世纪下半叶—20世纪30年代)

1825年，世界第一条铁路从英国斯托克顿修至达灵顿，并投入公共客货运输，标志着铁路时代的开端。到了19世纪，英国、美国和西欧各国都进入了铁路建设高潮期，横贯美国大陆的铁路就是在这个时期建成的。这种形势也迅速蔓延到其他一些国家，至19世纪下半叶，已扩展到非洲、南美洲和亚洲各国。从此，铁路成了陆地交通的主要工具。由于铁路能够快速、大容量地运输货物，因而极大地改变了陆上运输的面貌，为工农业的发展提供了新的、强有力的交通运输方式，从此，工业布局摆脱了对水上运输的依赖，在内陆腹地加速了工农业的发展。

3. 铁路、公路、航空和管道运输竞争共存阶段(20世纪30年代—50年代)

20世纪30年代—50年代，公路、航空和管道运输相继发展，与铁路运输形成了激烈的竞争。就公路运输来说，由于汽车工业的发展和公路网的扩大，公路运输能充分发挥其机动灵活、迅速方便的优势。时至今日，一方面，世界上各先进国家均建有巨大的、经过改造的公路系统，其中还包括高速公路，使得载货汽车、拖车能够运送大量的货物。另一方面，随着工业的发展和科学技术的进步，人们的价值观念日益增强，航空运输在速度上的优势，不仅在长途旅客运输方面占有重要的地位，而且在货运方面也有了快速的发展。现代管道运输则始于19世纪中叶，1865年美国宾夕法尼亚州建成了第一条原油输送管道。进入21世纪之后，由于大量油田的发现，油管运输因此成为一种重要的运输方式。随着第二次世界大战后石油工业的发展，管道的建设进入了一个新的阶段，各产油国竞相开始兴建大量石油及油气管道。在这一阶段，多种运输方式发挥的作用明显上升，铁路一枝独秀的局面被打破，各种运输方式同时竞争成为货物运输发展第三个阶段的主要特征。

4. 各种运输方式联合发展阶段(20世纪50年代至今)

20世纪50年代后，人们开始逐步认识到在交通运输的发展过程中，铁路、水路、公路、航空和管道这五种运输方式是相互协调、竞争和制约的，因此需要进行综合考虑，协调各种运输方式之间的关系，构成一个现代化的综合运输体系。联合发展阶段的重点之一是在整体上合理进行铁路、水路、公路、航空和管道运输之间的分工，充分发挥各种运输方式的优势，联合运输也将成为未来一段时期内货运交通发展的主要趋势。

1.4.2 货运交通系统的发展趋势

货物运输业是一个发展迅速的产业，据统计，至 2020 年，我国五种运输方式的货运总量达到 472.6 亿 t，货物周转量 201 946 亿吨公里，各种运输方式历年货运量、货物周转量情况如表 1-1、表 1-2 所示。

表 1-1　　我国历年各种运输方式的货运量　　单位：亿 t

年份	货运量总计	铁路		公路		水路		航空		管道	
		运量	比例	运量	比例	运量	比例	运量	比例*	运量	比例
1980	54.7	11.1	20%	38.2	70%	4.3	8%	0.000 89	0	1.1	2%
1985	74.6	13.1	18%	53.8	72%	6.3	8%	0.001 95	0	1.4	2%
1990	97.1	15.1	16%	72.4	75%	8.0	8%	0.003 70	0	1.6	2%
1995	123.4	16.6	13%	94.0	76%	11.3	9%	0.010 11	0	1.5	1%
2000	135.9	17.9	13%	103.9	76%	12.2	9%	0.019 67	0	1.9	1%
2005	186.3	27.0	14%	134.2	72%	22.0	12%	0.030 67	0	3.1	2%
2010	324.1	36.4	11%	244.8	75%	37.9	12%	0.056 30	0	5.0	2%
2015	417.6	33.6	8%	315.0	75%	61.4	15%	0.062 93	0	7.6	2%
2020	472.6	45.5	10%	342.6	72%	76.2	16%	0.067 66	0	8.2	2%

资料来源：《中国统计年鉴 2021》。

注：* 航空货运量较小，比例近似为 0。

表 1-2　　我国历年各种运输方式的货物周转量　　单位：亿吨公里

年份	货物周转量总计	铁路	公路	水路	航空	管道
1980	12 027	5 717.5	764.0	5 052.8	1.41	491
1985	18 365	8 125.7	1 903.2	7 729.3	4.15	603
1990	26 208	10 622.4	3 358.1	11 591.9	8.18	627
1995	35 909	13 049.5	4 694.9	17 552.2	22.30	590
2000	44 321	13 770.5	6 129.4	23 734.2	50.27	636
2005	80 258	20 726.0	8 693.2	49 672.3	78.90	1 088
2010	141 837	27 644.1	43 389.7	68 427.5	178.90	2 197
2015	178 356	23 754.3	57 955.7	91 772.5	208.07	4 665
2020	201 946	30 514.5	60 171.8	105 834.4	240.2	5 185

资料来源：《中国统计年鉴 2021》。

根据历年的发展趋势，我国货运量和货物周转量呈现快速增长的趋势。但从运输方式构成来看，我国各种运输方式的组成结构正在经历着与发达国家类似的演变过程，即铁路运输的比重逐年下降，公路运输的比重逐年上升。

从世界范围内的货运交通系统的发展趋势来看，各种运输方式虽然存在各自不同的特性，但就整个系统的发展趋势而言，存在着几乎共同的方向，即高速化、重载化、智能信息化、环保可持续化和运输方式综合协调化。

1. 高速化

货运高速化是指载运工具在特定的运行介质中，通过科学技术的进步克服其所在介质的阻力而不断提高前进的速度。不同运输方式的速度存在着很大的差异，如表 1-3 所示。

表 1-3　　五种运输方式的平均运行速度　　单位：km/h

运输方式	公路	铁路	水路	航空	管道
平均运行速度	30～120	普速 50～100 高速≥200	15～40	200～900	16～30

从技术上说，各种货物运输方式提高速度的方法存在着共性。首先，克服周围介质的阻力需要加大牵引动力来获得足够大的驱动和制动功率；其次，需要有阻力小、自重轻、运行平稳安全且动力性能优良的载运工具；最后，运输基础设施（如轨道、公路等）也应尽量平直，以减少对载运工具的阻力干扰。

虽然运行速度的提高是整个交通运输发展过程中的永恒主题，但是，提高速度需要付出一定的经济代价，需要与提速带来的效益放在一起权衡考虑。各种运输方式的经济提速空间如表 1-4 所示。

表 1-4　　各种运输方式的经济提速空间

运输领域	所处介质特点	运输方式	经济提速空间
水运	水的密度为 1 000 kg/m^3，水中速度难以超过 91 km/h	河运	快速水运船：50～80 km/h
		海运	水面效应飞机：300～400 km/h
陆运	地表稠密大气密度为 1.2 kg/m^3，速度超过 400 km/h 后，90%的运行阻力来自空气	铁路	提速铁路：160～200 km/h 高速铁路：200～400 km/h
		公路	高速公路：120～140 km/h 最高速度：180～200 km/h
空运	11 000 m 高空空气密度只有地表的 1/5 左右	航空	超高空飞行：1 000～2 000 km/h

2. 重载化

货运重载化是指利用先进的科学技术，在保证运输安全的前提下，提高载运工具的单次货物装载能力。

采用先进技术提高载运工具的载重能力能够为货物运输带来巨大的经济效益。以铁路运输为例，通常一列货物列车的质量为 3 000 t 左右，现代重载列车技术能够使载重提高到

10 000～25 000 t/列，最高纪录超过 80 000 t/列，极大地提高了运输效率。在水路运输方面，船舶大型化趋势也十分明显。特大散货船的吨位已达 40 万吨级，液货船的最大吨位超过 60 万 t，最大的集装箱船能装载 24 000TEU(国际标准箱单位)。在公路运输方面，汽车的载重能力也已由几吨提高到几十吨甚至百吨以上。在航空运输方面，载重 300 t 的货运飞机已投入使用，另外，俄罗斯正研制能载重 1 000～2 000 t 的热气球，以解决特大货物在特困地区的运送问题。

货运重载化依托于一系列高新技术的综合利用，如超强材料和结构的应用、超大功率的牵引和制动、大宗货物的集散和管理等，是各种运输方式实现重载化需解决的共同问题。

3. 智能信息化

货运智能信息化是指运用当代高新科技(如计算机、信息、通信、自动控制、电子等)提高货物运输效率，提高运输安全性和服务水平。智能交通系统是 21 世纪交通运输领域的重点发展方向，智能信息化是货物运输逐步走向现代化的必由之路。将计算机技术、通信技术和测控技术组成的信息技术应用于货运交通系统，并由信息化向智能化的高级阶段发展是未来货运交通系统的发展趋势。

4. 环保可持续化

货运的环保可持续化是指通过新能源、新技术降低货运载运工具及基础设施对环境的污染和影响，促进货运交通系统整体环境友好、可持续发展。在环境持续性危机中，交通运输的影响很大。汽车尾气污染是大气污染的主要来源，油船泄漏和垃圾排放等造成重大水污染，公路、铁路施工中的不合理取土和填方对环境造成影响，飞机、汽车、火车等产生的噪声污染，电气化铁路和通信线路的电磁干扰，等等，都说明建设生态洁净型的现代货运系统非常重要。

5. 运输方式综合协调化

货物运输方式综合协调化是指在一次运输任务中综合运用两种或两种以上运输方式，通过高效衔接的联合运输以实现综合运输效益的最大化。不同运输方式的综合协调将是未来货运发展的主要方向，公铁联运、铁水联运等各种运输方式的新型组合将引领整个货运交通系统向更高效、可靠、可持续方向发展。

1.5 货运交通系统的研究内容与意义

1.5.1 货运交通系统的研究对象与内容

货运交通系统是随着社会经济和交通运输业的发展，以及运输技术的不断进步，以货物运输为主要研究对象，与多种学科结合而逐步发展起来的。

货运交通系统涉及货运基础设施的布设，载运工具、智能信息的运用，货运交通组织及控制等，与交通、土木、机械、材料、电子、信息工程、管理等科技领域各学科有着密切的联系和相互交叉。货运交通系统通过对各种交通运输方式合理统筹规划与协调发展，从而提高综合运输能力，以适应国民经济可持续发展的需要。

本书中货运交通系统研究的内容主要有以下几个方面：①货运交通系统的构成与特征；②公路货运系统；③铁路货运系统；④水路货运系统；⑤航空货运系统；⑥联合运输；⑦城

市货运交通；⑧货运交通系统规划；⑨货运节点交通系统设计；⑩货运交通系统新技术；⑪货运交通政策。

1.5.2 货运交通系统的研究意义

在过去，城市交通的矛盾主要是城市膨胀带来的客运交通方面的巨大压力，因此，以往的交通系统研究大多侧重于客运交通而忽视了货运交通。

一方面，从区域货运的发展情况来看，对区域货运交通需求的预测少有深入的研究，因而对货运基础设施的功能和建设规模缺乏科学的决策基础和依据。特别地，对于区域综合货运枢纽，即兼具各种运输方式设施的较大规模的货流集散地，往往缺乏统一的规划建设与协调，各种运输方式之间衔接不够紧密，使区域综合货运枢纽成为严重影响货物运输效率与效益的薄弱环节之一。

另一方面，城市交通的拥挤使货运车辆速度下降，加上中心城区货运车辆通行限制，导致城市配送成本上升、配送准确性和顾客服务水平下降，为企业降低运输成本目标的实现加大了难度。目前，虽然我国许多城市已经完成现代物流业发展规划，但产业规划趋于宏观，对城市货运交通问题更是缺乏专门深入的研究与探讨。

综上所述，我国在城市交通系统中缺乏对货运交通系统的关注，导致区域货运基础设施规划建设以及城市货运产生的交通拥挤、环境污染等问题也未得到足够的重视。因此，从可持续发展、创造良好经济发展环境和提高城市竞争力的角度出发，迫切需要对我国货运交通系统的理论框架进行研究，以便为货运交通系统的快速发展提供理论指导和科学依据。

思考题

[1-1] 谈谈你对货运交通系统的认识及货运交通的重要性。

[1-2] 简述货运交通系统在经济社会中的作用。

[1-3] 货运交通系统与物流系统有哪些异同点?

[1-4] 简述国内外货运交通系统的发展现状及趋势。

[1-5] 谈谈你所在城市的货运交通的发展情况。

第 2 章
货运交通系统的构成与特征

2.1 概述

2.1.1 货物运输的概念

货物是经济与社会活动中实体流动的物质资料。货物运输是利用不同的交通方式将不同类型的货物从一地运往另一地的过程。货物运输从起点到终点可能涉及铁路、公路、水路、航空等多种运输方式及交通组织。

货物运输中的关键因素包括以下三个方面。

(1) 货运需求。货运需求是货物运输行为形成的起点,很大程度上决定了货物的流动起点、终点、流经方向和路径。货运需求涉及工业生产、商业活动以及军事国防等不同领域,不同的货运需求对货物运输过程中的服务水平要求也存在很大的差异。

(2) 运输资源。货物运输资源包括货运基础设施、载运工具、转运的搬运工具及途径、先进的智能技术和货运信息平台等。根据货物自身各种属性与运输资源的匹配性、适应性分析,合理地选择利用各类运输资源是货物运输的关键。

(3) 货物运输本质。货物运输从本质上来说提供的是一种服务。货物运输服务所提供的不仅仅是简单的货物移动,还包括在需求导向下的运输高效、协调组织和有效的管理控制。

2.1.2 货物运输的特点

不论是旅客运输还是货物运输,减少中转次数,缩短在途时间,实现快速化、直达化、智能化,尽量地保持系统功能的连续性,是两者共同的发展方向。然而,货物运输与旅客运输由于功能对象本质的不同,与旅客运输的人性化需求导向相比,货物运输有着更明显的物性化特征,具体如下:

(1) 运输方式多样化。由于运送的功能主体为物,货物本身的属性决定了对不同的运输方式存在着不同的适应性。与旅客运输相比,货物运输的方式更加多样化,除了铁路、公路、水路、航空、管道五大类运输方式以外,多种方式协调、联合运输也逐渐成为未来货运的主要发展趋势。

(2) 被动组织程度高。在运输组织过程中,货运的功能对象——货流和车流,与需求主体(货主)在运输过程中是相互分离的。需求主体只有在始发、终到环节才了解功能对象的状态信息,与旅客运输的主动性、自适应性相比,货物运输具有被动性和他组织性。

(3) 市场化程度高。货物运输是以市场化需求为导向的运输活动。货物流动的起点,终点,流经的路径、方式,采用的组织形式和管理技术手段等一系列环节都受到货运市场的导向影响。从货运需求的角度出发,一方面,市场终端消费产品的需求增加以及受其带动下非终端产品需求的进一步增大,从而带动货运总量的持续增长;另一方面,产业结构变化与生产水平的提高带来产值的增加,同时也使得生产环节增多、产品物耗下降,货运结构中高附加值产品比重加大,货运强度降低。

(4) 政府管理难度大。货物运输管理的基本要求是按照市场经济发展的要求,确保货物实体在流动过程中按量、保质、及时、准确地供给生产端和消费端,同时不断地降低货物运输费用,实现货畅其流。货物运输的高度市场化发展,极大程度地加大了政府对货物运输的管理难度,包括对货运市场需求的有效宏观控制,对货运参与主体的组织、协调以及货物运输准则、规章的规范化、体系化管理等一系列问题。

2.1.3 货运交通系统的定义

目前针对货运交通系统还没有一个统一明确的定义。从系统的角度出发,所谓系统,是指"由相互作用和相互依赖的若干组成部分(要素)结合而成的,具有特定功能的有机整体"。结合货物运输的概念,对货运交通系统作出如下定义:货运交通系统是指在一定的时间和空间内,以提供货物运输服务、满足客户需求为目标导向,由所需位移的货物、货运基础设施、载运工具、运输组织模式与管理手段、智能信息技术等若干要素所构成的有机整体。

货运交通系统的目的是通过科学合理的规划建设,实现货物运输过程在成本与服务水平上的高效性和可控性,从而取得最佳的经济与社会效益。货运交通系统是社会经济系统的一个子系统,具有规模庞大、结构复杂、涉及范围广等大系统所具有的共性特征。

2.2 货运交通系统的构成

货运交通系统是一个十分复杂的系统,其系统构成要素如图 2-1 所示。

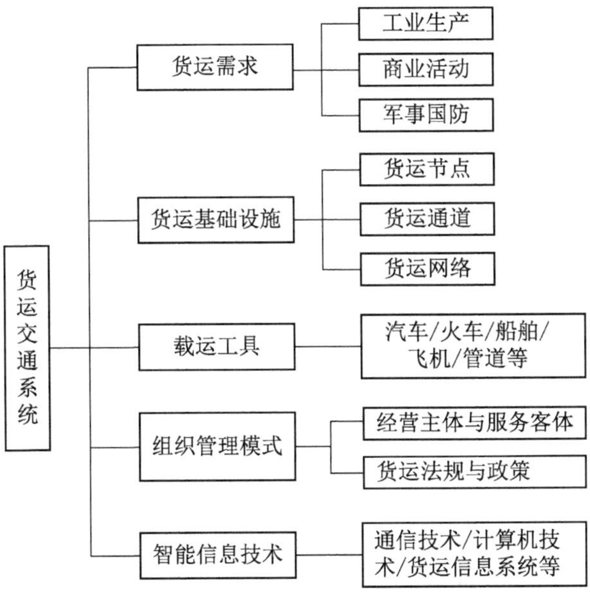

图 2-1 货运交通系统的构成

2.2.1 货运需求

货运需求是社会经济生活在货物空间位移方面所提出的具有支付能力的需求。有实现位移的意愿和具备支付能力是运输需求的两个必要条件。

货运需求与社会经济活动密切相关，主要包括工业生产需求、商业活动需求以及军事国防需求等。

2.2.2 货运基础设施

货运基础设施是与货物运输过程中的硬件紧密联系在一起的，如各种货运站、仓库（中转站）、物流中心、货运枢纽等，一般包括理货、分拣、装卸、仓储、组织管理等所需要的设施、设备。

按照点、线、面来对货运基础设施进行划分，货运基础设施的节点包括各种场站，如港口、机场、铁路场站、公路场站、综合场站、物流园区（中心）等；线即各种运输方式，包括铁路、公路、水路、航空、管道；面即货运基础设施，包括各种节点以及各种运输方式和运输通道所构成的货运网络。

货运基础设施具有投资高、使用周期长等特点，其选址、设计、运转情况直接影响货运的运行机制和生产效率。

2.2.3 载运工具

载运工具的速度和容量决定了货物运输的速度以及承运的容量，可以说货物运输是伴随着各种载运工具的演变和技术革新而发展的。随着科学技术的进步，货物运输的载运工具也呈现出多样化和高科技化的快速发展趋势。简单地说，不同的运输方式对应着不同类型的载运工具。

（1）道路载运工具：利用汽油、柴油、电或其他能源作为动力，通过轮胎在各种道路上行驶的各种货运车辆，如大型货车、中型货车、特种专用货车、取送货的轻型货车等；货物装卸设备，如叉车等。

（2）轨道载运工具：沿固定的轨道行驶，由电力、内燃机或蒸汽作为动力的各种车辆，如火车等。

（3）水路载运工具：利用螺旋桨、喷射水流在水中的推力而在水上行驶的载运工具，按用途分为专用船（如油船、矿石船、冷冻船等）、混装船、集装箱船等；按装卸货物的方式分为载货车辆可以直接开到船上的滚装船、无自行能力的船等。

（4）航空载运工具：利用螺旋桨或高速喷射气流在空气中的推力而在空中航行的载运工具，主要指各类航空器，包括货机与承担部分货运功能的客机。

（5）其他载运工具：如各种液体或气体输送管道、皮带输送机等。

各类载运工具在速度、容量、费用、安全性、环境污染等方面具有不同的使用性能，这些性能要求之间有些是相互抵触的，很难集中地体现在某一种载运工具上。例如，要求速度快，就势必会增加能源消耗，从而增加费用。因此，应根据不同的货运需求以及不同运输对象或运输任务，合理地选择相应的载运工具。

2.2.4 组织管理模式

1. 货运经营主体与服务客体

货运经营主体即从事货运业及相关服务的经营者。例如,运输、仓储、货运代理、配载、装卸、信息及相关物流服务的经营者都是货运系统的经营主体。

(1) 货运经营者。从事货运业的经营者种类很多,按照其经营内容分主要有普通货运经营者、零担货运经营者、大件货运经营者、集装箱货运经营者、危险品货运经营者以及其他相关服务的经营者等。

(2) 货运代理商。货运代理是一种带有中介性质的服务方式。货运代理商是指专门受货主委托,代表货主办理有关货物交接、仓储、调拨、检验、包装、转运、订舱(国际货运)、报关等业务的机构或个人。

(3) 货运服务客体。货运服务客体是一个广泛的称谓,凡是涉及货物运输的范畴都有可能成为货运经营的服务对象。服务对象本身有各自不同的要求,而货运的服务对象通常不为货运经营者所掌握和控制。不同的服务对象、不同的服务要求同时也加大了货运经营者保持和提高货运服务质量的组织工作难度。

2. 货运法规与政策

货物运输的相关法规、政策在很大程度上影响着货运交通系统的发展。货运法规政策主要包括一些主要交通运输法规,如《公路法》《铁路法》《海商法》等基本法律,以及《汽车货物运输规则》《铁路货物运输管理规则》《国内水路货物运输规则》等单行法规或行政规章,此外还包括运输管理以及可持续发展的相关政策,如集装箱/多式联运政策、物流发展政策、《绿色交通"十四五"发展规划》等。

总的来说,影响货运交通运行与发展的货运政策主要涵盖了安全、土地利用、环境、能源与气候改变、基础设施运营与维护、基础设施投资、产业发展、贸易与经济法规等方面。

2.2.5 智能信息技术

现代社会智能信息技术的发展在很大程度上促进了货运交通系统的高效、有序的运转。新型信息技术的应用在各个环节上促进着货物运输过程革新与优化,如物联网技术、条形码技术、无线射频技术(Radio Frequency Identification, RFID)、GPS 技术和智能交通系统等。另外,随着货运信息平台的完善与发展,集决策支持、运输信息、仓储管理信息、配送信息和订单管理于一体的货运信息系统也在适当地共享和整合信息资源的基础上,不断推动着货运业务迅速地朝一体化的方向发展。

2.3 货运交通组织

货运交通组织是指对运输对象、运力以及相关货物运输资源的综合组织管理模式。根据美国国家联合货运研究项目中的定义,货运运输组织模式是对载运工具、集装箱、运输网络和交通控制的整体功能性集合的描述。运输组织主要研究运输资源整体上的利用方式和效率。运输资源包括不同的运输工具、站场、仓库、相关企业、相关人力资源和其间的技术、资金、信息等,这些资源为满足货物运输需求而进行整合的过程就是货物交通组织化。

从运输方式的角度来看，目前货运交通组织形式主要分为单一运输和联合运输两大类。

1. 单一运输

单一运输即传统的分段运输。货物的全程运输，需要寄货方与各区段的承运人分别订立运输合同，办理运输手续，并负责各区段间的货物运输衔接工作。相对于联合运输而言，单一运输各种方式的承运人仅负责组织、完成自己承担区段的货物运输，货物流经过的整条运输链缺乏各区段与各种运输方式之间综合协调的统筹安排与组织。

2. 联合运输

联合运输（Intermodal Transport），又称复合运输、综合运输等，根据世界范围内较为广泛认可的欧洲运输部长会议（European Conference of Ministers of Transport，ECMT）的定义，联合运输是指装在同样货柜里（如联运工具或集装箱）的货物至少经过两种运输方式运送或者同一运输方式但有转换环节，货物在转运过程中没有经过拼装和卸载，主要的运输行程通过火车、内陆航运或海运完成，运输起始和终到客户通过尽可能短途的公路运输，实现多种运输方式联合的“门到门”运输。

联合运输存在多种类型：按照组织方式和体制的不同可分为协作式联运和衔接联运；按全程运输使用的运输方式可分为单一方式联运和多种方式联运；按联运起点和终点是否在一个国家之内可分为国际联运与国内联运。关于联合运输的内容详见本教材第 7 章。

2.4 不同运输方式的特征

陆地（包括地上与地下）、水路（包括海洋与内河）和天空都可以作为货物运输的活动空间，运输主要包括公路运输、铁路运输、水路运输、航空运输和管道运输五种方式。从货物运输的角度来看，每种运输方式呈现出自身不同的特征，如表 2-1 所示。

表 2-1　　五种货物运输方式的特征

运输方式	速度	运量	灵活性	连续性	安全性	运输成本	初期投资	其他方面
公路	在中、短途运输中，运输速度较快	运量较小	机动灵活，适应性强，可实现“门到门”直达运输	平均运距短，运行连续性较差	事故率高，安全性较低	运输成本较高	原始投资少，资金周转快	环境污染较为严重
铁路	运输速度较快	运量较大	受轨道基础设施限制，机动性较差	运行连续性较好	安全可靠，风险事故率低	运输成本较低	初期投资大，需要大量的资金、物资用于建筑工程	铁路运输由多个业务部门组成，管理协调难度大
水路	速度较慢，航行周期长	运量大，可以运送超大型和超重货物	受水路可航性的限制，灵活性较差	平均运距较长，运行连续性较好	易受天然水域气象影响，风险性较高，安全性较低	运输成本、能耗较低	投资较少，建设航道不需要占用土地	受航道制约和气象因素影响较大，航期难以保证，可靠性较差

（续表）

运输方式	速度	运量	灵活性	连续性	安全性	运输成本	初期投资	其他方面
航空	运输速度最快	容积和载重量有限，运量小	灵活机动性强，受航线条件限制的程度较小	运行连续性较差	不受低空气流的影响，安全性高	运输成本最高，不适宜短途运输	建设周期短、占地少、投资小、收效快	节省包装等费用，资金周转快
管道	运输速度较快	运量大	运量及方向较固定，承运货种单一，灵活性较差	受气候条件影响小，可以长期连续稳定运行	安全可靠性较高	管道运输运费低、耗能少、成本低、效益好	建设周期短，占地面积少，投资相对较小	管道设施难以二次利用

2.5 货物运输方式的适应性分析

选择货物运输方式时，往往需要综合考虑货物本身以及各种运输方式的服务特性，包括货物品类、运输费用、运输时间、运输能力、运输频度、货物的安全性、时间的准确性、适用性、伸缩性、网络性、信息提供等。综合归纳以上因素，对货物运输方式适应性的分析主要关注货物的属性、运输所要求的服务水平、货物运输经济性三大方面。

2.5.1 货物属性适应性

货物的属性是指一种广义上的特性，既包括货物本身的物理特性，同时也包括一些其他特性。不同的货物特性，对于运输方式、运输条件的选择等方面都具有一定的影响。

1. 货物的物理属性

货物的物理属性主要是指货物本身的状态（固体、液体、气体）、形状（块状、颗粒状、粉尘状等）、尺寸（长、宽、高）、重量等方面的自然属性。例如，汽车公司对整车的运输通常都是采用公路运输，因为小汽车型号各异、需求各异，很难要求铁路、水路、航空对各种型号的汽车都有对应的运输设备。此外，汽车的需求地分布分散、变化大，也不适合采用具有明显规模效应的铁路运输、水运方式，相对而言，公路能提供“门到门”的服务，不存在中途转运等手续，提高了运输效率，提升了服务水平。

2. 货物的其他属性

由于货物运输起讫点的差异，与之相关的各种运输方式的可用性（该线路、区域是否存在某种运输方式）、可达性、便利性也必将不同，运输成本也存在一定的差异。因此，货物的产地、销地、货物主要流向、运距等方面的其他属性是货物运输方式选择所需要关注的重要方面。

以平均运距为例，铁路运输适宜中长距离的货物运输，公路运输适宜短途运输，水路和航空运输适宜长途运输。2021 年各种货物运输方式的平均运距如表 2-2 所示。

表 2-2　　　　　　　　2021 年各种货物运输方式的平均运距

运输方式	公路	铁路	水路	航空	管道
平均运距/km	177	696	1 403	3 801	657

《城市综合交通体系规划标准》(GB/T 51328—2018)对货运方式选择的建议如下：

(1) 企业运量大于 5 万 t/年的大宗散装货物运输，宜采用铁路或水运方式；

(2) 运输线路固定的气体、液化燃料和液化化工制品，运量大于 50 万 t/年时，宜采用管道运输方式；

(3) 当城市对外货物运输距离小于 200 km 时，宜采用公路运输方式；

(4) 大、中城市的零担货物，宜采用专用货车或厢式货车运输，适当发展集装箱运输。

综合货物运量与运距情况，除去管道运输以外，各种运输方式与货物属性及运距的适应性如表 2-3 所示。

表 2-3　　　　　　　　各种运输方式与货物属性及运距的适应性

货运量大小	运输距离			
	内陆短途	内陆中途	洲内长途	洲际
大宗、散货	**公路**，铁路	公路，铁路	公路，**铁路**	**水路**
整车运输(FTL) 整箱运输(FCL)	**公路**	**公路**	**公路**，铁路	航空，**水路**
零担货物	**公路**	**公路**	**公路**，航空	**航空**，水路

资料来源：*Freight transport modes: Competition, cooperation or areas of advantage?*(《货物运输方式：竞争、合作或领域的优势?》)。

注：加粗字体表示相同货物属性与运距条件下通常优先选择的运输方式。

2.5.2　货物运输服务水平适应性

1. 时效性要求

不同类别的货物的用途、货物使用时间与有效时间等方面存在很大的差异，因此在选择运输方式时，对运输的时效性也有不同的要求。不同的运输方式在不同情况下的运输时间是存在差异的，因此在选择合适的运输方式时，货物对运输方式的时效性往往有特殊的要求。例如，易枯萎、难以长期保存的鲜花，通常都选择航空运输，而不选公路、铁路运输。

2. 运输能力要求

运输能力是货运系统的基本保障。从宏观的角度看，货运系统要求运输基础设施和装备的供给充足，运输能力需具备一定的适应性。即在货运组织过程中，运输能力要能够做到适应货运量变化的需要。货运量变化往往会导致不同运输方式的运输成本改变，从而可以选择与过去不同的运输方式来完成运输任务，运输者要为这种改变提供可能的条件。从经营管理的角度，运输能力满足货运服务要求应是基本目的，但从运输效率和成本特征出发，达到这种目的需要经营管理上能保证运输能力提供的可持续性与稳定性。

3. 运输安全性要求

(1) 运输车辆的安全。从总体上分析，运输车辆的安全既是技术指标，也是管理指标，只有选择技术可靠的适应货运服务要求的车辆，以及在管理上保证车辆的安全，才能达到安全运输的目的。

(2) 运输货物的安全。货物安全也是构成运输安全的因素之一，除去车辆自身因素对货物安全的影响，运输装卸过程的作业安全也是重要影响因素，驾驶员需按照安全规程进行操作，做好防盗、防变质、防毁损等措施。

4. 运输条件要求

对于一般性的、本身性质比较稳定且受外界影响较小的货物，其在运输过程中没有特殊的运输设备或运输条件限制。而另外一些特殊类型的货物，由于其自身特殊的性质，在运输过程中会对运输条件有一些特殊的要求，例如要防火、防水、防晒、防震荡(易碎)、防压(易变形)等。在特定情况下，部分类型的货物对运输条件要求特别严格，需要专用的运输设备、载运工具等，如血液制品等。

2.5.3 货物运输经济性适应性

运输成本是货物运输方式选择时不得不考虑的一个重要问题。通常情况下，货物的运输成本要小于货物本身的价值，否则也就失去了运输的价值和意义。对于企业和货物承运商来说，货物价值与运输成本之间的匹配和权衡是运输方式选择时需要考虑的重要方面。

从成本的角度出发选择货物运输方式的时候，不应该单单考虑运价，而应综合考虑货物运价和货物价值(货物的成本、利润)。不同的货物具有不同的价值，相对高价值或高收益的货物，通常更能接受高服务水平、高运价的运输方式。

例如，对于成本及收益均较高的小汽车，在整车运输过程中，尽管有些运距较长，但是也多采用运输成本较高的公路运输。而对于鲜花制品，尽管其价值相对较低，但收益较高，加上时效性要求，通常选择使用运输成本高但速度快的航空运输方式。

一般来说，航空运输的成本最高，其次是公路运输，铁路运输、水运和管道运输相对成本较低。图 2-2 显示了 2020 年美国各种货运方式平均吨公里的价值收入。

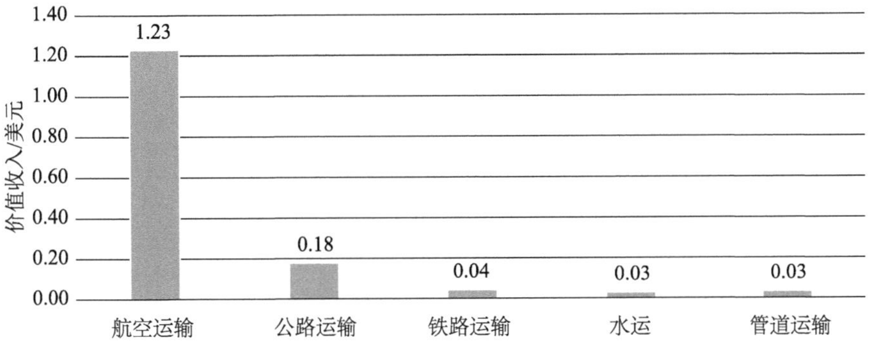

图 2-2　2020 年美国平均吨公里的货运收入

资料来源：National Transportation Statistics，2021(美国交通部：国家交通运输统计，2021)。

2.5.4 分类货物与运输方式的适应性

根据《运输货物分类和代码》(JT/T 19—2001)和《铁路货物运输品名分类与代码》

(TB/T 2690—1996)中对运输货物的分类，结合各种运输方式的特征属性，表 2-4 大致给出了各类货物与运输方式的适应性情况。

表 2-4　　分类货物与运输方式的适应性

运输方式	适宜运输的货物种类	主要运输对象
公路	各类货物的起终点衔接运输	短途、零担、“门到门”运输
铁路	煤、焦炭、石油、钢铁及有色金属、金属及非金属矿石、矿建材料、水泥、木材、化肥和农药、粮食、棉花、盐，等等	大宗货物、散件杂货等中长途运输
水路	煤炭及制品，石油、天然气及制品，矿石，钢铁，矿物性建筑材料，水泥，木材，肥料及农药，盐，粮食，机械设备，电器，化工原料及制品，轻工、医药产品，农、林、牧、渔业产品，等等	中长途大宗货物运输、国际货物运输
航空	快递、包裹、邮件，鲜花，鲜冻品，高档电子器材、仪器设备、配件，金属及非金属、矿物制品，高档服装鞋帽，香烟，化妆品，药品，等等	中长途贵重货物运输、保鲜货物运输
管道	石油、天然气及制品，化工产品等流体及部分煤炭、矿石等非流体	长期稳定的流体、气体及浆化固体物运输

当然，运输成本与货物的特性、运输服务水平要求都是息息相关的，且同一类型相同运输要求的货物的运输成本也不是一成不变的，它还会受到货物数量、经济波动以及相关产业、政府政策的影响。

2.6　运输方式选择的影响因素

针对货物的自身属性、服务水平以及经济性要求，各种运输方式存在不同的适应性。但在实际货物运输过程中，运输方式的选择受各种因素的影响，如成本经济性、便捷性、时效性、安全性、环保可持续性以及其他因素等。当然，这些影响因素不是相互独立的，而是相互联系、相互影响的。

1. 成本经济性

运输成本是指为两个地理位置间的运输所支付的费用以及运输管理、维持运输中存货有关的总费用。

运输成本是企业或运输服务需求者高度重视的方面，也是运输方式选择的决定性因素之一。任何企业或运输服务需求者的目标都是通过选择合理的运输方式，在保证服务水平基本要求的前提下尽可能地降低运输成本。

不同运输方式的运输成本构成各有不同，总的来说，包括燃料动力费、维护保养费、折旧费、人工劳务费、设备采购/租赁费等。

图 2-3 举例说明了美国 2021 年公路货运与铁路货运成本的对比情况。从图中不难发现，燃料动力费和人工劳务费占据了两大运输方式成本的最大比例，另外，铁路运输需承担全部的轨道维护保养费用，相比之下，货运卡车通常以燃油附加费的形式与其他车辆一同承担道路养护费用。

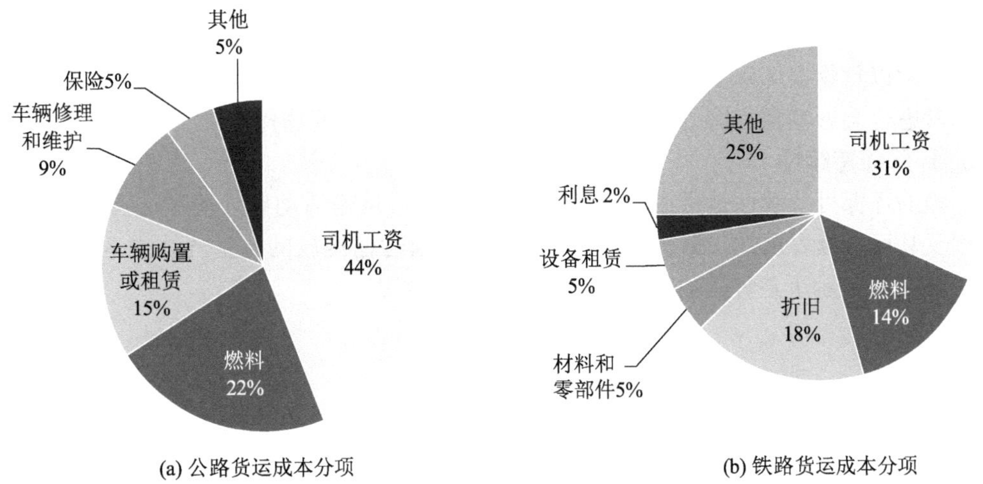

图 2-3　2021 年美国公路与铁路运输成本对比

资料来源：*Rail Cost Adjustment Factor*，2022(美国铁路协会)；*An Analysis of the Operational Costs of Trucking*，2022 Update(美国交通运输研究所)。

各种运输方式的成本是在不断变化的，因此对运输成本经济性的量化是一件困难的事情，需要结合当时的市场燃料价格、货物运输的距离、道路的拥堵情况等一系列因素进行综合判定。

2. 便捷性

货物运输的便捷性是指货物从起点到终点整个运送过程中所涉及的各项运输活动的总体便利程度，是货运服务水平要求中重点关注的内容。

首先，运输方式的便捷性很大程度上受到基础设施的限制，水运和铁路运输在很多情况下很难独自完成由始至终的运输任务，而中途改变运输方式往往会增加运输成本。因此，对于短途运输来说，公路运输提供的“门到门”服务具有明显的优势，因为在大多数情况下公路运输要承担“最后一公里”的运送任务。据统计，2007 年美国公路运输占总货运量近 70％的份额。

其次，库存策略是影响运输方式便捷性的另一个重要因素。准时制(Just In Time，JIT)库存策略试图在最大程度上降低库存成本，但由于其对运输时间的敏感性，也因此增加了货物运输的压力。

3. 时效性

运输时间是指从货源地发货到目的地接收货物所花费的时间。运输时间的度量是货物如何快速地实现发货人和收货人之间“门到门”的时间，而不仅仅是运输工具如何快速移动、货物从运输起点到终点的时间。时效性是运输方式选择时的重要考虑因素，通常认为货物的在途时间越少，其运输时效性越高。

货物运输的时效性要求往往跟货物本身的属性有关。比如鲜花、鲜活冷冻品、医疗制品等易腐坏变质的货品，对运输的时效性要求就较高，通常采用航空(国际、长途)或公路(短途)运输方式；相反地，诸如钢铁、煤炭等货物，除特殊情况以外，通常对运输时间要求不高，考虑运输成本，可以采用铁路、水路等时效性相对较低的运输方式。

4. 安全性

运输安全性包括所运输货物的安全和运输工具、人员的安全以及公共安全。货物的安全程度通常以货物损坏程度来衡量，货损率越低，则安全性越好。另外，对运输人员和公共安全的考虑也会影响到货物的安全措施，进而影响运输方式的选择。

5. 环保可持续性

运输的环保可持续性是指在整个货物运输活动中，运输活动对环境和能源等方面的影响程度及其可持续发展性。据统计，2021 年美国交通运输排放的温室气体中 37.06%来自货运。图 2-4 显示了各种运输方式的温室气体排放情况。

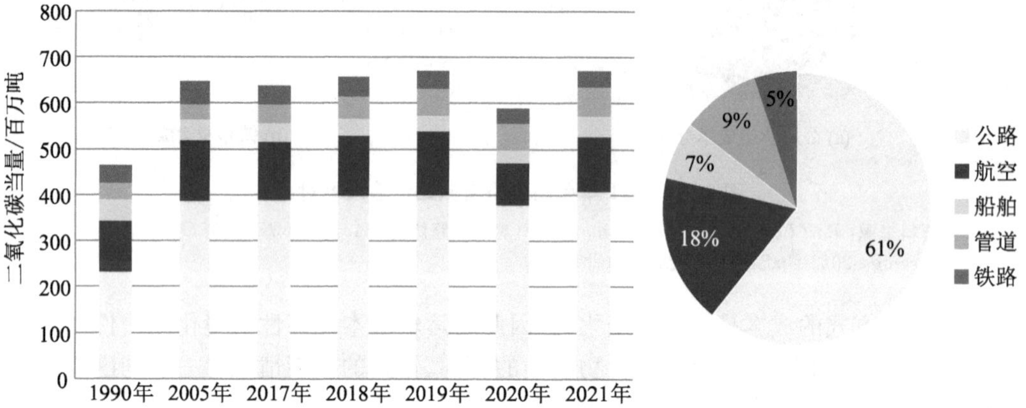

图 2-4　1990—2021 年美国各种运输方式温室气体排放情况

资料来源：*Inventory of U.S. Greenhouse Gas Emissions and Sinks*：1990—2021(美国环境保护署)。

从图 2-4 不难看出，减少货运交通温室气体排放量的一个重要途径就是减少以货车运输为主的公路货运的环境污染情况。一种方法是在技术上减少货车的尾气排放污染，另一种方法是改变和替代运输方式，比如增大铁路运输的比例等。另外，从能源集约性的角度，在各种运输方式中，按运送货物每吨公里所消耗的能源来看，铁路运输是最佳的能源集约型的运输方式。表 2-5 给出了美国 1970—2019 年各种运输方式的能源消耗情况。其中公路运输的能源使用强度是铁路运输的 12 倍左右，水运是铁路运输的近 2 倍。

表 2-5　1970—2019 年美国各种运输方式的能源使用强度

指标	1970 年	1980 年	1990 年	2000 年	2010 年	2019 年	1970—2019 年均百分比变化
重型单式及组合式货车(BTU 每车英里)	24 960	24 758	22 795	23 449	21 499	20 812	−0.40%
Ⅰ类货运铁路(BTU 每车英里)	17 669	18 742	16 619	14 917	13 733	14 453	−0.40%
Ⅰ类货运铁路(BTU 每吨英里)	691	597	420	352	289	298	−1.70%

资料来源：*Transportation Energy Data Book*，2022(美国能源部)。

注：BTU 为英制热量单位，等于 1 磅水的温度升高 1 ℉所需的热量。

思考题

[2-1] 什么是货运交通系统?

[2-2] 货运交通系统有哪些特征?

[2-3] 货运交通系统的构成有哪些?

[2-4] 货运交通组织的模式有哪些?

[2-5] 简述五种运输方式的特点。

[2-6] 影响运输方式选择的因素有哪些?

[2-7] 某造纸厂从工厂向客户的仓库运货,铁路平均运输时间为 10 天,汽车平均运输时间为 7 天,每提前 1 天可降低 2% 的库存费用。铁路每包纸运价为 0.2 元,公路为 0.3 元,该种纸的年需求量为 100 000 包,为满足需求,必须保持库存 10 000 包。每年每包纸库存费用为 6 元,若用铁路运输,一年需运 10 次,而用公路运输,满足同样的需求一年要运 20 次。请问:采用何种运输方式才能使总运费最低?

第 3 章
公路货运系统

公路货物运输(Road Transportation)是现代运输的主要方式之一,同时也是构成陆上货物运输的基本运输方式之一。它在整个运输领域中占有重要的地位,并发挥着越来越重要的作用。

公路货运系统是使用汽车或其他道路运输工具,以货物为服务对象,依托货运场站体系集散货源,通过运输组织实现货物运动的系统。从广义上来说,公路货物运输是指利用一定的载运工具(汽车、拖拉机、畜力车、人力车等)沿公路实现货物空间位移的过程。从狭义上来说,公路货物运输指汽车货物运输。

3.1 公路货运系统的构成和类型

公路货运系统由基础设施和货运工具两部分组成。基础设施主要包括站、场及其附属设施,公路及其附属设施,公路交通控制与管理等;货运工具主要包括货运车辆、搬运工具、装卸设施等。

3.1.1 公路货运系统的构成

1. 货运站

道路货物运输站(场)(以下简称"货运站"),是指以场地设施为依托,为社会提供有偿服务的,具有仓储、保管、配载、信息服务、装卸、理货等功能的综合货运站、零担货运站、集装箱中转站、货运中心等经营场所。

货运站可分为集运站、分运站和中继站等几类。其中,集运站是集结货物或分送货物,分运站是将货物按照要求分开并配送,中继站是供长途货运驾驶员及随车人员中途休整。

公路运输货运站的主要功能包括货物的组织与承运、中转货物的保管、货物的交付、货物的装卸以及运输车辆的停放、维修等内容。简易的货运站点则仅有供运输车辆停靠与货物装卸的场地。

2. 公路

公路是一种线形构造物,是汽车运输的基础设施,由路基、路面、桥梁、涵洞、隧道、防护工程、排水设施与设备以及山区特殊构造物等基本部分组成,此外还需设置交通标志、安全设施、服务设施及绿化栽植等。

按照《公路工程技术标准》(JTG B01—2014),根据使用任务、功能和适用的交通量,公路可分为高速公路、一级公路、二级公路、三级公路、四级公路五个等级。

高速公路为专供汽车分向、分车道行驶并全部控制出入的干线公路。四车道高速公路一般能适应按各种汽车折合成小客车的远景设计年限，年平均昼夜交通量为 25 000～55 000 辆；六车道高速公路一般能适应按各种汽车折合成小客车的远景设计年限，年平均昼夜交通量为 45 000～80 000 辆；八车道高速公路一般能适应按各种汽车折合成小客车的远景设计年限，年平均昼夜交通量为 60 000～100 000 辆。

一级公路为供汽车分向、分车道行驶的公路，一般能适应按各种汽车折合成小客车的远景设计年限，年平均昼夜交通量为 15 000～30 000 辆。

二级公路一般能适应按各种车辆折合成中型载重汽车的远景设计年限，年平均昼夜交通量为 3 000～7 500 辆。

三级公路一般能适应按各种车辆折合成中型载重汽车的远景设计年限，年平均昼夜交通量为 1 000～4 000 辆。

四级公路一般能适应按各种车辆折合成中型载重汽车的远景设计年限，年平均昼夜交通量为：双车道 1 500 辆以下；单车道 200 辆以下。

公路根据其作用和使用性质，可划分为：国家干线公路（国道）、省级干线公路（省道）、县级干线公路（县道）以及乡级公路（乡道）。根据中国交通运输部发布的数据，2021 年底，全国公路总里程达 528.07 万 km，其中各行政等级公路里程分别为：国道 37.54 万 km，省道 38.75 万 km，县道 67.95 万 km，乡道 122.30 万 km，村道 256.35 万 km。

《国家公路网规划（2013 年—2030 年）》明确，国家高速公路网由“7 射、11 纵、18 横”等路线组成，总规模约 13.6 万 km；普通国道网由“12 射、47 纵、60 横”等路线组成，总规模约 26.5 万 km。国家高速公路建成 12.4 万 km，基本覆盖地级行政中心；普通国道通车里程达到 25.8 万 km，基本覆盖县级及以上行政区和常年开通的边境口岸。

3. 货运车辆

货车按照载重质量（GA）可分为：微型货车（GA≤1.8 t），轻型货车（1.8 t＜GA≤6.0 t），中型货车（6.0 t＜GA≤14.0 t），重型货车（GA＞14.0 t）；按燃料不同可分为：汽油货车，柴油货车和其他燃料货车。

按照《汽车、挂车及汽车列车的术语和定义》（GB/T 3730.1—2022），货车可分为普通货车、侧帘式货车、封闭式货车、多用途货车及皮卡车、越野货车、半挂牵引车、牵引货车和专用货车八大类，具体形式及定义见表 3-1。

表 3-1　　货车分类

货车分类	定义
普通货车	在敞开或封闭载货空间内载运货物的载货汽车
侧帘式货车	载货部位的结构为侧帘式且与驾驶室相互独立，载货部位的侧部设置可滑动的侧帘布、滑动立柱、侧帘收紧装置和挡货栏板或栏杆，顶棚由左右边梁、前后端梁、金属横梁与顶板组合而成，地板上可以设置系固点的载货汽车
封闭式货车	载货部位的结构为封闭厢体且与驾驶室连成一体，车身结构为一厢式或两厢式的载货汽车
多用途货车及皮卡车	具有长头车身和驾驶室结构、敞开式货厢（可加装货厢顶盖）、乘坐人数不超过 5 人（含驾驶员）、最大设计总质量不大于 3 500 kg 的汽车

（续表）

货车分类	定义
越野货车	具有三项技术特性（驱动轴数、差速锁止机构或其他型式的机构）之一的载货汽车
半挂牵引车	具有特殊装置用于牵引半挂车的汽车
牵引货车	具有特殊装置用于牵引中置轴挂车、牵引杆挂车、刚性杆挂车的载货汽车
专用货车	在设计、制造和技术特性上，用于运输特殊货物或载货部位具有特殊结构的载货汽车

载货汽车的车身具有多种不同的形式。敞篷货车适用于运送各种不同种类的货物；厢式车的装置可以保证货物的安全，多用以运输日用工业品、食品等；罐式车（液槽车）是运送液体货物如燃料油、液氮等的专用车辆，有的还装有冷藏和加温的设备；自卸货车可以自动卸货，适用于运送散装货物如煤炭、矿石、黄沙等，其载重一般较大，多用于建筑工地、矿山等内部运输。

目前，从事公路货运的车辆以普通货车、牵引车和挂车为主，各类特种专用汽车所占比重较低。根据 2021 年交通运输行业发展统计公报，载货汽车共有 1 110.28 万辆、15 784.17 万吨位，其中，普通货车 414.14 万辆、4 660.76 万吨位，专用货车 50.67 万辆、596.60 万吨位，牵引车 310.84 万辆，挂车 334.63 万辆。为推进公路快速货运业的发展，需要更进一步调整运力结构，从发达国家的公路货运发展经验来看（例如美国汽车货运量中 70%使用专用货车运输），专用货车的广泛应用能够促进运输网络化、多式联运的发展和运输工艺的改进以及标准化程度的提高。

3.1.2 公路货运类型

1. 按货运线路的性质划分

按货运线路的性质划分，公路货运可分为干线运输、支线运输、二次运输和厂内运输等形式。

干线运输，是指利用公路的骨干线路定期进行的长距离、大批量的运输。干线运输是运输的主体，是货物实现远距离空间位移的重要运输方式，其运输速度较同种工具的其他运输要快，成本也相对低一些。

支线运输，是指与干线相接的分支线路上的运输。支线运输是干线运输与收、发货地点之间的补充性运输方式，一般路程较短，运输量相对较小。因为支线的建设水平往往低于干线，运输工具也往往落后于干线，所以运输速度也慢于干线。

二次运输，是指货物通过干线、支线运输到目的站后，目的站与用户仓库或指定地点之间的运输。由于这是一种补充性的、以满足个体单位需要的运输方式，所以运输量相对更小。

厂内运输，是指在工业、企业的内部，直接为生产过程服务的运输方式。厂内运输一般在车间与车间之间、车间与仓库之间进行，而小企业内部及大企业的车间内部、仓库内部的这种运输一般称为搬运。厂内运输一般使用载货汽车，搬运则使用叉车、输送机等。

2. 按货运作用划分

按货运作用划分，公路货运可分为集货运输和配送运输等形式。

集货运输，是指将分散的货物集聚起来以便进行集中运输的一种运输方式。因为货物集中后才能利用干线进行大批量、长距离的运输，所以，集货运输是干线大规模运输的一种补充性运输，多是短距离、小批量的运输。

配送运输，是指将节点中已按用户要求配装好的货物分送到各个用户处的运输方式。这种运输一般发生在干线运输之后，是干线运输的补充和完善，而且由于其发生在末端，所以多是短距离、小批量的运输。

3. 按运输中途是否换载划分

按运输中途是否换载的原则划分，公路货运可分为直达运输和中转运输等形式。

直达运输，是指利用一种运输工具从起运站、港一直到终点站、港，中途不经过换载、不入库存储的运输方式。直达运输不仅可避免中途换载所出现的运输速度减缓、货损增多、费用增高等一系列弊端，而且能缩短运输时间、加快车船周转、降低运输费用。

中转运输，是指在货物运往目的地的过程中，在途中的车站、港口、仓库转运换装的一种运输方式。中转运输可以有效地衔接干线运输和支线运输，可以化整为零或集零为整，从而方便用户，提高运输效率。

除此之外，公路货物运输按照不同的划分标准的分类如表 3-2 所示。

表 3-2　　公路货运分类

序号	划分标准	划分结果
1	按托运批量大小	整车运输、零担运输、集装箱运输和包车运输
2	按运送距离	长途运输和短途运输
3	按货物的性质及对运输条件的要求	普通货物运输和特种货物运输
4	按托运的货物是否保险或保价	不保险(不保价)运输、保险运输和保价运输
5	按货物运送速度	一般货物运输、快件货物运输和特快专运
6	按运输的组织特征	集装化运输和联合运输

参考来源：MBA 智库 · 物流运输系统词条。

3.2 公路货运交通组织

3.2.1 公路货运组织形式

1. 公共运输业

这种多为企业专业经营汽车货物运输业务并以整个社会为服务对象，其经营方式有：

(1) 定期定线。不论货载多少，在固定路线上按时间表行驶。

(2) 定线不定期。在固定路线上视货载情况，派车行驶。

(3) 定区不定期。在固定的区域内根据货载需要，派车行驶。

2. 契约运输业

按照承托双方签订的运输契约运送货物。与之签订契约的一般都是一些大的工矿企业，常年运量较大而且相对稳定。契约期限一般都比较长，短的有半年、一年，长的可达数年。按照契约规定，托运人保证提供一定的货物运输量，承运人保证提供所需的运力。

3. 自用运输业

工厂、企业、机关自置汽车，专门运送本单位的物资和产品，一般不对外营业。

4. 汽车货物运输代理

汽车货物运输代理本身既不掌握货源也不掌握运输工具。他们以中间人身份一面向货主揽货，一面向运输公司托运，借此收取手续费和佣金。有的汽车货物运输代理专门向货主揽取零星货物，加以归纳集中成为整车货物，然后自己以托运人名义找运输公司托运，赚取零担和整车货物运费之间的差额。

5. 货物运输平台(互联网平台)

这种是指经营者依托互联网平台整合配置运输资源，以承运人身份与托运人签订运输合同，委托实际承运人完成道路货物运输，承担承运人责任的道路货物运输经营活动。货物运输平台(互联网平台)这种公路货运的组织形式，是交通运输部和国家税务总局为了推进网络平台道路货物运输发展，规范网络货物运输新业态，促进公路货物运输行业转型升级，保障道路交通安全和税收征管而推进的一项重要举措。

3.2.2 公路货运组织流程

图 3-1 表示了车辆运送货物的过程。车辆由 $A \rightarrow B \rightarrow C$，$C \rightarrow D \rightarrow E$，$E \rightarrow F \rightarrow G$，各自包含着提供运输工具、装车、运送和卸车四个环节，构成了一个完整的公路货运过程，称为完整运次；车辆由 $G \rightarrow B$，包含着装车、运送和卸车三个环节，其中提供运输工具的准备环节已在上一个运次中完成，构成了一个不完整的公路货运过程，称为不完整运次。运次是研究车辆生产活动最小的基本单位。

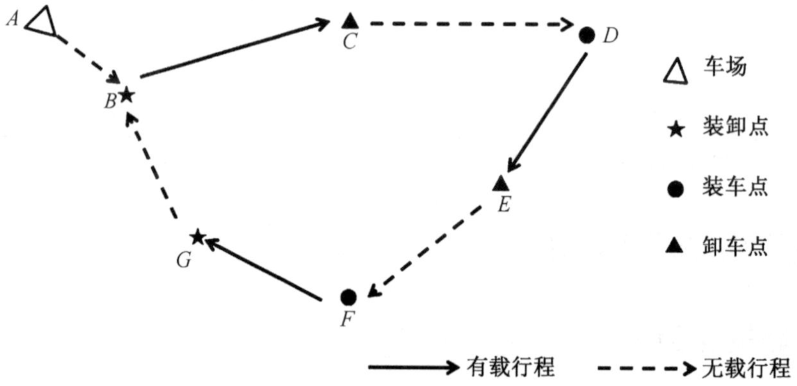

图 3-1 公路货运组织流程

车辆在运输生产活动中，周期性地返回到某一运次的起点，称为周转。倘若一个周转形成了一个封闭的回路，则称为循环回路。由图 3-1 可见，车辆从 B 出发，先后经由 C、D、E、F、G 返回 B，即完成了一个周转，该线路则称为循环回路。

货物运输组织方式直接影响到货物运输的速度与运输费用。在各种运输方式竞争激烈的情况下，做好货物运输组织工作显得尤为重要。

3.2.3 公路货运主体

1. 公路货运主体构成

公路货运活动的主体是运输参与者，运输活动作用的对象（运输活动的客体）是货物。货物的所有者是货主。运输必须由货主和运输参与者共同参与才能进行。

1）货主

货主包括托运人（或称委托人）和收货人，有时托运人与收货人是同一主体。不管托运人托运货物，还是收货人收到货物，他们均希望在规定的时间内，以最低的成本、最小的损耗和最方便的业务操作，将货物从起始地转移到指定的地点。

2）承运人

承运人是运输活动的承担者，他们可能是铁路货运公司、航运公司、民航货运公司、储运公司、货运公司或个体运输者等。承运人受托运人或收货人的委托，按委托人的意愿以最低的成本完成委托人委托的运输任务，同时获得运输收入。承运人根据委托人的要求或在不影响委托人要求的前提下合理地组织运输和配送，包括选择运输方式、确定运输线路、进行货物配载等。

3）货运代理人

货运代理人是根据用户的指示，为获得代理费用而招揽货物、组织运输的人员，其本人不是承运人。他们负责把来自各用户的小批量货物合理组织起来，以大批量装载，然后交由承运人进行运输。待货物到达目的地后，货运代理人再把该大批量装载拆分成原先较小的装运量，送至收货人。货运代理人的主要优势在于大批量装载可以实现较低的费率，并从中获取利润。

4）运输经纪人

运输经纪人是替托运人、收货人和承运人协调运输安排的中间商，其协调的内容包括装运装载、费率谈判、结账和货物跟踪管理等，属于非作业中间商。

2. 承运人和托运人责任

1）承运人责任

公路运输承运人的责任期限是从接收货物时起至交付货物时止。在此期限内，承运人对货物的灭失损坏负赔偿责任。但若不是由于承运人的责任所造成的货物灭失损坏，承运人不予负责。根据我国公路运输规定，下列原因造成的货物灭失损坏，承运人不负责赔偿：

（1）由于人力不可抗拒的自然灾害或货物本身性质的变化以及货物在运送途中的自然消耗。

（2）包装完好无损，而内部短损变质者。

（3）违反国家法令或规定，被有关部门查扣、弃置或作其他处理者。

（4）收货人逾期提取或拒不提取货物而造成霉烂变质者。

（5）有随车押运人员负责途中保管照料者。

对货物赔偿价格，按实际损失价值赔偿。如货物部分损坏，按损坏货物所减少的金额或按修理费用赔偿。

要求赔偿有效期限为从货物开票之日起，不得超过六个月。从提出赔偿要求之日起，责任方应在两个月内作出处理。

2）托运人责任

公路运输托运人应负的责任基本与铁路运输、海上运输相同，主要包括：按时提供规定数量的货物；提供准确的货物详细说明；货物唛头标志清楚；包装完整，适宜运输；按规定支付运费。一般有如下规定：如因托运人的责任所造成的车辆滞留、空载，托运人须负延滞费和空载费等损失。

为了统一公路运输所使用的单证和明确承运人的责任起见，联合国所属欧洲经济委员会负责草拟了《国际公路货物运输合同公约》，并于 1956 年 5 月 19 日在日内瓦的一场由欧洲 17 个国家参加的会议上一致通过。该公约共有 12 章 51 条，就适用范围、承运人责任、合同的签订与履行、索赔和诉讼以及连续承运人履行合同等都作了较为详细的规定。

此外，为了便于开展集装箱联合运输，使集装箱能原封不动地通过经由国，联合国所属欧洲经济委员会成员国于 1956 年达成了关于集装箱的关税协定。协定的正式名称是《根据 TIR 手册进行国际货物运输的有关关税协定》(*Customs Convention on the International Transport of Goods under Cover of TIR Carnets*)。参加该协定的签字国有欧洲 21 个国家和欧洲以外的 7 个国家。协定的宗旨是成员国相互之间允许集装箱免税过境。协定中的"TIR 手册"是指《国际公路运输公约》(*Transport International Router*，TIR)。根据规定，对集装箱的公路运输承运人，如持有 TIR 手册，允许由发运地到达目的地，在海关签封下，中途可不接受检查、不支付关税，也可不提供押金。TIR 手册由有关国家政府批准的运输团体发行，这些团体大都是国际公路联合会的成员，他们必须保证监督其所属运输企业遵守海关法规和其他规则。

尽管上述公约和协定有地区性限制，但它们仍不失为当前公路运输的重要国际公约和协定，并对今后国际公路运输的发展具有一定影响。

思考题

[3-1] 简述公路货运系统的概念。
[3-2] 简述公路货运系统的构成要素。
[3-3] 简述公路货运的类型。
[3-4] 货运车辆的行驶路线分为哪些类型？每种类型的运行指标如何确定？
[3-5] 汇集式行驶路线有哪些类型？
[3-6] 简述公路货运的主体。
[3-7] 公路货运有哪些特点？
[3-8] 请分析公路运输货物的适应性。
[3-9] 何谓公路快速货运系统？公路快速货运系统具有哪些基本特征？其基本运行模式是什么？
[3-10] 简述公路危险货物的组织管理要点。

第4章
铁路货运系统

铁路货物运输往往担负着关系国计民生的战略性资源流动、配置的重任。铁路运输在可持续发展战略中的地位与作用日益凸显，许多国家从可持续发展的战略高度，调整和制定相关产业政策，增加铁路投资，突出铁路的可持续发展优势。铁路货物运输是利用铁路线路、机车、车辆等技术、设备，将原料或产品装入车辆，将相同去向的车辆组成列车，以列车方式从一个生产地点运送到另一个生产地点或消费地点。铁路货运系统包括铁路车站的运输设备及装卸机械、路线网络、机车车辆等。

4.1 铁路货运特点及适应性分析

4.1.1 铁路货运特点

1. 我国铁路货运系统的现状

2021年，全国铁路营业里程达到15.0万km，里程长度居世界第二位。路网密度156.7 km/万 km^2，其中，复线里程8.9万km，复线率59.5%；电气化里程11.0万km，电气化率73.3%。如图4-1、图4-2所示，全国铁路货物发送量完成477 372万t，货物周转量完成33 238.00亿吨公里，全国铁路日均装车完成16.8万车，货车周转时间2.53天。

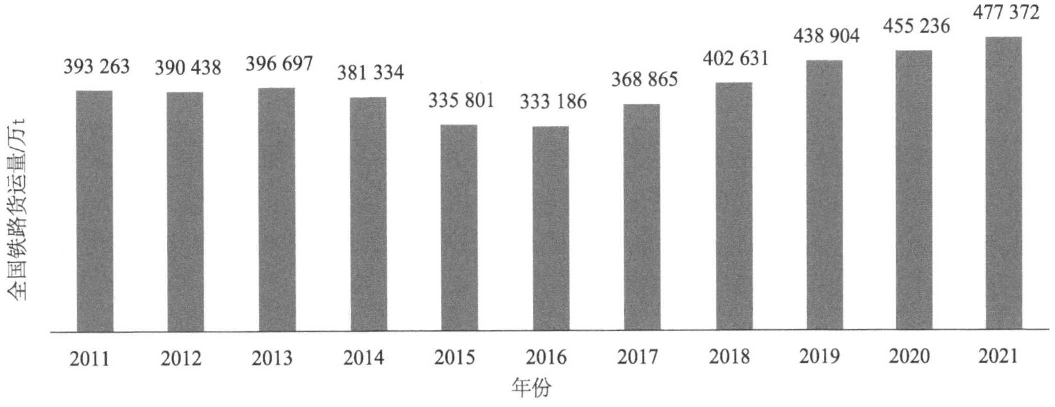

图4-1 全国铁路货运量统计

目前在铁路承运的货物中，能源、冶炼、建材等行业的大宗物资占相当大的比重(表4-1)，仅钢煤木油四大类能源、原材料物资就占铁路货运总量的七成，其中煤炭运输一直占铁路货运量的五成以上，全国煤炭产量的六成以上由铁路调运。大宗物资的货运需求将持续旺盛，也为铁路货运的增长提供了充足的货源。

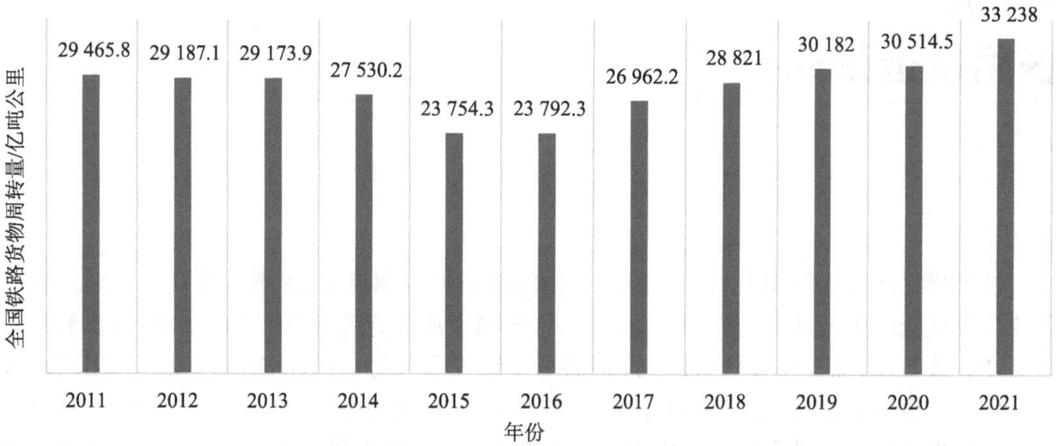

图 4-2　全国铁路货物周转量统计

表 4-1　　**铁路运输主要货物品类**　　单位：万 t

货物品类	2018 年		2019 年		2020 年		2021 年	
	货运量	比例	货运量	比例	货运量	比例	货运量	比例
煤	166 422	52.18%	172 263	50.09%	169 692	47.40%	181 746	48.80%
冶炼物资	68 250	21.40%	76 064	22.12%	81 461	22.75%	78 463	21.07%
粮食	8 451	2.65%	7 836	2.28%	7 573	2.12%	6 475	1.74%
石油	11 508	3.61%	11 761	3.42%	10 980	3.07%	10 564	2.84%
建材	7 928	2.49%	12 022	3.49%	12 545	3.50%	10 518	2.82%
集装箱	25 647	8.04%	33 491	9.74%	45 693	12.76%	56 204	15.09%
全国货运量	318 958		343 905		358 003		372 450	

2. 铁路货运的优点

（1）运输能力大、运价低廉且运送距离长。铁路运输因采用大功率机车牵引列车运行，可承担长距离、大运输量的运输任务。铁路运输价格低廉，与运输距离长短、运量的大小密切相关。运距越长、运量越大，单位成本越低。一般来说，铁路的单位运输成本要比公路运输和航空运输低得多，有的甚至比内河航运还低。

（2）适应性强，安全程度高。依靠现代科学技术，铁路几乎可以在任何需要的地方修建，可以全年、全天候运营，受地理和气候条件的限制很少，具有良好的连续性，且适合长短途旅客和各类不同重量与体积货物的双向运输。铁路运输由于具有专用路权，可以用列车自动控制方式控制列车运行，从而提高运输安全性。

（3）占地资源少。铁路运输以客、货车组成的列车为基本运输单元，可以在有限的土地上完成大量的运输任务。与高速公路相比，相同运能的铁路路线占地面积较少。

（4）少污染且低能耗。与公路、航空运输方式相比，铁路运输对环境和生态的影响程度较小，特别是电气化铁路的影响更小。

当然，铁路运输也存在资本密集、固定资产庞大、货物损耗较高、发车频率较低、运营缺乏弹性等不足之处。

3. 铁路货运的发展趋势

1）物流化

未来货物运输市场上的竞争焦点将是以附加值高、时效性强、批量小、批次多、适应零库存为主要特点的产品或货物。铁路需要在保持大宗货物运输优势的同时，根据市场需求，在干线上实施客货分线，发展铁路物流，抓住未来货运市场的机会。铁路货运向物流化方向发展，将会给铁路运输企业带来全新的经营和管理理念，极大地促进铁路运输服务质量与管理水平的提升，进而推动铁路的产业进步和产业升级。

2）重载化、快捷化

铁路货运重载化、快捷化是世界铁路货运发展中两次重大的战略性调整。

重载化是为了大幅度提高运输效率，降低运输成本，从而继续保持铁路货运在大宗物品、散装物品方面的竞争优势。在我国“十一五”期间，各大区域之间大运能货运通道网络已初步形成，至“十四五”期间，京沪、京广、京九、焦柳等既有干线全部完成电气化改造，全面开展货物重载运输。围绕十大煤炭基地，建设大运能煤运通道，我国铁路东西南北中之间货运将实现大出大入。货运重载化是我国未来铁路货运发展的重要战略。

快捷化旨在缩短货物运送时间，提高铁路在高附加值物品运输市场中的竞争力。快捷化运输首先在欧洲、美国等国家和地区兴起，以市场为导向，进行技术创新和组织创新，广泛运用信息技术，开发了许多个性化的系列货运产品，如集装箱联运货物直达列车，特种物品快速列车，高速邮政列车和物流列车。快捷化是我国铁路货运应对未来竞争形势，抓住机遇，弥补劣势的发展思路。

3）以集装箱为基础的多式联运

由于铁路拥有覆盖全国统一的铁路网络体系，其拥有较发达的管理信息系统和独立的通信系统，但是铁路在灵活性上不如公路，在运输能力上不如水运。为了节约成本，铁路运输有必要与公路运输和水运进行合作，实行集装箱多式联运。依托港口发展海铁联运，依托口岸发展公铁联运，各种运输方式都能发挥自身的优势，争取多种运输方式共赢。

4）规模化、集约化

目前，企业专用线遍布全国，预计到2025年末，沿海主要港口、大宗货物年运量150万t以上的大型工矿企业、新建物流园区铁路专用线力争接入比例达到85%。通过这些专用线，大宗物资在铁路上基本实现了“门到门”甚至“点到点”的运输和供应。自2006年以来，铁路大力推进规模化、集约化运输，以大客户战略、战略装车点、重来重去为代表的新运输组织方式，在确保国家重点物资运输、推动地方经济发展方面取得新突破。

4.1.2 铁路货运的适应性分析

（1）铁路是中长途货运、区域及跨省物资调运的骨干和主力。

中长途货运是铁路最大的优势所在。我国资源丰富、经济总量较大，而区域经济发展和资源、原材料分布不平衡，这一背景决定了运量大、运距长的货运需求将长期存在，铁路因运能大、运价低的优势，是中长途货运、区域及跨省物资调运的首选方式。目前铁路货物平均运距已经超过830 km，平均运距最长达3 700 km。

(2) 铁路是大宗散货运输的骨干和主力。

目前在铁路承运的货物中,仅钢煤木油四大类能源、原材料物资就占铁路货运总量的3/4,全国煤炭产量的六成以上由铁路调运。

(3) 在联合运输中,铁路是港口集疏运系统的骨干。

港口不仅是我国对外开放的主要窗口(外贸进出口90%以上通过港口进出),而且也是我国沿海地区能源等大宗散货调运的重要通道。港口作为多种运输方式交汇的枢纽,对集疏运有着较强的依赖性。铁路作为港口集疏运的重要方式,较其他运输方式有着突出的优势,不仅可以深入内陆广大腹地,而且具有运量大、速度快、全天候、成本低等优势,与港口吞吐的大宗散货、集装箱等主要货类相匹配,是港口集疏运系统的骨干。

4.2 铁路货运系统的构成

4.2.1 铁路货物列车

铁路货物列车按运输性质和用途可分为以下三类。

(1) 快运货物列车:通常挂有机械保温车组或保温车,定期开行,以较高的速度运送鲜活、易腐货物及日用消费品的列车。为适应市场经济发展,向社会提供优质服务,新开行以"定点、定线、定车次、定时、定价"为特征的"五定"班列,其与行包专列、果蔬专列等也都属于快运货物列车的范畴。

(2) 定期运行的货物列车:有稳定的货源,每日固定车次开行的列车,如目前开行的固定车底循环货物列车。

(3) 具有特定用途或特殊意义的货物列车:这类列车通常包括石油直达列车、集装箱快运直达列车、保温列车、超限货物列车、重载货物列车、组合列车等。

目前,我国铁路货物列车主要有"五定"班列、集装箱快运直达列车、大宗货物快速直达列车、客货混编快运列车、快运分组列车、固定车底循环快运列车、行包专列等。

4.2.2 铁路货运车辆

1. 货车种类

铁路货运车辆可分为通用货车和专用货车。

通用货车是装运普通货物的车辆,其货物类型多不固定,也无特殊要求,所占比例较大,一般有敞车、平车、棚车、保温车和罐车等几种。

专用货车一般指只运送一种或很少几种货物的车辆,其用途比较单一,同一种车辆要求装载的货物重量或外形尺寸比较统一,有时在铁路上的运营方式也比较特别,如固定编组、专列运行等。专用货车一般有集装箱车、长大货车、毒品车、家畜车、水泥车、粮食车和特种车等。

近年来,我国铁路部门研制了一批新型货车,如加长敞车、大型凹底平车、行包快运棚车、活顶棚车、平车-集装箱两用平车等,以适应各类货物运输的需求。

2. 典型货车

1) 敞车

敞车是具有端壁、侧壁而无车顶的货车,主要运送煤炭、矿石、矿建物资、木材、钢材等大宗货物，也可用来运送重量不大的机械设备。若在所装运的货物上蒙盖防水帆布或其他遮篷物后，可代替棚车承运怕雨淋的货物。因此，敞车具有较强的通用性，在货车组成中数量最多，约占货车总数的50%以上。

2）棚车

棚车有侧壁、端壁、地板和车顶，侧壁上有门和窗，用于运送避免日晒、雨淋、雪浸的货物，包括各种粮谷、日用工业品及贵重仪器设备等。一部分棚车还可以运送人员和马匹。

3）罐车

罐车是车体呈罐形的车辆，用来装运各种液体、液化气体和粉末状货物等。随着罐车的用途不同，其结构也有差异，具体可分为以下几类。

黏油罐车：用于装载原油、矿物油等，通常在罐体下部外侧设有夹层加温套，卸车时通入蒸汽对货物进行加温，使其易于从下卸阀排出。

轻油罐车：用于装运汽油等轻质液态货物，这种罐车没有加温套，货物通常由上部进入孔通过抽油管卸出而不用下卸阀，以免渗漏发生危险。

酸碱类罐车：用于装运各种酸类或碱类液态货物。罐体内部通常有耐腐蚀涂层，或用不锈钢制造。罐体下部有加温套，上部设抽液管。

液化气罐车：用于装运液化气体。设有气相和液相阀，上部有遮阳罩。

粉状货物罐车：用于装运散装水泥、面粉等粉状货物。罐体为卧式或立式。卸货时把压缩空气通入气室，使罐内货物流态化，随气流经管道输送到指定地点。

4）平车

平车用于装运原木、钢材、建筑材料等长形货物和集装箱、机械设备等的货车，只有地板而没有侧墙、端墙和车顶，具体分类如下。

长大货车：用于装载超长、超重和超限的货物，长大货车的载重量可达数十至数百吨。

背负式平车和集装箱平车：一些国家的铁路在汽车拖挂运输和集装箱运输广泛发展的基础上，为降低运输费用，与公路运输相竞争而发展的专用平车，用于装运汽车挂车或半挂车和集装箱。

轿车平车：发达国家为在铁路上运输轿车而发展起来的一种专用平车。车体分为2～3层，常采用小直径车轮使平车实现较大的装载高度。设有跳板，以便轿车自行上下平车。

5）冷藏车

冷藏车又称保温车，用于运送易腐货物。按制冷方式的不同，冷藏车有不同类型，具体可分为以下几类。

冰箱冷藏车：利用冰盐混合物融化时吸热以降低车内温度。冰箱冷藏车还要求在地面上设置加冰站网。这种冷藏车有些国家已不采用，我国也于2000年后停止生产。

机械冷藏车：利用液态制冷剂蒸发，吸收车内热量，再将蒸汽压缩至液态，通过冷凝器将热量散发到车体外部，如此循环，达到制冷的目的。同冰箱冷藏车相比，机械冷藏车可以获得较低且较均匀的车内温度，而且温度能自动调节。机械冷藏车有车组和单节两种类型。多节式冷藏车组只有在货物发运量足够大时，它的载重量才能得到充分利用。单节机械冷藏车将发电、制冷、货物间和控制设备设在同一节车上，既可单独使用，也可编成车组，而且可以自动控制，实现无人管理。

无冷源冷藏车：车上仅有隔热车体而无任何制冷或加温装置。中国铁路新研制成的冷板式冷藏车即属此类。冷板式冷藏车车顶上设有长方形箱状容器——冷冻板，内装低晶共融溶液，靠地面上的制冷装置使溶液冻结。车上的溶液可以重复使用，不需要沿途添加，因而可以节约运输时间。无冷源冷藏车在一些国家的铁路中得到越来越多的应用。

此外，还有用干冰(固态 CO_2)、液态 CO_2、液态氮等作制冷剂的冷藏车。

铁路货车详细规格如表 4-2 所示。

表 4-2　　铁路货车整车规格

名称	车型	自重/t	载重/t	车内容积/m^3	车内尺寸/m			计费重量/t	用途
					长	宽	高		
平车	N7	20	60		13	2.9		60	装运大件货物
敞车	C62	20.6	60	68.8	12.5	2.8	2	60	装运散装货物
棚车	P62	24	60	120	15.5	2.8	2.7	60	装运贵重货物
加冰冷藏车	B6	34	45	86	16.4	2.5	2.1	38	装运易腐货物
机械冷藏车	B23	38	46	105	18	2.6	2.4	48	4 辆车一组
	B10	38.2	43.5	105	18	2.6	2.35	48	单节

4.2.3　铁路货运线路

铁路线路按照运输性质可以分为客运专线铁路、客货共线铁路和货运专线铁路。铁路货运线路包括客货共线铁路和货运专线铁路。

专用铁路是指由企业或者其他单位管理，专为本企业或者本单位内部提供运输服务的铁路。铁路专用线是指由企业或其他单位管理的与国家铁路或者其他铁路线路接轨的岔线(曾称工业企业铁路)。专用铁路与铁路专用线都是企业或者其他单位修建的主要为本企业内部运输服务的，两者所不同的是，专用铁路一般都自备动力，自备运输工具，在内部形成运输生产的一套系统的运输组织模式，而铁路专用线仅仅是一条线，其长度一般不超过 30 km，其运输动力使用的是与其相接轨的铁路的动力。专用铁路到发运量一般不低于 30 万 t/年；情况特殊、修建理由充分，如涉及国防、科研以及危险、超限、鲜活货物和集装箱运输等，运量可少于 30 万 t/年。

目前我国共有专用铁路 25 000 多千米，其中工矿铁路 13 000 多千米，森林铁路 9 000 多千米，其他专用铁路 3 000 km。

1. 线路等级

在普通铁路网中，根据铁路的作用、性质以及所承担的客货运量，普通铁路可划分为四个等级：

Ⅰ级铁路：铁路网中起骨干作用的铁路，或年客货运量≥20 Mt；

Ⅱ级铁路：铁路网中起联络、辅助作用的铁路，或年客货运量在 10～20 Mt；

Ⅲ级铁路：为某一地区或企业服务的铁路，年客货运量在 5～10 Mt；

Ⅳ级铁路：为某一地区或企业服务的铁路，年客货运量＜5 Mt。

2. 线路技术标准

货运线路的主要技术标准包括设计行车速度、正线数目、牵引类型、机车类型、牵引质量、限制坡度、最小曲线半径、机车交路、到发线有效长度和闭塞类型，这些技术标准应当根据线路远期运量或国家要求的年输送能力、客车对数和铁路等级综合确定。

1）设计行车速度

设计行车速度是列车在某种设计特征（主要是轨道线路几何特征）的路段上行驶所能保持的最大行车速度，它对线路几何特征的设计和车站分布影响很大。

2）设计运量

设计运量是指线路设计年度的预测客货运量，是确定线路设计能力的重要参数。铁路设计年度分为初期、近期和远期，初期一般为交付运营后第3年或第5年，近期为运营后第10年，远期为运营后第20年。

铁路年客货运量为重车方向的货运量与由客车对数折算的货运量之和。1对/d的旅客列车按1.0 Mt年货运量折算。

3）正线数目

在普通铁路建设中，客货运量小的线路只考虑修建单线，而客货运量增长快的线路需要建设双线或者预留双线。对于近期客货运量不小于35 Mt的平原线路和丘陵线路，以及大于30 Mt的山区线路，宜修建双线；对于远期客货运量不小于30 Mt的线路，宜按双线设计，分期实施；对于远期客货运量未能达到30 Mt，但是按照国家要求的年输送能力和客运对数折算的年客货运量大于或等于30 Mt的线路，宜预留双线。

各级铁路主要技术标准如表4-3所示。

表4-3　各级铁路主要技术标准

指标		Ⅰ级铁路	Ⅱ级铁路	Ⅲ级铁路	Ⅳ级铁路
设计运量/Mt		≥20	10～20	5～10	<5
设计行车速度/($km \cdot h^{-1}$)	客货共线	160/140/120	120/100/80	120/100/80	100/80
	货物专线	120	120/100/80	80/60	60/40
限制坡度/‰	平原	6	6	6	6
	丘陵	9～12	9～15	12～18	12～18
	山区	12～15	15～20	18～25	18～25
最小曲线半径/m	一般地段	1 200～2 000	600～1 200	400～600	400
	困难地段	800～1 600	500～800	350～550	350

注：1. 限制坡度根据地形及机车类型进行选择，内燃机车取小值，电力机车可取大值。
2. 曲线半径根据速度和地形困难程度进行选择，速度低（80 km/h）时取小值，速度高（160 km/h）时取大值。特殊困难条件下，在列车进、出站等必须减、加速地段有充分技术经济依据时，可采用与行车速度相匹配的曲线半径。

一条单线铁路按照当前经常采用的半自动闭塞情况计算，扣除旅客、零担、摘挂列车对数和储备能力后，实际通过能力仅为20～25对/d。而双线铁路配备自动闭塞，如果按照列车间隔8 min计算，通过能力可达180对/d，同时列车运行速度也将提高，而运营费用较单线低。

4.2.4 铁路货运站

货运站及货场是铁路货运的基本生产单位。货运站一般由车场和货场组成。凡办理货运作业的车站都可以叫作货运站。

货场是铁路车站的组成部分，是铁路办理货运作业的基本场所。为了安全、迅速、便利地办理货物的承运、保管、装卸和交付作业，在铁路货场内必须配备足够的场库、装卸机械、配线和道路等设施设备，并且要保证各项货运设备在货场内合理布置。

货运站、货场和货运设备的设计应根据货运量、货物品类、作业性质、运营要求、货源及货流方向、城市规划和交通条件，并结合地形、地质和水文条件确定。货运站和货场的设置数量应根据铁路运输发展的需要、城市规划和铁路枢纽的总体布局要求等因素确定。位于中小城市的枢纽，可设置 1～2 个货场；当城市分散或枢纽范围较大，根据需要可设置多个货运站和货场。年货运量在 0.1 Mt 及以上时宜设置货场，远期能达到而近期达不到 0.1 Mt 时，可缓建货场但应预留场地。

1. 货运站

1）货运站的作业

货运站的作业主要包括运转作业和货运作业。货运站的运转作业包括接发列车、解体和编组列车、按货物装卸地点选分和取送车辆，以及摘挂列车的甩挂作业等，对于配有调机的货运站，还包括机车的整备作业。货运站的运转作业与一般技术站比较有以下特点：①货运站到发的列车以小运转列车为主，且到发列车数量较少；②货运站到达的车辆主要为本站作业车，调车作业主要是向装卸地点取送车辆。

2）货运站的分类

货运站按办理的货物种类及服务对象可分为综合性货运站和专业性货运站。综合性货运站是指办理多种货物运输的车站，一般设置在大城市、工业区或港口等有大量货物装卸的地点，并设有较大货场，通常可办理各类货物的整车、零担及集装箱到发作业。专业性货运站是指只办理单一运输种类的车站，如为办理煤、矿石、石油、木材、粮食等大宗货物的车站或危险货物车站等，一般设置在货源产生的地点。

货运站按与正线连接的方式可分为尽端式和通过式。尽端式货运站是指车站到发场仅一端衔接铁路正线的货运站，如图 4-3 所示。通过式货运站是指车站到发场两端均衔接铁路正线的货运站，如图 4-4 所示。

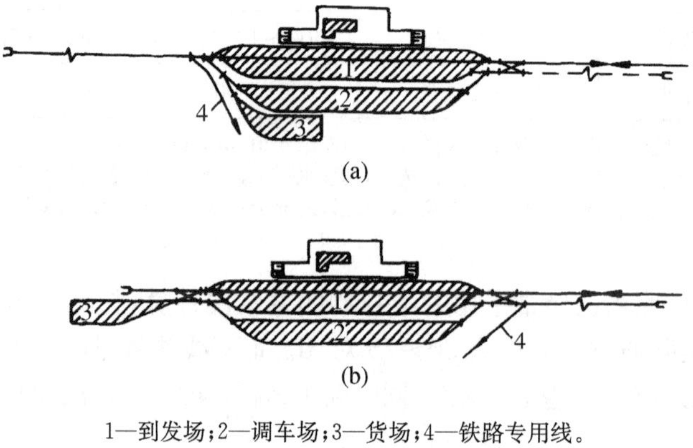

1—到发场；2—调车场；3—货场；4—铁路专用线。

图 4-3　尽端式货运站示意图

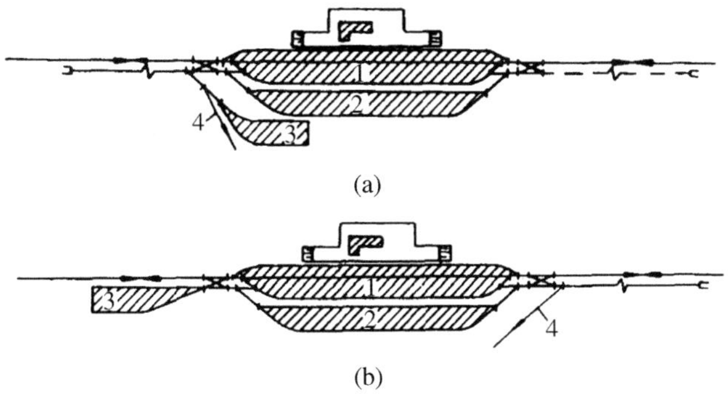

1—到发场；2—调车场；3—货场；4—铁路专用线。

图 4-4　通过式货运站示意图

货运站按车场与货场的配置关系可分为横列式、纵列式和分离式。横列式货运站是指货场与车场横向布置的货运站。纵列式货运站是指货场与车场纵向布置的货运站。分离式货运站是指货场与车场分离的货运站，货场远离车场布置。

3）货运站的布局

货运站内到发场、调车场、货场及其他设备的布置，应考虑货运站在路网上的位置、货运量、货物种类、城市布局和车站货流吸引范围及地形条件综合确定。铁路枢纽内的货运站还应考虑枢纽总体规划、货运站与编组站的联结方式及货运站专业化分工要求等因素。

横列式货运站，其优点是设备集中、管理方便，但调车作业不便，选编车组和向货场取送车时折返调车行程较长。尽端式货场的横列式货运站布置紧凑、占地面积小，迁出线调车和正线货物列车到发可平行作业。通过式货场的横列式货运站可以从两端取送车，因而可以避免取送车作业对装卸作业的干扰。

纵列式货运站，其优点是调车作业便利，向货场取送车无需折返走行，可缩短调车行程；货场可深入市区或者接近工业区，服务半径大，与城市交通联系方便，可以缩短短途搬运距离。其缺点是车站布局过于分散，管理难度偏大。具有尽端式货场的纵列式货运站适用于大城市的综合性货运站；具有通过式货场的纵列式货运站，适用于办理大宗货物的专业性货运站。

分离式货运站适用于以下情况：因地形条件限制，货场不能紧靠车场；因为货物性质特殊，为保证安全，需要货场远离车场，如专办危险货物的货场。这种布置的最大缺点是车站管理及向货场取送车不方便，所以一般情况下不宜采用。

2. 货场

货场是铁路车站办理货物承运、保管、装卸和交付作业的生产车间，也是铁路与其他运输工具相衔接的场所，货运作业量较大的车站一般都设有货场。货运量较大、办理货物品类较多的车站，为避免作业过分集中和便于管理通常会设几个货场。这些货场可按货物运输种类、货物品类或货流方向进行合理分工。

1）货场的分类

货场可以按照货物品类、运输种类、运量、布置形式进行分类。

（1）按办理的货物品类可分为综合性货场和专业性货场。

（2）按办理货物运输的种类可分为整车、零担、集装箱和混合四类货场。

（3）按照货运量大小可分为大型、中型、小型货场。对于综合性货场，年运量在 100 Mt 及以上者为大型货场；年运量在 30～100 Mt 者为中型货场；年运量在 30 Mt 以下者为小型货场。专业性货场按货运量的划分比较复杂，目前尚无统一标准。如装煤、木材或砂石的专业性货场，一般都是整列或半列装卸，虽然运量较大，但货场设备和管理都比较单一。而办理危险货物的专业性货场，往往货运量不大，但是由于危险货物种类很多，性质各异，它的设备和管理都比较复杂。

（4）按配置图可分为尽端式、通过式、混合式货场。尽端式货场是指由尽端式装卸线组成的货场（图 4-5）。通过式货场是指由通过式装卸线组成的货场（图 4-6）。混合式货场是指由尽端式装卸线和通过式装卸线共同组成的货场（图 4-7）。大型货场宜采用尽端式布置，中型货场宜采用尽端式或混合式布置，小型货场宜采用通过式或混合式布置。

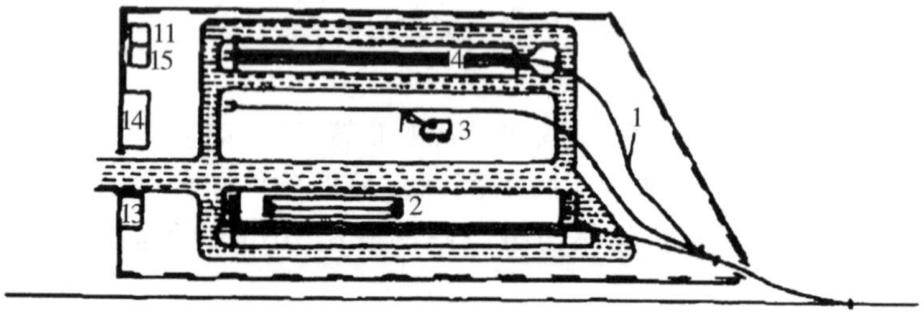

(a)

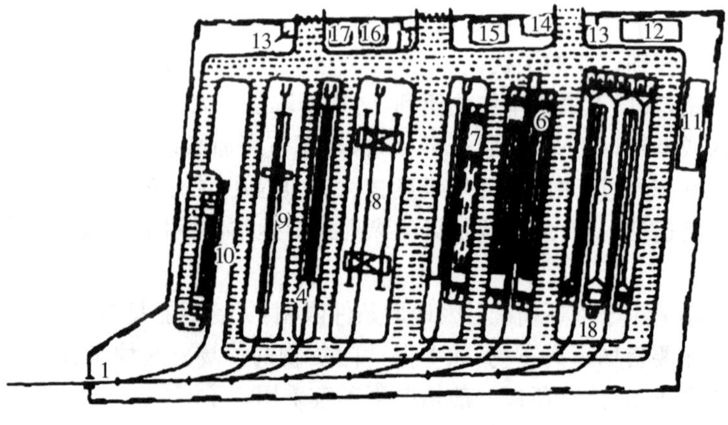

(b)

1—货物装卸线；2—货物站台及仓库；3—轮胎式起重机；4—平面货位；5—零担中转站台及跨线雨棚；6—整车仓库及站台；7—露天站台及预留仓库；8—龙门式起重机及长大笨重货物场地；9—链斗式联合卸车机及散堆装货物场地；10—危险货物仓库及站台；11—装卸机械维修组；12—叉车停放、临修库及充电间；13—门卫室；14—营业厅及货运办公室；15—装卸工休息室；16—食堂；17—浴室；18—中转零担计划员办公室。

图 4-5　尽端式货场示意图

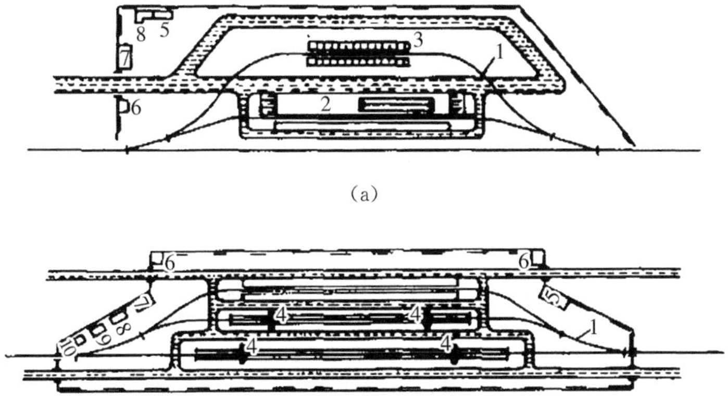

(a)

(b)

1—货物装卸线；2—货物站台及仓库；3—低货位；4—螺旋卸车机；5—装卸机械维修组；
6—门卫室；7—货运办公室；8—装卸工休息室；9—食堂；10—浴室。

图 4-6　通过式货场示意图

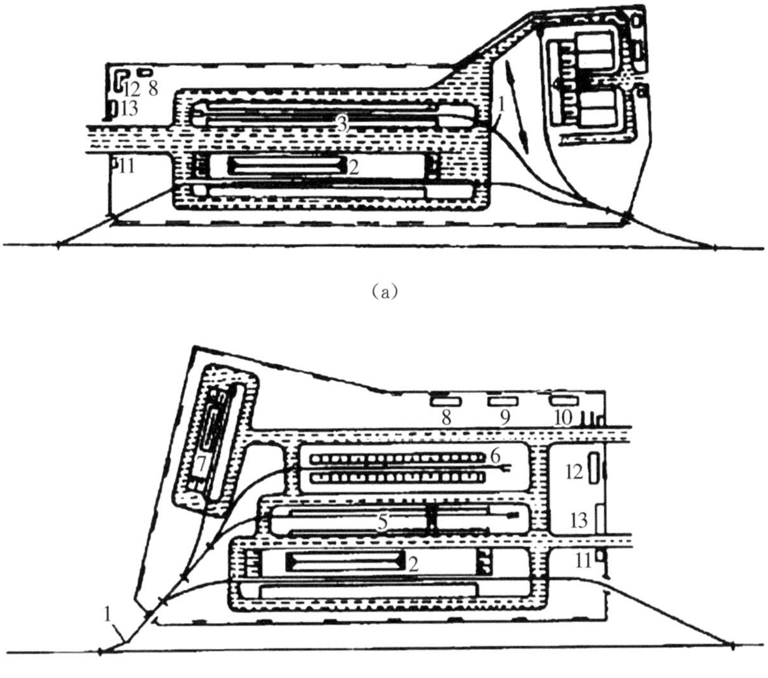

(a)

(b)

1—货物装卸线；2—货物站台及仓库；3—平面货位；4—牲畜装车站台及牲畜圈；
5—龙门式起重机及长大笨重货区；6—低货位；7—危险货物仓库及站台；8—装卸机械维修组；
9—叉车存放保养及充电间；10—食堂及浴室；11—门卫室；12—装卸工休息室；13—货运办公室。

图 4-7　混合式货场示意图

2）货场的设备

货场应根据货运作业量、作业性质和货物种类并结合生产需要和当地条件，设置以下设备：

(1) 配线，包括装卸线、存车线、牵出线、轨道衡线等。

(2) 场库设备，包括堆货场、货物站台、仓库、货棚等。

(3) 装卸机械，包括栈桥线、滑坡仓、漏斗仓，各类装卸、搬运机械及其检修设备。

(4) 道路及排水设备。

(5) 检斤设备，包括磅秤、汽车衡（地磅）、轨道衡、电子秤等。

(6) 货场用具，包括装卸作业和保管货物所需的各种用具，如跳板、防湿枕木、防湿篷布等。

(7) 房舍，包括货运室、装卸工人休息室、装卸机械修理所、门卫室及其他生产生活用房，大、中型货场还应设置围墙。

此外，货场内还应设置照明设备、通信设备、消防设备及电子计算机、工业电视等现代化设备。对于办理冷藏车加冰作业的货场还应设有加冰所，并配有制冰、储冰、加冰及加盐设备。装卸牲畜较多的货场应设有牲畜装卸及饮水设备。一些货场还应设有货车洗刷及除污设备。

3) 场库面积

堆货场、货物站台、仓库和货棚等场库面积包括有效面积和辅助面积两部分。有效面积是指直接用来堆放货物的面积，辅助面积是指用以搬运、装卸和检查货物的走行通道、货位间隔及设置衡器等所占用的面积。

场库所需面积（F）应根据货运量、货物保管期限及单位面积堆货量等因素确定，可按式（4-1）计算。

$$F=\frac{Q\alpha t}{365p} \tag{4-1}$$

式中 Q ——堆货场、货物站台、仓库或货棚的年度货运量（t）；

α ——货物到发的不平衡系数，可按表 4-4 取值；

t ——货物占用货位时间（d），一般可按表 4-5 取值；

p ——堆货场、货物站台、仓库或货棚的单位面积堆货量，包括辅助面积在内（t/m^2）。

表 4-4　　货物到发的不平衡系数

年到发货运量/Mt	0.1～0.3	0.3～1.0	≥1.0
不平衡系数 α	1.25～1.60	1.20～1.50	1.10～1.40

注：1. 货运量较小时取该档次高限，反之取低限。
2. 当工业货物运量较大时，取接近低限值；当农业、商业货物运量较大时，取接近高限值。

货物到发的不平衡系数也可按式（4-2）计算。

$$\alpha=\frac{Q_{月}}{Q/12} \tag{4-2}$$

式中 $Q_{月}$ ——最繁忙月的货物到发运量（t）。

在确定场库的年货运量时，应注意有些车站到达或发送的货物并非全部经由场库保管，特别是在有大量直装直卸作业、办理路企直通运输以及衔接专用线（专用铁路）的车站，大量货物都不经由货场保管。因此，在考虑年度货运量时，应把不经由场库的那一部分运量扣除。

各类货物的货车平均净载重、单位面积堆货量、货位宽度和占用货位时间按表 4-5 取用。

表 4-5　各类货物的货车平均净载重、单位面积堆货量、货位宽度和占用货位时间

货物品类		货车平均净载重/t	单位面积堆货量/($t \cdot m^{-2}$)	货位宽度/m	占用货位时间	
					到达	发送
整车怕湿货物		39	0.50	5.5	3	2
普通零担货物	到达	26	0.20	9.0	3	—
	发送	26	0.25	9.0	—	2
中转零担货物		23	0.15	11.0	1.5	
混合货物		34	0.40	8.0	3	2
整车危险货物		38	0.50	5.5	3	2
零担危险货物		25	0.15	12.0	3	2
整车笨重货物		48	1.00	4.0	4	2
零担笨重货物		36	0.40	6.5	4	2
散堆装货物		54	1.00	4.0	3	2
集装箱货物		25	0.26	—	3	2

注：1. 求算单位面积堆货量的总面积时，库棚内包括纯堆货面积、叉车或人行通道面积、货盘间作业面积和堆货间隔面积等；笨重货物和散堆装货物场地包括纯堆货面积和堆货间隔的面积，但不包括汽车通道和辅助机械走行场地的面积。

2. 集装箱货物货位宽度应根据不同箱型和箱位布置确定。

4) 货场平面布置

货场内各项设备的布置必须适应货运作业、装卸作业、搬运作业与取送车作业的要求，设计时应结合货场的作业性质、作业量、办理货物作业的种类、地形条件以及装卸机械化水平等具体情况，综合考虑以下基本要求：货场内的布置应保证取送车及管理的便利，且不妨碍车站的发展；便于为托运人、收货人服务，方便进出货搬运，与城市交通有方便的联系；适应货场作业机械化的需要，要有足够的场地布置各项设备，并考虑货场的远期发展；货场内各项设备的布置应力求紧凑合理，并考虑作业的流水性，保证货场道路畅通；应与城市规划密切配合，具有良好的排水条件，并符合消防、安全和卫生要求。

根据货运作业的性质、货物品类、作业量等，将一条装卸线或相邻的若干条装卸线及周围的货运设备合并在一起而划定的货物作业区称为货区，如成件包装货区、长大笨重及集装箱货区、散堆装货区、危险品货区和粗杂卸货区等(图 4-8)。大型货场也可以按货物的到达、发送或中转划分货区。办理水陆联运货物作业的货场，水、陆货区应分开布置。

5) 货场道路布置

货场道路的布置形式与货场的配线、场库设备的设置及汽车的停靠方式有关。货场道路的宽度应根据道路等级、搬运车辆类型和运行方式、搬运货物种类和运量等因素确定。

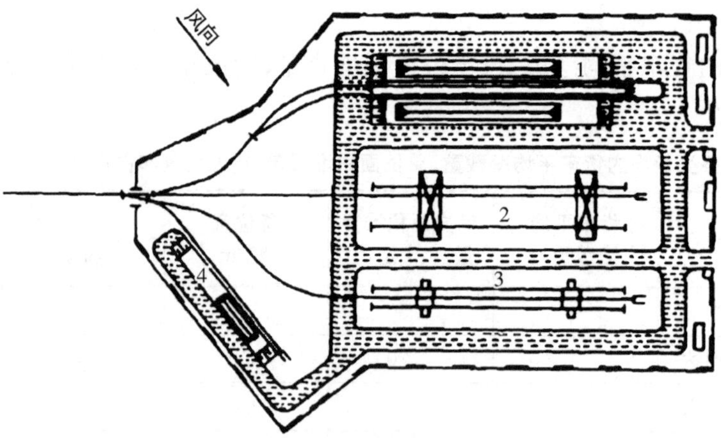

1—成件包装货区；2—长大笨重及集装箱货区；3—散堆装货区；4—危险品货区。

图 4-8　货区布置

货场道路布置的一般要求：货场道路要与市区、城镇道路有便捷的联系；货场道路的等级应根据使用需要和交通量的大小确定；道路的布置形式应方便货运车辆行驶，并减少调车作业与搬运作业的相互干扰；货场道路设计应与货场排水、场地硬面化等因素综合考虑。

(1) 货车停车场及道路的宽度。

货车停靠有端式停靠和侧式停靠两种。根据我国各种货运汽车外形尺寸，中、大型货场端式停靠所需宽度为 10.5 m，小型货场可采用 8.5 m，侧式停靠则为 4 m。

货场道路的宽度应按主要干道和货区道路分别考虑。主要干道的路面宽度取决于货运车辆类型、交通量和运行方式等因素。一般大、中型货场主要干道为 2～4 个车道，小型货场进出口可采用 1～2 个车道；货场内通向货区的道路，当作业繁忙、车辆交会多时可采用双车道，其余道路一般为单车道，车道宽 3.5 m。

货区道路的边缘距线路中心线不应小于 3.75 m，距货位边缘不应小于 0.5 m，路面内侧的曲线半径一般应为 6～15 m。

(2) 货场道路的布置形式。

货场道路的布置形式有尽头式和环行式两种。

尽头式道路布置能充分适应线路配列的形式，货运车辆无需跨越线路，与取送车作业互不干扰，取送车作业和搬运作业都比较安全，但需要设置货运车辆转向场地。货场内尽头式道路的终端应设回车场或回车道，但当端部有回车条件时可以不设。

环行式道路布置环绕货场，出入车辆互不干扰，运行条件较好，但需跨越线路，增加道口，安全性较差。

货场道路的布置形式应结合货场线路布置的具体情况而定，但通常宜布置成环行式。

4.3　铁路货运种类及流程

铁路货运以批为单位。“一批”就是一个运输单位，也是承运人计算货物运输费用的一个单位。一批货物的托运人、收货人、发站、到站、装卸地点必须相同(整车分卸的货物可以例外)。

整车货物以一车为一批，零担货物以每张货物运单所托运的货物为一批，集装箱货物以每张货物运单所托运的集装箱数为一批（每批必须同一箱型，至少一箱，最多不得超过铁路一辆货车所能装运的箱数）。

4.3.1 铁路货运种类

现行铁路货运种类分为整车、零担和集装箱。整车适用于大宗货物；零担适用于零星货物；集装箱适用于精密、贵重、易损货物。托运人可以依据货物数量、性质、状态、形体等特点选择运输种类，以达到安全、迅速、经济、便利地运送货物的目的。

铁路运输按照运输范围的不同可以分为管内运输、直达运输、水陆联运、公铁联运和国际铁路联运。管内运输是指在一个铁路局管辖范围内的运输。直达运输是指涉及两个或两个以上铁路局的运输。水陆联运是指以一份货运票据，在水陆换装地点不需发（收）货人重新办理托运，且由铁路和水路共同参加的运输。公铁联运是以一份货运票据，在换装地点不需发（收）货人重新办理托运，且由铁路和公路共同参加的运输。国际铁路联运是指参加国际联运协定（或公约）的国家之间办理货物运输时，在国境站转换或车辆直接通过时，不需发（收）货人参加或重新办理托运，免除了国境站重新填制运送票据和核收运费的手续，从而加速了货物送达，为发展国际贸易创造了有利条件。

1. 整车运输

一批货物的重量、体积、形状和性质需要一辆或一辆以上的货车装运时应办理整车运输。一批货物无论是总重还是总体积能装足一辆货车标记载重量或充满一辆货车的容积都应办理整车运输。货物的形状不适合进入棚车，或敞车与其他货物拼装，或货物的性质决定其特殊运输要求，或不能清点件数的货物也应办理整车运输。

2. 零担运输

凡不够整车运输条件的货物，可按零担货物托运。零担货物一件体积不得小于 0.02 m^3，但当一件重量在 10 kg 以上时，则不受此最小体积限制。零担货物每批件数不得超过 300 件。

下列货物不得按零担货物托运：需要冷藏保温/加温运输的货物；规定限按整车办理的货物（装入铁路批准使用爆炸品保险箱运输的除外）；易于污染其他货物的污秽品（经过卫生处理不致污秽其他货物的除外）；蜜蜂；不易计算件数的货物；未装入容器的活动物（铁路局管内零担运输办法允许者除外）；一件重量超过 2 t、体积超过 3 m^3 或长度超过 9 m 的货物（发站认为不致影响中转站或到站卸车作业者除外）。零担货物一般在公共作业场所组织运输，在专用线、专用铁路内组织直达整装零担，须与铁路分局协商并签订运输协议后办理。

零担货物运输的主要特点如下：计划性不强，运量波动较大；运输成本高，贵重、怕湿货物多，需占用仓库和使用棚车装运；轻质货物居多，货车载重利用率低；每车装载批数多，事故概率高；对服务质量要求高，需配备专门集配人员，投入的组织运输人力、物力多；零担货物运量零星，到站分散，品类繁多，性质复杂，包装差异大。

提高零担货物运输效率的主要措施包括：

（1）推行零担运输集中化。零担运输集中化就是优化零担办理站在路网上的布局，将零担运输集中到规模较大、设备完善、布局合理的货运站办理。

（2）发展零担货物拼箱运输。集装箱运输是铁路货运发展的必然趋势，零担货物如果能通过拼箱纳入集装箱运输，既可以保证货物安全、减少货损，还可以促进集装箱运输的发展。

(3) 发展行包快运。行包快运是指小宗货物的快速运输，可以将具有高附加值、对运输时间和质量要求高的零担货物纳入行包快运。

3. 集装箱运输

集装箱运输是以集装箱为载体，将货物集合组装成集装单元，便于运用大型装卸机械进行装卸、搬运的一种运输方式。

集装箱按箱型可以分为 1 t 箱、5 t 箱、10 t 箱、20 ft 箱、40 ft 箱。集装箱以标准集装箱(Twenty-Foot Equivalent Unit，TEU)作为统计单位，一个 20 ft 箱即一个 TEU。此外，20 个 1 t 箱折合为 1 个 TEU，2 个 10 t 箱折合为 1 个 TEU，1 个 40 ft 箱折合为 2 个 TEU。

与传统的货物运输相比，集装箱运输具有以下优越性：保证货物运输安全；简化货物包装，节省包装费用；便于开展多式联运，实现“门到门”运输，提高运输效率；减少运营成本，降低运输费用；有利于实现管理现代化。

4.3.2 铁路货运流程

铁路货运的基本作业包括发送作业、途中作业和到达作业。其中，发送作业主要包括托运、受理、进货、验收、制票、承运、装车等环节；途中作业主要包括货物的交接、检查，换装整理，运输变更，整车分卸及运输障碍处理等；到达作业主要包括重车和货运票据的交接，货物的卸车、保管、交付以及运杂费的最后结算等。铁路货运作业流程如图 4-9 所示。

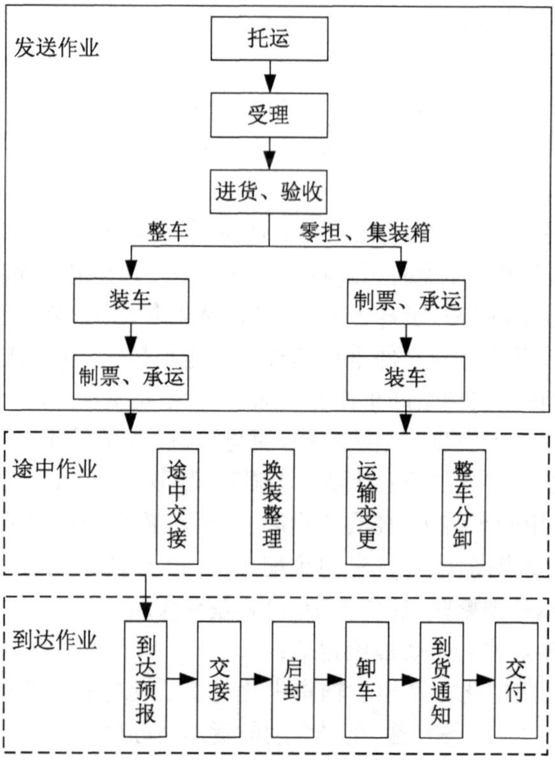

图 4-9 铁路货运作业流程

1. 货物发送作业

货物在发站所进行的各类作业统称为发送作业。整车、零担、集装箱货物发送流程分别如表4-6—表4-8所示。

表4-6　　整车货物的发送办理程序和内容

办理步骤	作业内容
1. 内容	托运人向车站货运室提交货物运单
2. 受理	车站货运室根据批准的要车计划核对运单填写是否正确,若认为可以承运,即予以签证并指定货物搬入日期和地点
3. 进货和验收	托运人将货物搬进车站,货运员按照运单验收货物
4. 装车	货物装车,对需要施封的货车予以施封
5. 制票和承运	核算制票货运员填制货运票据,核收运输费用,在运单上加盖站名日期戳以示承运
6. 送票	车站货运室整理货运票据,并送交车站运转室

表4-7　　零担货物的发送办理程序和内容

办理步骤	作业内容
1. 托运	托运人向车站货运室提交货物运单
2. 受理	货运室核对运单填写是否正确,如认为可以承运,即予以签证并指定货物搬入日期和地点
3. 进货和验收	托运人将货物搬进车站,货运员按照运单验收货物。对于需要检斤的货物,货运员应予以检斤,并将货物重量填记在运单上
4. 制票和承运	核算制票货运员填制货运票据,核收运输费用,在运单上加盖站名日期戳以示承运
5. 装车	货物装车,对需要施封的货车进行施封
6. 送票	车站货运室整理货运票据,并送交车站运转室

表4-8　　集装箱货物的发送作业程序和内容

作业步骤	作业内容
1. 托运	托运人向车站货运室提交货物运单
2. 受理	货运室核对运单填写是否正确,如认为可以承运,即予以签证并指定货物搬入日期和地点
3. 进站检查、验收	托运人将集装箱运进车站,货运员按照运单对货物进行检查和验收
4. 保管	集装箱在装车前的保管
5. 制票和承运	核算制票货运员填制货运票据,核收运输费用,在运单上加盖站名日期戳以示承运
6. 装车作业	集装箱装车
7. 票据交接	车站货运室整理货运票据,并送交车站运转室

2. 货物途中作业

货物在运输途中需要进行的各项货运作业,统称货物的途中作业。

(1) 途中货物的交接和检查。为了保证货物运输安全、分清运输责任,在运输过程中,车站人员与列车乘务员之间或列车乘务员相互之间，应在铁路局或分局指定的地点和时间办理货车或货物的交接、检查工作。

(2) 货物的换装整理。重车在运输过程中发现可能危及行车安全或货物完整的状况时，所进行的货车更换或货物整理作业，称为货物的换装整理。其中，换装是指将货车中不宜继续运行的货物卸下，装入适合安全运输的货车内的作业；整理是指就原车货物的装载位置、高度进行整理，或卸下超载部分的货物及捡拾撒漏货物，以便货车能继续安全运行的作业。

(3) 货物运输变更。货物运输合同的变更或解除是指对已承运的货物，在发送前托运人向承运人提出取消托运，或托运人、收货人提出变更到站、变更收货人的书面要求。

(4) 整车分卸。按整车分卸办理的货物，在途中分卸站要进行货物的分卸作业。

(5) 运输障碍的处理。由于不可抗力因素致使行车中断，货物运输发生阻碍时，铁路局对已承运的货物，可指示绕路运输；或者在必要时先将货物卸下，妥为保管，待恢复运输时再行装车继续运输，这种情况下所需的装卸费用，由承担装卸作业的铁路局承担。

上述各项途中作业中，货物交接、检查和整车分卸属于正常作业，而换装整理作业、货物运输变更和运输阻碍的处理属于由某种原因引起的非正常作业。

3. 货物到达作业

货物在到站所进行的各项货运作业，统称为货物的到达作业。货物到达作业的主要流程见图 4-10。货物经过到达作业后，货运作业即告结束，至此，运输合同即告终止。

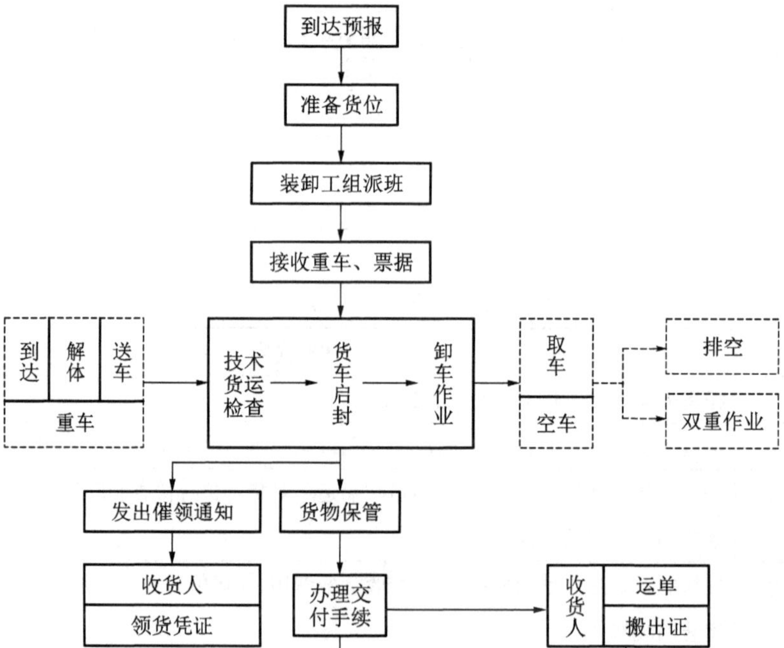

图 4-10　铁路货物到达作业程序示意图

4.4 铁路货运组织

根据 2011 年统计资料计算，2011 年全路货车周转时间 4.45 天，平均一次货物作业时间 16.2 h，货车中转停留时间 4.5 h，货物列车旅行速度 33.4 km/h。但是在市场经济条件下，客户的运输服务要求与以往相比已经发生了较大变化，对货物运输的方便性、时效性、安全性等提出了更高的要求，目前的铁路货运组织方式显然难以满足市场需求。旅行速度低，运输时间不确定，已经成为铁路市场份额流失的一个相当重要的原因。优化铁路货运组织，减少中转编组作业，是各国铁路货运的普遍做法，也是提升铁路货运市场竞争力的必要措施。

4.4.1 直达列车与成组装车

1. 直达列车

货物直达运输是指按规定的牵引质量和列车长度，由装车站或编组站编成通过一个及以上编组站不进行改编作业的列车所进行的货物运输，即直达列车。

直达列车分为装车站组织的直达列车、卸车站组织的直达列车和编组站组织的直达列车三大类。装车站组织的直达列车是货运效率最高的一种组织形式。加强装车站的货流、车流组织还能为编组站组织直达列车创造有利条件。

1) 装车站组织的直达列车

装车站组织的直达列车可分为以下几种：

(1) 始发直达列车。由一个车站所装车辆组成的直达列车。

(2) 基地直达列车。当相邻装车站的装车量都不足以单独组织直达列车时，可以指定一个设备、车流和路径等条件均较好的车站作为直达基地，将各站产生的车流都挂送到基地站统一组织直达列车。

(3) 整列短途列车。在装车站编组，运行距离短且不通过编组站到达卸车站的列车。

(4) 阶梯直达列车。在同一区段或相邻区段的几个车站装车后组成的直达列车。

(5) 循环直达列车。以一定类型和数量的货车编成，在固定的装、卸站之间循环往返运行的直达列车。

直达列车由于卸车条件不同，又可分为一站卸的直达列车、多站卸的反阶梯直达列车、到达编组站解体的直达列车等。

2) 装车站组织直达列车的条件

组织直达列车应根据货源、货流情况、装卸车条件、空车供应方式以及收发货单位的需要等条件来确定其类型，总目标是加速车辆周转，加速货物运达。一般来说，组织直达列车的装车站应当具备下列条件：①具有每日装车数不少于一列的直达车流去向；②装车设备(货位、仓储、货物线、装卸设备等)具有组织直达列车的能力；③调车设备具有编组直达列车的能力；④有足够的空车供应，能够保证直达列车装车所需要的空车。

货物直达运输，首先要重视对大宗物资的组织。大宗物资货源稳定、流向集中(如煤炭、矿石、石油、木材等)，在编制计划时应尽可能地使其供销关系集中，力争稳定，并按照一站装一站卸、一站装多站卸、多站装一站卸、多站装多站卸和先远后近的要求进行安排，组织各种形式的直达列车。

对于运量不大的其他种类货物，若其流向比较集中，同样应当安排直达列车。如果组织同类货物的直达列车困难时，可组织多品类货物的直达列车。

2. 成组装车

成组装车是指装车站按货物的同一卸车站，根据本站或前方编组站列车编组计划规定的解体站组织装车成组，每组车数 5 辆以上，且通过一个以上编组站不进行改编作业。成组装车可以减少沿途编组站的调车作业钩数，能提高列车的编解效率。因此，对于组织直达列车后剩余的货流，应最大限度地组织成组装车；对于货源、货流条件不允许或者其他条件不允许组织直达列车的，也应大力组织成组装车。成组装车是货物直达运输必要和有益的补充，是货物直达运输的有机组成部分。

4.4.2 “五定”班列

“五定”班列是指在主要城市、港口、口岸间铁路干线上组织开行的定点（装车地点）、定线（固定运行线）、定车次、定时（固定到发时间）、定价（运输价格）的快速货物列车，包括集装箱“五定”班列和普通货物“五定”班列两种组织形式。

货运“五定”班列从 1977 年 4 月开始实行，是铁路部门为适应市场需要，确保货物运到期限，提高货运服务质量组织开发的货运新产品，并在发展中不断优化。目前，全路跨局“五定”班列运行线遍及京哈、京广、京沪、京九、陇海及浙赣等主要干线，其运行速度双线区段每日 800 km 以上，单线区段每日 600 km 以上。

“五定”班列的特点是：①运行快速；②手续简便，一个窗口一次办理承运手续；③一次收费，明码标价；④价格优惠，租车多运多优惠，逾期承担违约责任；⑤优质安全，保证运到时间，发生货运问题及时理赔。

1. “五定”班列的分类

（1）按照“五定”班列运行距离，分为跨局“五定”班列和局管内“五定”班列。

（2）按是否一站直达，分为快运班列和普通班列。一站整列装和一站整列卸的班列为快运班列。

（3）按照集结站数量，分为一站班列、阶梯式班列和集散式班列。阶梯式班列由同一路径上的几个相邻车站共同组织集结成整列；集散式班列由发站附近多个装车站共同组织集结成整列。

2. “五定”班列的开行条件

（1）具备稳定、均衡的货源，特别是高附加值的零散货源，货源量要达到至少两天一列，并具备向每天一列发展的潜力。

（2）“五定”班列发到站具有相对固定的货物作业线、储存和作业场地，具备整列或成组作业能力。

（3）相关技术站具有集结、解体、取送车等作业能力。

（4）铁路局、装车站具有班列货源组织能力和班列运输组织能力。

铁路局不得自行变更班列方案有关内容或取消方案。铁路局确实需要变更、取消班列开行方案，须向铁道部运输局说明原因和内容，运输局研究批准后方可执行。

3. “五定”班列的运输组织

班列在运输组织上实行“五优先、五不准”原则，即优先配车、优先装车、优先挂运、优先放行、优先卸车，除特殊情况报部批准外，不准停限装、不准分界口拒接、不准保留、不准途中解体、不准变更到站。

对烟草、棉花、粮食、食用盐等政令限制物资和国家归口管理物资，必须按国家有关规定办理。对不明到站的军运物资、超限和限速运行的货物，不得纳入班列运输。

思考题

[4-1] 什么是"五定"班列？

[4-2] 简述我国整车、零担、集装箱运输的有关规定。

[4-3] 简述铁路运输中"一批"货物的含义。

[4-4] 阐述铁路货运的特点和国内外铁路货运发展的主要趋势。

[4-5] 货运站的配置形式有哪些？各有什么优缺点？

[4-6] 货场的平面布置有哪些形式？试述其优缺点。

[4-7] 如何促进铁路货运发展？谈谈你的建议（完善铁路货运营销体系，加强货运组织，提高运输效率，向现代化物流拓展，重视信息化建设，运输集装箱化等）。

[4-8] 某货运站拟新建一座发送仓库，用以存放整车怕湿货物。该站此类货物的年度发送量为 16 万 t，货物发送的不均衡系数为 1.2，其中有 5%的货物在货场内直接换装，该仓库的设计宽度为 18 m。请计算该仓库所需面积。

第5章 水路货运系统

5.1 概述

水路运输是指一切经由水路(包括海洋、河流、湖泊)使用水上运输工具在港口间所进行的运输。它是以人工运河或天然水域作为航道,以人工建造的港口或天然坡岸为作业场地,以船舶为载运工具进行货物或旅客运输。水路运输分为国际水路运输(远洋运输)和国内水路运输。

5.1.1 水路运输的特性

(1) 具有特定的运输条件。船舶航行的可航水域和船舶停靠的港口是开展水路运输的必备条件,也就是只有在临江、河、湖、海的两地间才能进行水路运输。

(2) 大运量、低速度。水路运输直接利用海洋和湖泊、河流进行运输,只要水域有足够的深度和宽度就能够使用大型的运载工具,实现大运量水路运输。同时由于航道地理条件的限定和水阻力的制约,水路运输无法进行短距离且高速度的运输。

(3) 高投资、低运费。虽然水路运输直接利用天然水面,但是运量大的船舶和周转量大的港口均需要一次性的大量投资,而且为了达到改善运输条件的目的,需要修建人工航道,因此水路运输投资巨大。由于水路运输运量大、距离长,因此单位运输吨公里(海里)成本和费用较低,能实现低运费运输。

(4) 具有特殊的风险性。直接利用天然水域进行的水路运输,受到风浪等不利自然因素的影响,存在较为特殊的风险。

(5) 高科技的充分应用。为了充分地利用天然资源,抵御不利的自然因素的影响,实现安全运输,人类不断探索、设计,从对自然的认识与自然规律的掌握,到运输载体的制造及使用、运输的组织、作业的手段等各方面,充分利用已掌握的现代科学技术,使现代的水路运输成为高科技广泛应用的行业。

水路运输的优缺点如表5-1所示。

表5-1　　水路运输的优缺点

优点	缺点
初始基本建设投资少	船舶投资和港口建设投资巨大
水上航道四通八达,通航能力大	受自然条件的限制与影响大
运距长、运量大、运费低	运输速度慢
续航能力强	航线无法任意延伸,对综合运输的依赖性较大

注:整理自 http://wiki.mbalib.com/wiki/水路运输。

5.1.2 水路运输的重要性

随着经济的发展和贸易的全球化，货物运输的距离及数量快速增长，水路运输成为大批量、长距离的货物运输选择的主要方式之一。国际贸易总运量中的 2/3 以上、中国进出口货运总量的约 90%都是利用海上运输。

2011—2020 年水路运输货运量的比例逐年递增，水路运输在货物运输中的比例越来越大(图 5-1、图 5-2、表 5-2)。

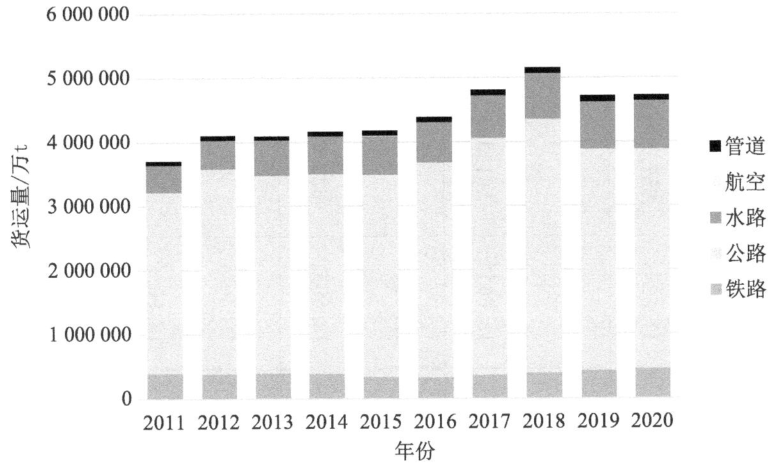

图 5-1 2011—2020 年全国分方式货运量增长趋势图

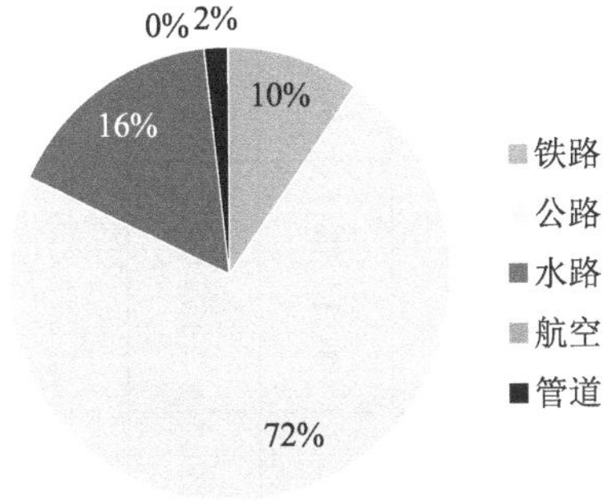

图 5-2 2020 年各运输方式货运量所占比例

5.1.3 水路货运的类型

根据船舶运行的水域，水路运输可分为海上运输和内河运输。

1. 海上运输

海上运输是国际物流中最主要的运输方式，它是指使用船舶通过海上航道在不同国家和地区的港口之间运送货物的一种方式。

海上运输分为沿海运输和远洋运输。通常国内沿海港口之间的海上运输称为沿海运输，而本国港口与外国港口之间，或者外国港口与外国港口之间的海上运输称为远洋运输。远洋运输是国际运输，具有国际性，而不在于运输距离的远近。

表 5-2　**2011—2020 年全国分方式货运周转量**　单位：万 t

年份	货运量	铁路		公路		水路		航空		管道	
		总量	比例	总量	比例	总量	比例	总量	比例	总量	比例
2011	3 696 961	393 263	10. 64%	2 820 100	76. 28%	425 968	11. 52%	557. 5	0. 02%	57 073	1. 54%
2012	4 100 436	390 438	9. 52%	3 188 475	77. 76%	458 705	11. 19%	545	0. 01%	62 274	1. 52%
2013	4 098 900	396 697	9. 68%	3 076 648	75. 06%	559 785	13. 66%	561. 3	0. 01%	65 209	1. 59%
2014	4 386 800	381 334	8. 69%	3 113 334	70. 97%	598 283	13. 64%	594. 1	0. 01%	73 752	1. 68%
2015	4 175 886	335 801	8. 04%	3 150 019	75. 43%	613 567	14. 69%	629. 3	0. 02%	75 870	1. 82%
2016	4 386 763	333 186	7. 60%	3 341 259	76. 17%	638 238	14. 55%	668	0. 02%	73 411	1. 67%
2017	4 804 850	368 865	7. 68%	3 686 858	76. 73%	667 846	13. 90%	705. 9	0. 01%	80 576	1. 68%
2018	5 152 732	402 631	7. 81%	3 956 871	76. 79%	702 684	13. 64%	738. 5	0. 01%	89 807	1. 74%
2019	4 713 624	438 904	9. 31%	3 435 480	72. 88%	747 225	15. 85%	753. 1	0. 02%	91 261	1. 94%
2020	4 725 862	455 236	9. 63%	3 426 413	72. 50%	761 630	16. 12%	676. 6	0. 01%	81 907	1. 73%

运输的条件、工具决定着海上运输具有与其他运输方式不同的特点。

(1) 天然航道。海洋运输借助天然航道,不受道路、轨道的限制,通过能力更强,随着政治、经济贸易环境以及自然条件的变化,可随时调整和改变航线,完成运输任务。

(2) 载运量大。随着国际航运业的发展,现代化的造船技术日益精湛,船舶日趋大型化。巨型邮轮已达 60 多万吨,集装箱船的载箱能力已超过 10 000 TEU。

(3) 运费低廉。海上运输航道为天然形成,港口设施一般为政府所建,经营海运业务的公司可以大量节省用于基础设施建设的投资。船舶载运量大、使用时间长、运输里程远,单位运输成本较低,为低值大宗货物的运输提供了有利条件。

(4) 运输的国际性。海洋运输一般都是国际贸易,其生产过程涉及不同国家和地区的个人与组织。海洋运输还受到国际法和国际管理的约束,也受到各国政治、法律的约束和影响。

(5) 速度慢、风险大。海洋运输是各种运输方式中速度最慢的运输方式。海洋运输是在海上,受自然条件的影响比较大,比如台风可以把一艘运输船卷入海底,风险比较大,还有诸如海盗的侵袭之类,风险也不小。

(6) 不完整性。海洋运输只是整个运输过程中的一个环节,它的两端的港口必须依赖其他运输方式的衔接和配合。

2. 内河运输

内河运输是水上运输的重要组成部分,它是连接内陆腹地与沿海地区的纽带,在运输和集散进出口货物方面起着重要的作用。四通八达的内河航运网和与邻国相连的国际河流为我国进出口货物运输提供了十分有利的条件。

内河运输同海上运输相似,也具有运费低、速度慢、风险大、运输不完整等的特点。同时,内河的特定性又决定着内河运输与海上运输存在差异。

内河运输是利用天然或人工航道进行水上运输。内河航道狭窄、弯曲、水流湍急,风浪小;不同航段水深、宽窄、曲率半径、流速均不相同;有的航段还设有船闸、桥梁等碍航设施。内河运输对航道的通航标准更加严苛。

(1) 通航船舶。内河运输使用的船舶结构和要求与海上船舶有所不同。内河货船的载重吨位、长度和吃水深浅,视河道条件而异,但一般均比海船小。

(2) 季节性差异。由于内河航道的洪枯水期位差大,不同季节可通航船舶及运量有较大的差异,内河运输存在季节性差异。

(3) 内河运输货物。结合内河运输的特点,内河运输适宜装运大宗货物,如矿砂、粮食、化肥、煤炭等,而且由于航运平稳,在运送石油等危险货物时也较安全。

5.2 水路货运系统的构成

江、河、湖、海等自然水域是完成水路运输的必备条件,构建水路货运系统还需要航道、港口、船舶、装卸搬运工具等基本要素。

5.2.1 航道

航道是指沿海、江河、湖泊、水库、渠道及运河内可供船舶排筏在不同的水位期通航的水域。航道是水运赖以发展的基础。

1. 航行对航道的主要要求

（1）航道深度。航道深度是全航线中所具有的最小通航保证深度，它取决于航道上关键性的区段和浅滩上的水深。航道深浅是选用船舶吃水量和载重量的主要因素。航道深度增加，可以允许吃水深、载重量大的船舶通过，但增加航道深度，必然会使整治和维护航道的费用增多，因此，设计航道深度时，应全面考虑。

船舶在浅水航行时，为保证船舶安全和航行畅通，应使水深超过实际吃水并保持有一定安全余量，这个安全余量通常称为富余水深。富余水深，应根据河床土质、船舶类型、航道等级来确定。一般沙质河床可取 0.2 m 左右，砾石河床为 0.3～0.5 m。

最小通航深度计算式如下：

$$\text{最小通航深度} = \text{船舶满载吃水} + \text{富余水深} \tag{5-1}$$

（2）航道宽度。航道宽度视航道等级而定，通常单线航行的情况极少，双线航行较普遍，在运输繁忙的航道上还应考虑三线航行。所需航道宽度计算式如下：

$$\text{所需航道宽度} = \text{同时交错的船队或船舶的宽度之和} + \text{富余宽度} \tag{5-2}$$

富余宽度是指分道通航的双向航道中，船舶相向航行相会错船时，为防止发生船吸现象而保持两航迹带间的内侧横向净距。富余宽度一般采用“同时交错的船队或船舶宽度总和”的 1.5～2.5 倍。

（3）航道转弯半径。航道转弯半径是指航道中心线上的最小曲率半径。一般航道转弯半径不得小于最大航行船舶长度的 4～5 倍。在自然条件受到限制时，航道转弯半径最低不得小于船舶长度的 3 倍，而且航行时要特别谨慎，防止事故，保障安全。

（4）航道许可流速。航道许可流速是指航线上的最大流速。许可流速与水流速度有关，因此，上水行驶和下水行驶的航速往往不同，船舶的航行速度与流速有如下关系：

$$\begin{cases}\text{下水时：航速} = \text{船舶静水速度} + \text{水流速度} \\ \text{上水时：航速} = \text{船舶静水速度} - \text{水流速度}\end{cases} \tag{5-3}$$

从经济性考虑，下水时应就流速大的主流行驶，上水时则应尽量避开流速大的水区，在缓流区行驶。航道上的流速不宜过大，如果航道上的流速太大，上驶船舶必须加大功率才能通过。比较经济的船舶静水速度一般在 9～13 km/h，即 2.5～3.6 m/s 之间，因此，航道上的流速以 3 m/s 之内为宜，而且要求接近船舶静水航速的流速线段不能太长。

（5）有符合规定的水上外廓。水上外廓是保证船舶水面以上部分通过的高度及宽度的要求。水上外廓的尺度依航道等级来确定，一般Ⅰ、Ⅱ、Ⅲ、Ⅳ级航道上桥梁等的净空高度，取 20 年一遇的洪水期最高水位来确定，Ⅴ、Ⅵ级航道取 10 年一遇的洪水期最高水位来确定。由于水工建筑物如桥墩等下部比上部窄，因此，桥梁等水面建筑物的净跨长度应取枯水期最低水位来确定。

航行对航道的上述要求中，最主要的是航道水深，因为无论江、河、湖、海和水库，只要有足够的水深，船舶航行一般没有大的问题。此外，航行还要求航道的冰冻期短、没有水下障碍等。

2. 航道分类

我国江河湖泊众多，海岸线漫长，航道流经的地质条件和水量补给等因素差异很大，同时，各地经济、技术发展不平衡，航道建设、航道管理的水平和投入程度不一，因此，航道分类的方法较多。

1）按航道的等级划分

根据《内河通航标准》（GB 50139—2014）的规定，按照通航船舶的载重及船型等，我国航道等级由高到低分为Ⅰ、Ⅱ、Ⅲ、Ⅳ、Ⅴ、Ⅵ、Ⅶ级航道，这 7 级航道均可称为等级航道。通航标准低于Ⅶ级的航道可称为等外级航道。

表 5-3　　内河航道技术等级划分及尺度

航道等级	驳船吨级/t	船型尺度 总长×型宽×设计吃水/(m×m×m)	航道尺度					
			天然及渠化河流			限制性航道		弯曲半径/m
			水深/m	单线宽度/m	双线宽度/m	水深/m	宽度/m	
Ⅰ	3 000	75×16.2×3.5	3.5～4.0	120	245			1 050
				100	190			810
				75	145			800
				70	130	5.5	130	580
Ⅱ	2 000	67.5×10.8×3.4	3.4～3.8	80	150			950
				75	145			740
		75×14×2.6	2.6～3.0	35	70	4	65	540
Ⅲ	1 000	67.5×10.8×2.0	2.0～2.4	80	150			730
				55	110			720
				45	90	3.2	85	500
				30	60	3.2	50	480
Ⅳ	500	45×10.8×1.6	1.6～1.9	45	90			480
				40	80	2.5	80	340
				30	50	2.5	45	330
Ⅴ	300	35×9.2×1.3	1.3～1.6	40	75			380
				35	70	2.0	75	270
				22	40	2.5	40	260
						2.0		
Ⅵ	100	26×5.2×1.8	1.0～1.2			2.5	18～22	105
		32×7.0×1.0		25	45			130
		32×6.2×1.0		15	30	1.5	25	200
		30×6.4(7.5)×1.0		15	30	1.5	28	220
Ⅶ	50	21×4.5×1.75	0.7～1.0			2.2	18	85
		23×5.4×0.8		10	20	1.2	20	90
		30×6.2×0.7		13	25	1.2	26	180

注：限制性航道是指过水断面狭小，对船舶的航行速度和其他运动性能有明显影响的航道。

长江航道从云南水富港至上海长江口，全长 2 838 km，是我国丰富的内河资源。根据2020 年规划建设标准，长江航道各河段的等级如下：

水富至重庆河段：Ⅲ级航道标准，通航由 1 000 吨级驳船组成的船队。

重庆至城陵矶河段：Ⅰ级航道标准，通航由 2 000 吨级驳船组成的 6 000～10 000 吨级船队。

城陵矶至武汉河段：Ⅰ级航道标准，通航由 3 500 吨级油驳组成的 10 000 吨级油运船队，利用自然水深通航 3 000 吨级海船。

武汉至安庆河段：Ⅰ级航道标准，通航由 2 000～5 000 吨级驳船组成的 2 万～4 万吨级船队，可利用航道自然水深通航 5 000 吨级海船。

安庆至南京河段：Ⅰ级航道标准，通航 5 000 吨级海船，可利用航道自然水深通航10 000吨级海船。

南京至浏河口河段：通航 50 000 吨级海船。

浏河口至长江口段：可通航第 5 代以上超大型集装箱船及 10 万吨级以上的大型散货船。

2）按航道的管理属性划分

航道是丰富的水域通路，其受国家、地方政府的管理及维护。《中华人民共和国航道管理条例》将航道划分为国家航道、地方航道、专用航道三种。

国家航道：可通航 500 吨级以上船舶的内河干线航道；跨省、自治区、直辖市可常年通航 300 吨级以上船舶的内河干线航道；可通航 3 000 吨级以上海船的沿海干线航道；对外开放的海港航道和国家指定的重要航道。

地方航道：可以常年通航 300 吨级以下（含不跨省可通航 300 吨级）船舶的内河航道；可通航 3 000 吨级以下海船的沿海航道、地方沿海中小港口间的短程航道；非对外开放的海港航道；其他属于地方航道主管部门管理的航道。

专用航道：由军事、水利、电力、林业、水产等部门以及其他企事业单位自行建设和使用的航道。

3）按航道所处地域划分

内河航道：它是河流、湖泊、水库内的航道以及运河和通航渠道的总称。天然的内河航道可分为山区航道、平原航道、潮汐河口航道和湖区航道等。其中，湖区航道又可进一步分为湖泊航道、河湖两相航道和滨湖航道。

沿海航道：原则上是指位于海岸线附近，具有一定边界可供海船航行的航道。

除上述分类方法外，航道还可按形成因素、通航条件、所处特殊部位分别定名，如桥区航道、港区航道、坝区航道、内河进港航道、海港进港航道等。

5.2.2 港口

港口是指江、河、湖、海的沿岸经人工建筑而形成的供船舶停泊的建筑物和场所的统称，具有船舶进出、停靠，旅客上下，货物装卸、驳运和储存的功能，由具有明确界限的水域和陆域组成的区域。港口是为船舶及海上生产而设立的设施，按照其用途不同可以将港口分为商港、渔业港、军港、避风港等。

港口是一个很大的运输枢纽，是陆路和水路交通的连接点，是综合运输系统的中间转运站。尽管不同港口的用途、功能有所区别，但它们作为港口有其相同的条件，尤其是一个现代化的港口，除应具有良好的自然地理条件外，还必须具备良好的设施，足够的水域、码头和陆域等。港口设施是船舶进出和停靠以及港口进行生产业务的必备条件，包括基础性设施和经营性设施两种。其中，基础性设施包括水域设施和陆域设施，经营性设施包括装卸设施和储存设施。

1. 水域设施

港口水域设施包括锚地、航道、船舶掉头水域和码头前水域，还有导航、助航标志等设施。

1）锚地

锚地是专供船舶停泊及进行水上装卸作业用的水域，按锚地的位置和功能可分为外港锚地和内港锚地。外港锚地供船舶候潮、待泊、联检及避风使用，也可用于装卸易燃易爆危险品停泊，有时也进行水上装卸作业。内港锚地供船舶待泊和水上装卸作业用，有的锚地还可供船队进行船舶编解组作业。锚地一般设置系船浮筒、趸船等设施，供船舶靠泊，也有直接采取锚泊的。

2）港口航道

港口航道是指为保证船舶安全、便利地进出港口和靠离码头，港口必须要有足够的水深和一定宽度的航道。航道水深是衡量港口能否供船舶停靠的标准。

3）港口防波堤

港口防波堤是港口水域外围用以防御波浪（也兼防漂沙），保持水面平稳以及船舶停泊和作业安全的水工建筑物。按平面布置，防波堤可采用以下形式：由港池两侧岸向外伸出的双堤，由岸边一侧向外伸出的曲形单堤，与岸线大致平行的离岸单堤，或由曲形双堤与离岸单堤共同组成。

4）助航设施

助航设施是为了指示船舶进出和保证航线的安全，在航道和水域里所设置的灯塔、航标、导标、浮标和各种灯光设施。

2. 陆域设施

港口陆域设施包括码头、堆场、港区道路、港区铁路等，其平面布置如图 5-3 所示。

1）码头

码头是供船舶停靠、装卸货物和上下游客的水工建筑物。码头由码头岸线、泊位和码头前沿作业地带组成。

码头岸线是码头建筑物靠船一侧的竖向与水平面的交线，即停靠船舶的沿岸长度。它是决定码头平面位置和高程的重要基线。根据船舶吃水和使用性质等的不同，码头岸线一般分为深水岸线、浅水岸线和辅助作业岸线等。港口各类码头岸线的总长度是港口规模的重要标志，说明它能同时容纳停靠码头作业的船舶数量。

泊位是指一艘设计标准船型停靠码头所占用的岸线长度或囤船数目。泊位长度一般包括船舶的长度和船与船之间的必要安全间隔。安全间隔的大小根据船舶大小而变化，一个万吨级泊位的安全间隔为 15～20 m。泊位的数量与大小是衡量一个港口或码头规模的重要标志。泊位利用率是指一年中船舶实际占用泊位的时间占总营运时间的百分数，它是衡量泊位使用情况的参数之一，也是计算泊位通过能力的一个指标，通常由实际资料统计分析确定。不同泊位的通过能力由表 5-4 所示。

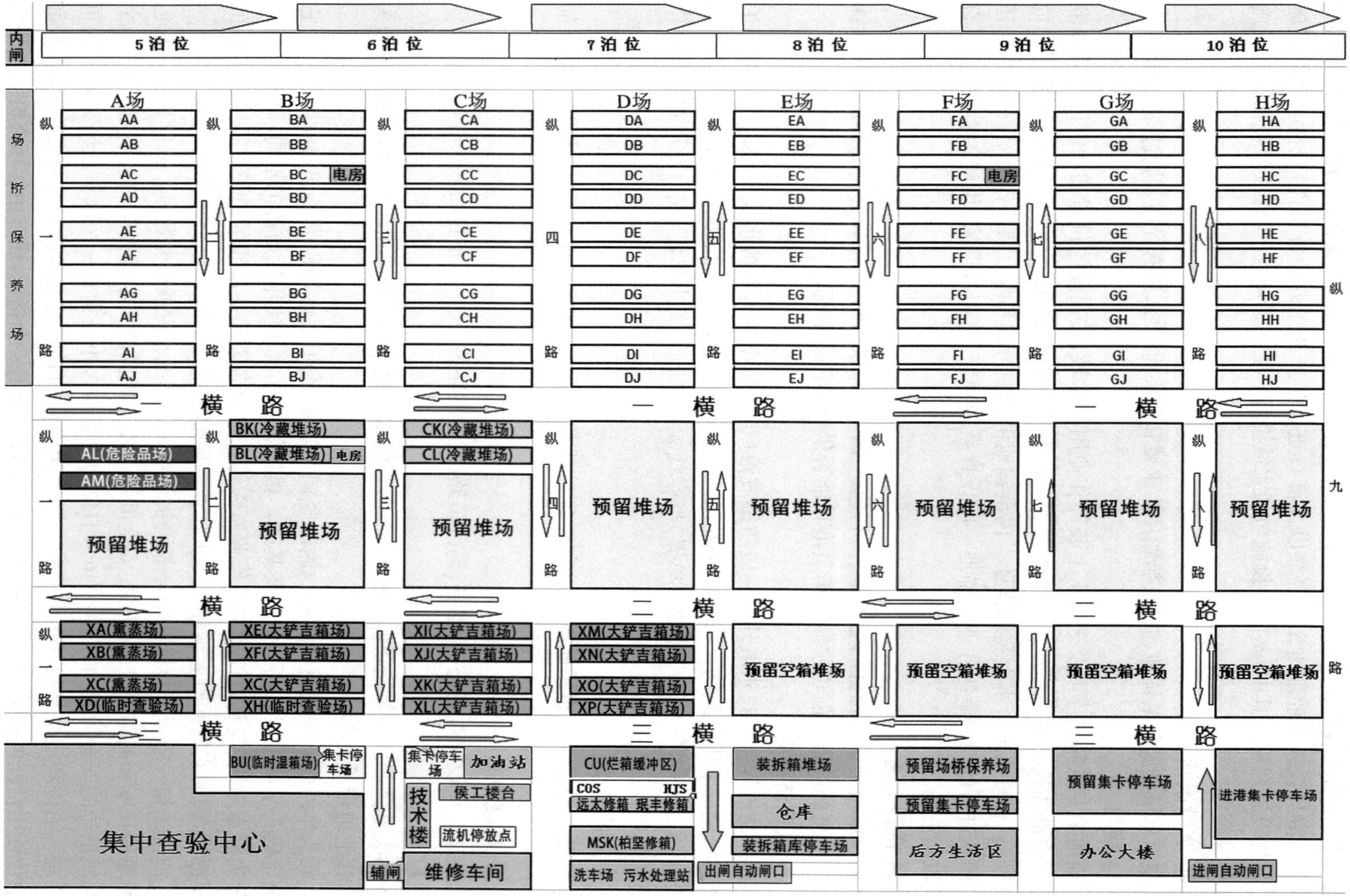

图 5-3 港口陆域设施平面布局

表 5-4　　不同泊位的通过能力

泊位种类	停船吨级	流向	通过能力	备注
多用途	5 000 t	装/卸	20 万～30 万 t	以件杂货为主，当集装箱超过 1 万 TEU 时，可提高 20%～30%
	15 000 t		30 万～40 万 t	以散货为主
集装箱	1 500～2 100 TEU	装/卸	2×(15～18)万 TEU	2 个泊位、4 台装卸桥
	4 300～6 000 TEU	装/卸	2×30 万 TEU	2 个泊位、6 台装卸桥
成品油	3 000 t	装/卸	50 万～70 万 t	
	3 万 t	装/卸	400 万～500 万 t	
	6 万～8 万 t	装/卸	600 万～700 万 t	
原油	5 万 t	装/卸	500 万～600 万 t	
	25 万～28 万 t	装/卸	1 700 万～2 000 万 t	
矿石	15 万～18 万 t	卸	1 200 万～1 300 万 t	2 台卸船机(2×2 500 t/h)
粮食	3 万 t	卸	1 500 万～200 万 t	采用大船是为降低单吨运输成本
		装	300 万～350 万 t	
	8 万～12 万 t	卸	500 万～700 万 t	
煤	5 万 t	卸	300 万～400 万 t	门座抓斗起重机 3～4 台
		装	800 万～1 000 万 t	装船机 6 000 t/h，串联翻车机

(1) 码头泊位数量的确定

泊位的数量 S 由码头年作业量 Q 与一个泊位年通过能力 P_t 来确定：

$$S=\frac{Q}{P_t} \tag{5-4}$$

$$P_t=\frac{T_y G}{\dfrac{t_z}{24-\sum t}+\dfrac{t_f}{24}}\cdot\rho \tag{5-5}$$

式中 T_y——泊位年营运天数(d)；

G——设计船型在本港的装载量(t)；

ρ——泊位利用率，选用规范中数据或参考表 5-5；

t_z——装卸一艘设计船型所需时间(h)，$t_z=G/p$，其中 p 为设计的船时效率(t/h)，按运量、货种、船舶性能、作业线数和管理等因素综合确定；

$\sum t$——昼夜非生产时间之和(h)，包括工间休息、吃饭及交接班时间，应根据本港实际情况而定，对集装箱泊位不宜超过 1 h；

t_f——船舶的辅助作业、技术作业时间以及船舶靠离泊时间之和(h)，当无统计资料时，可参考表 5-6 选取，其中船舶靠离泊时间与航道、锚地、泊位前水域及港作方式等条件有关，一般为 1～2 h。

表 5-5　　泊位利用率 ρ

泊位数量 S			2	4	6
泊位利用率 ρ/%	停靠不定期船	适宜值	33	54	64
		极限点	43	63	72
	停靠班轮	适宜值	46	66	74
		极限点	58	73	80

表 5-6　　船舶通常作业时间

项目	靠泊时间	离泊时间	开工准备	结束	公估	联检
时间/h	0.5～1.0	0.5～0.75	0.75～1.00	0.75～1.00	1.50～2.00	1.00～2.00

港口泊位数是港口的主要规模参数之一，港口其他设施的规模一般与泊位数量配套或相互协调。表 5-7 为我国沿海主要港口码头泊位数。

表 5-7　　2020 年沿海主要港口码头泊位数

名　称	生产用			非生产用		总　计		
	码头长度/m	泊位个数/个	万吨级	码头长度/m	泊位个数/个	码头长度/m	泊位个数/个	万吨级
大　连	43 218	231	111	3 877	25	47 095	256	111
营　口	18 975	86	61	734	7	19 709	93	61
秦皇岛	16 013	73	44	1 233	20	17 246	93	44
天　津	37 516	144	117	4 260	48	41 776	192	117
烟　台	38 164	213	107	1 130	10	39 294	223	107
青　岛	29 504	113	89	1 121	6	30 625	119	89
日　照	22 500	84	73	306	1	22 806	85	73
上　海	75 817	560	185	29 997	464	105 814	1 024	185
连云港	17 197	74	62	297	2	17 494	76	62
宁波—舟山	96 543	608	196	4 412	91	100 955	699	196
汕　头	5 013	34	11	271	5	5 013	34	11
广　州	45 943	417	80	4 068	204	50 011	621	80
湛　江	21 843	146	42	1 035	13	22 878	159	42
海　口	9 676	69	34	191	1	9 867	70	34
八　所	2 488	12	9	170	1	2 488	12	9
总　计	**882 385**	**5 461**	**2 138**	**60 481**	**986**	**942 886**	**6 447**	**2 138**

码头前沿作业地带是从码头线至第一排仓库（或堆场）的前缘线之间的场地，是供货物

装卸、转运和临时堆存的场所，一般设有装卸、运输设备，供流动机械、运输车辆操作运行的地带，有的还有供直取作业的铁路轨道。前沿作业地带的宽度没有统一的标准，主要根据码头作业性质、码头前的设备装卸工艺流程等因素确定。我国沿海港口、件杂货码头前沿作业地带的宽度在 25～40 m。前沿作业地带的面层一般用混凝土、钢筋混凝土块体和块石铺砌，以满足运输机械行走和场地操作等要求。

(2) 码头分类

码头按用途可分为综合性码头、专用码头、客运码头、供港内工作船使用的工作船码头以及为修船和造船而专设的修船码头、舾装码头。

综合性码头又称通用码头，能够进行多种货物装卸作业。采用通用装卸机械设备，一般以装卸件杂货为主。这种码头适应性强，在货种不稳定或批量不大时比较适用。

专用码头是相对于综合性码头而言，专供某一固定货种和流向的货物进行装卸的码头，如煤炭码头、化肥(散装或袋装)码头、石油码头、集装箱码头等。其特点是码头设备比较固定，便于装卸机械化和自动化，装卸效率高，码头通过能力大，管理便利。

此外，沿江、河、湖、海的厂矿企业，在原料、燃料、制成品的运输过程中，为了减少倒载和短途运输，降低产品成本，通常都在企业附近由本企业建设码头。这类专业性比较强的码头，称为货主码头。

石油码头：装卸原油及成品油的专用码头。它距普通货(客)码头和其他固定建筑物有一定的防火安全距离。这类码头的特点是货物载荷小，装卸设备比较简单，在油船不大时(如内河系统)，一般轻便型式的码头都可适应。由于近代海上油轮巨型化，油轮抗御风浪的能力增大、吃水深，因此对码头停泊的稳定性要求不高。目前有四种装卸原油的深水码头(或设施)，即单点系泊、多点系泊、岛式码头和栈桥式码头。前三种一般没有防风浪建筑物，最后一种是否设防风浪建筑物要视布置形式和当地条件而定。

集装箱码头：专供集装箱装卸的码头。一般要有专门的装卸、运输设备，集运、储存集装箱的宽阔堆场，供货物分类和拆装集装箱用的集装箱货运站。由于集装箱可以把各种繁杂的件货和包装杂货组成规格化的统一体，因此可以采用大型专门设备进行装卸、运输，保证货物装卸、运输质量，提高码头装卸效率。所以目前世界各国对件杂货的成组化、集装箱化的运输都很重视。

2) 港区货场

港区货场是在港内堆存货物用的露天场地，是港口的重要组成部分之一。其主要作用是便于货物储存、集运，加速车船周转，提高港口通过能力和保证货运质量。货场有件杂货场和散杂货场两类。件杂货场一般都需要进行铺砌，所用材料视货物种类和装卸设备类型而异，有混凝土、沥青混凝土、块石、碎石等多种。场地要有一定的坡度便于排水；要留有通道，便于车辆和装卸机械通行和消防。

货棚是一种只有顶盖和支柱、四周一般不建围墙的储货建筑物，具有空敞开阔、通风优良的特点，通常用于存放鲜活物和不能日晒雨淋的货物，或作为货物临时分类、检查的场所。简易货棚建造容易，投资少。

港区仓库是专供通过港口的货物临时或短期存放保管的建筑物。它与港区货场功能相似，主要用于货物储存、集运，加速车、船周转，提高港口通过能力，保证货运质量。为了流动机械、车辆能在库内作业、通行，其建筑结构要求跨度大、净空高、库门宽。仓库按位置分类，有前方仓库和后方仓库。前方仓库设在码头前方第一线，与船舶装卸作业直接相关，其容量一般要与泊位通过能力相适应。后方仓库是与前方仓库相对而言的，位于港区的后方，距离码头泊位较远，通常用于堆存时间较长的货物。为加速车、船周转，避免港口堵塞，卸载前方仓库的货物，如超过堆存期限，物资部门仍未提货，港口可将其转到后方仓库堆存保管。后方仓库的容量，要根据货物集散的速度和港口所在地区的要求而定。

在一些水位差较大的港口，为组织船舶和货物快装快卸，设于水上临时堆存货物的仓库称为水上仓库，又称货趸。水上仓库通常为平板驳、趸船，舱面上有顶盖，可以存货，用作临时仓库。

谷仓指贮存散装谷物的建筑物。谷物在仓内一般可以进行净化、干燥、灌包、计量和装车等工作。谷仓结构形式主要有两种：楼层式和圆筒式。目前港口多发展圆筒式。

冷藏库是指具有冷藏设备的仓库，一般由预冷间、急冻间、冷藏间和机器间等组成，按其作用分，有分配冷藏库和加工冷藏库两种。前者主要用于长期或短期储存易腐品或需要在低温下保存的货物，也可兼营货物的挑选和分类业务，多设在转运区、消费区；后者用于在低温下对货物进行加工，多设在生产区。

油库是储存原油及成品油的设备，是油港的重要组成部分，主要由储存各种油品的储油罐、泵房、输油管道、加热设备、消防设备及计量系统等组成。为提高储油罐的利用率和保证油品质量，往往根据工艺流程将油品分为若干组，同组油罐集中在一起。为了防止发生事故或火灾时原油外流，需要用土堤或防火墙将油罐围起来，以防蔓延。油罐种类很多，按建筑材料分，有金属油罐和非金属油罐两大类。非金属油罐以砖和钢筋混凝土油罐居多，一般用来储存原油及重油。油罐按布置特点分，有地面油罐、地下油罐和洞库三类。油库距离码头和其他固定建筑物要有一定的安全距离。

危险品仓库是储存易燃、易爆炸、剧毒等物品的建筑物，如石油、酒精、各种压缩气体以及敌敌畏、六六粉等。危险品仓库主要要求：禁止共同储运的物品，不能同时在同一仓库中保存；仓库要适应危险品的允许最高温度和最大相对湿度的要求；同居住区、公共建筑、一般仓库码头、厂矿企业、铁路公路等，都要有一定的安全距离，其远近与危险品仓库类型、规模有关。危险品仓库的隔热、降温是保证危险品安全的主要措施，所以这类仓库都有专门设施。

3）港区道路

港区道路是供流动机械运行，并与城市道路和疏港道路相连接的港内通行道路。港内道路一般呈环形布置，尽可能避免与铁路线交叉或干扰装卸生产作业，方便运输车辆通行。如有必要可在作业区设置停车场，并设立必要的交通标志，以保证港内车辆行驶安全。

4）港内铁路

港内铁路是铺设在港区内部的铁路运输线，包括线路、机车、通信、信号以及其他与铁路运输有关的各种建筑物、设备等。港口铁路是许多港口集疏转运的主要方式。完善的港口铁路系统一般设有港口车站、分区车站、码头和库场装卸线，以及将这些部分连成整体的港口铁路区间正线、联络线和连接线等。

目前我国港区铁路存在着由港口管理和铁路局路网管理两种体制。铁路专用线一般位于码头前沿和库场前后，较好地满足装卸作业的要求，多采用尽头式布置，设在平直道上，便于车辆取送，与道路系统相协调。港区铁路布置的主要原则：线路短捷，布置紧凑，线路的运输能力同港口装卸环节相适应，并留有一定的发展余地。铁路专用线长度根据装卸作业量及码头、库场的条件而定，若装卸作业量大，可设多股线路。

5.2.3 船舶

船舶是能航行或停泊于水域内，用以执行作战、运输、作业等任务的运载工具，是各类船、舰、舢板、筏及水上作业平台等的统称。

1. 船舶尺度

船舶的主要尺度有船长、船宽、型深和吃水（图 5-4）。根据不同用途和目的，船舶主要尺度可分为船型尺度和实际尺度（结构尺度）两种。船型尺度一般从船壳板内侧的表面丈量，它主要用于船舶性能的计算和研究；实际尺度一般从船体外缘丈量，主要用于船舶建造和运行。

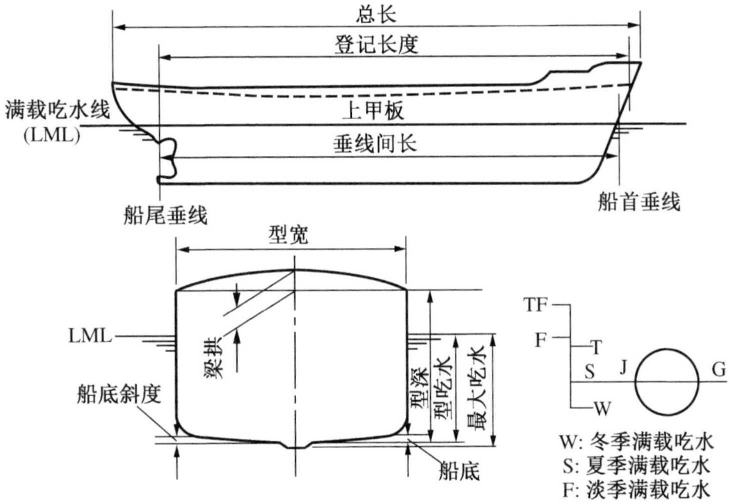

图 5-4　船体主要尺度

1）船型尺度

垂线间长：通过船宽中央沿船长方向的纵向垂直剖面称为纵中剖面，在纵中剖面内，从满载吃水线与首柱交点作垂线称为首垂线，舵柱后缘称为尾垂线，这两条垂线间的水平距离称为垂线间长。

型宽：位于首垂线与尾垂线正中处的船体横剖面称为中横剖面，在中横剖面内，两侧舷板的最大水平距离称为型宽。

型深：在中横剖面上，自上甲板边板的内表面至龙骨（即船中底纵梁）上表面的垂直距离称为型深。

型吃水：在中横剖面上，自龙骨上表面量至满载吃水线的垂直距离称为型吃水。

2）实际尺度（结构尺度）

全长（总长）：船体首尾两端间的最大水平距离，如果首柱、尾柱以外还有凸出部分，凸出部分也应包括在总长之内。

全宽（最大船宽）：船舷两侧突出部分，包括护舷材在内的最大水平距离称为全宽。

满载吃水：在中横剖面上，满载吃水线与中龙骨底面的垂直距离称为满载吃水。当首吃水与尾吃水相同时，龙骨是水平的。由于机舱的位置、设备重量以及各舱载货不均衡，龙骨线常有倾斜，使首尾吃水不同，这种现象称为纵倾。船舶航行时船舶配载使尾吃水大于首吃水，故船尾的满载吃水才是船舶营运时的最大吃水。结构吃水（实际尺度）比型吃水一般大 0.4～1.0 m，有时远大于 1.0 m。

实际尺度是设计航道、港口、船坞和船闸的依据数据。在港口、航道实际工作中，对船长和吃水数据要认真区别，注意选用实际尺度。河船的全宽和型宽差别很大，常常相差 1～3 m，这种差别对船闸、船坞设计十分重要。

2. 船舶吨位

船舶吨位是表明船舶大小与运输能力的标准。由于用途不同，船舶吨位有容积吨位和重量吨位两种计算方法。

1）容积吨位

总吨位（GT）：船舶内部所有封闭容积，以 2.83 m^3（100 ft^3）作为 1 t 所表示的吨位。总吨位表明商船尺度大小，有关船舶的各种统计也大都以此作为标准。

净吨位（NT）：从总吨位中减去机舱、船员生活舱室、压载舱等，即减去直接供船舶航行需用部分的吨位后，余下的便是净吨位。净吨位是计算吨税、停靠船费等各种手续费和税款的标准。

2）重量吨位

排水量（DT）：船舶在某一吃水时，包括装载物的总重量，习惯上以“t”为单位。在密度 1.025 t/m^3 的海水中，满载吃水时的重量称为满载排水量。船体和机舱部分重量之和称为空载排水量。

载重吨位（DWT）：分总载重量和净载重量。总载重量是满载排水量与空载排水量之差，即所允许装载的最大重量，包括货物、燃料、润滑油、淡水等储备消耗物资，单位为“t”。净载重量是船舶所能运载货物与旅客的重量。对货船而言，总载重量与净载重量两者之差，在沿海航线低于 10%，在远洋航线为 10%～15%。

3. 船舶分类

货船是以载运货物为主的专用船舶，其大部分舱位用于堆存货物。货船的船型很多，大小悬殊，排水量可从数百吨至数十万吨。

1）干货船(Dry Cargo Ship)

根据所装货物及船舶结构、设备不同，干货船可分为以下 7 种类型。

(1) 杂货船(General Cargo Ship)。杂货船一般是指定期航行于货运繁忙的航线，以装运零星杂货为主的船舶，这种船航行速度较快，船上配有足够的起吊设备，船舶构造中有多层甲板把船舱分隔成多层货柜，以适应装载不同货物的需要。

(2) 干散货船(Bulk Cargo Ship)。干散货船是用以装载无包装的大宗货物的船舶，依所装货物的种类不同，又可分为粮谷船、煤船和矿砂船。这种船大都为单甲板，舱内不设支柱，但设有隔板，用以防止在风浪中运行时舱内货物错位。

(3) 冷藏船(Refrigerated Ship)。冷藏船是专门用于装载冷冻易腐货物的船舶，船上设有冷藏系统，能调节多种温度，以适应各舱货物对不同温度的需要。

(4) 木材船(Timber Ship)。木材船是专门用以装载木材或原木的船舶。这种船舱口大，舱内无梁柱及其他妨碍装卸的设备。船舱及甲板上均可装载木材。为防甲板上的木材被海浪冲出舷外，在船舷两侧一般设置不低于 1 m 的舷墙。

(5) 集装箱船(Container Ship)。集装箱船可分为部分集装箱船、全集装箱船和可变换集装箱船三种。

① 部分集装箱船(Partial Container Ship)，仅以船的中央部位作为集装箱的专用舱位，其他舱位仍装普通杂货。

② 全集装箱船(Full Container Ship)，指专门用以装运集装箱的船舶。它与一般杂货船不同，其货舱内有格栅式货架，装有垂直导轨，便于集装箱沿导轨放下，四角有格栅制约，可防倾倒。集装箱船的舱内可堆放 3～9 层集装箱，甲板上还可堆放 3～4 层集装箱。

③ 可变换集装箱船(Convertible Container Ship)，其货舱内装载集装箱的结构为可拆装式。因此，它既可装运集装箱，必要时也可装运普通杂货。

(6) 滚装船(Roll on/Roll off Ship)。滚装船又称滚上滚下船，主要用来运送汽车和集装箱。这种船本身无需装卸设备，一般在船侧或船的首、尾有开口斜坡连接码头，装卸货物时，汽车或集装箱(装在拖车上的)直接开进或开出船舱。这种船的优点是不依赖码头上的装卸设备，装卸速度快，可加速船舶周转。

(7) 载驳船(Barge Carrier)。载驳船又称子母船，是指在大船上搭载驳船，驳船内装载货物的船舶。载驳船的主要优点是不受港口水深限制，不需要占用码头泊位，装卸货物均在锚地进行，装卸效率高。

2) 油槽船(Oil Tanker)

油槽船是主要用来装运液体货物的船舶。油槽船根据所装货物种类不同，又可分为油轮和液化天然气船。

油轮主要装运液态石油类货物。它的特点是机舱都设在船尾，船壳衣身被分隔成数个贮油舱，有油管贯通各油舱。油舱大多采用纵向式结构，并设有纵向舱壁，在未装满货时也能保持船舶的平稳性。为取得较大的经济效益，邮轮的载重吨位不断地增加，目前世界上最大的油轮载重吨位已达到 60 多万吨。

液化天然气船(图 5-5)专门用来装运经过液化的天然气。

图 5-5　液化天然气船

5.2.4　搬运工具

港口装卸机械是港口用来完成船舶与车辆的装卸，库场货物的堆码、拆垛、转运以及舱内、车内、库内装卸作业的起重运输机械。港口装卸机械是现代化港口不可缺少的设备。港口装卸机械的种类很多，按照用途可分为起重机、连续输送机、装卸搬运机及机械属具等。

1. 起重机械

1) 门座起重机

门座起重机(图 5-6)是一种旋转类型的起重机，是码头前沿的通用起重机械之一。它由门形座架和安装在座架之上的回转部分组成。门座两侧装有运行机构，可沿轨道运行。采用吊钩或抓斗进行取货装载。门座中间的净空比较大，可供一列或数列机车车辆通过。用于港口装卸货物的门座起重机常用起重量为 5～25 t。门座起重机的工作地点相对比较固定，以较高的生产率完成船—岸、船—车、船—船之间等多种装卸作业。

2) 岸边集装箱装卸桥

集装箱装卸桥(图 5-7)是集装箱码头装卸集装箱的专用机械。它主要由带行走机构的门架、支撑臂架机构的拉杆和臂架等几部分组成。门架可沿着与岸线平行的轨道行走。臂架伸出码头的部分可以俯仰，便于船舶靠离码头作业。

集装箱装卸桥的起重量包括集装箱重量和吊具重量。国际标准 40 ft 集装箱最大重量为 30.5 t，由于集装箱装卸桥的吊具种类繁多，吊具自重大小不一，目前世界各港的集装箱装卸桥的起重量也各不相同，其中大部分装卸桥的起重量为 30.5 t 和 40.5 t。

图 5-6　门座起重机

图 5-7　岸边集装箱装卸桥

3) 轮胎起重机

轮胎起重机(图 5-8)是装在专用的轮胎底盘上的全回转臂架起重机，其起重量分为使用支腿和不使用支腿两种，起重量因臂架长度和幅度的不同而不同。轮胎起重机的特点是机动灵活，可在码头前沿、堆场或其他装卸地点进行装卸作业。

4) 浮式起重机

浮式起重机是装在专用平底船上的臂架起重机，又称起重船。它分为自航式和非自航式两种，适用于水位差变动较大的港口，可用于装卸重大件货，也可用于水上装卸和过驳作业。

此外，龙门式轨道起重机(图 5-9)也是较常用的港口装卸机械。

图 5-8　轮胎起重机

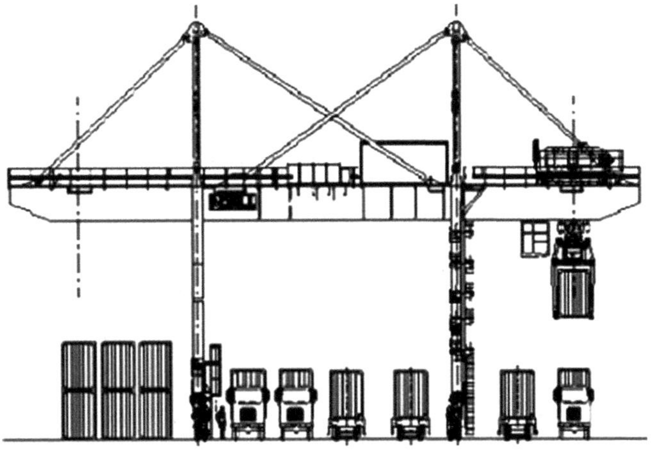

图 5-9　龙门式轨道起重机

2. 连续输送机械

连续输送机械是沿着一定的运输路线连续地运输货物的机械，一般适用于同一类型的货物(件货或散货)，但不适用于搬运单件重量很大的货物。大多数的连续输送机械不能自行取货，需采用供料设备。其种类主要有带式输送机、链式输送机、斗式提升机、气力输送机和螺旋输送机等。

1) 带式输送机

带式输送机(图 5-10)的主要部件有输送带、支撑托辊、驱动装置、制动装置、张紧装置、装料装置、卸料装置和清扫装置等。带式输送机是连续输送机中生产效率最高、使用最广泛的一种机型，可用于输送散货或件货，特别是用于煤炭、矿石、散粮等大宗散货的装卸作业。许多港口专用机械如散货装船机、堆取料机、卸船机等常以带式输送机作为主要的组成部分。

图 5-10　带式输送机

2）斗式提升机

斗式提升机（图 5-11）是在垂直或接近垂直的方向上连续提升粉状物料的输送机械。其优点是结构比较简单，在港口应用颇广，如在机械化圆筒粮仓内，用于向筒仓顶部提升粮食；还可用于卸船和装卸车，如链斗卸船机和卸车机等。

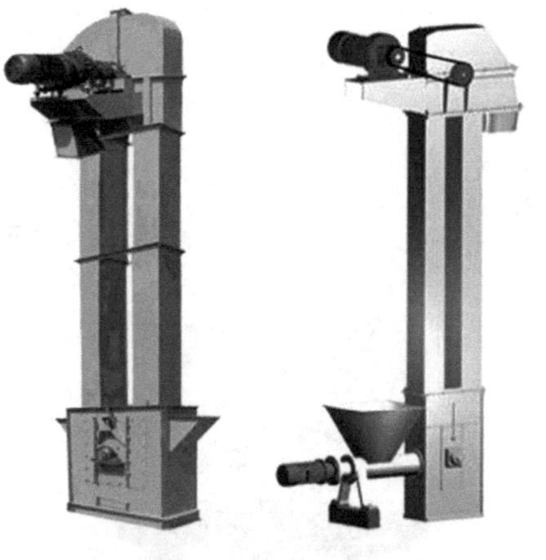

图 5-11　斗式提升机

3）气力输送机

气力输送机是利用风机使管道内形成气流来输送货物的设备，常用于港口的散粮卸船作业。利用气力使物料悬浮于气流中而进行输送的称为悬浮气力输送机，悬浮气力输送机又可分为吸送式、压送式和混合式三种。①吸送式气力输送机运用风机从整个管路系统中抽气，使管道内的气体压力低于外界大气压力，以形成一定的真空度。吸送式输送机输送距离较近，当用于对船舶及车辆的装卸时，可以装一根吸料管或几根吸料管从几个供料点上吸取物料。②压送式气力输送机中的空气在高于大气压的正压状态下工作，可长距离输送货物，也可由一个供料点输送到几个卸料点。③混合式气力输送机由吸送式和压送式两部分组成，机械结构比较复杂，且鼓风机的工作条件较差，一般在长距离输送时才考虑选用。

3. 装卸搬运机械

装卸搬运机械是一种可用于水平搬运和堆码货物的机械，主要有叉式装卸车、跨运车、牵引车、单斗车、搬运车和平板车等。

1）叉式装卸车

叉式装卸车（图 5-12）由轮胎底门架及货叉组成。货叉能垂直升降及前后倾斜，整机能自行行走移动。叉式装卸车主要用于件货的装卸搬运，配备其他取物装置后，也可用于散货等多种货物的装卸作业，其起重量随货种变化。对一般件杂货的装卸，其起重量为 3～5 t；对集装箱的装卸，其起重量可达 25 t；用于舱内、车内作业的叉式装卸车，其起重量为 1～2 t。

图 5-12　叉式装卸车

2）集装箱跨运车

集装箱跨运车(图 5-13)是用于码头前沿和堆场水平搬运及堆码集装箱的专用机械。它由门形跨架、起升机构、动力设备及其他辅助设备组成。作业时,其门形车架跨在集装箱上,由装有集装箱吊具的液压升降系统吊起集装箱进行搬运,并可将集装箱堆码至二三层高。

图 5-13　集装箱跨运车

3）牵引车

牵引车(图 5-14)是拖带的机械,用于拖带载货的平板车进行水平搬运作业。其结构同汽车类似,但较为紧凑,具有良好的机动灵活性。

图 5-14　牵引车

4. 机械属具

装卸工属具是港口装卸用的各种捆货、盛货、吊货、搬运、输送货物的简易工具以及各种辅助工具的总称。装卸工属具的作用主要在于有效地利用港口装卸机械与船舶起货设备,使装卸工作机械化,减轻劳动强度,提高装卸效率,压缩车船在港作业时间,降低装卸成本。

港口装卸用的工属具品种、类型、规格繁多，根据装卸作业的要求，工属具大致可分为吊货工具、承载工具、装卸机械属具等类型。

1）吊货工具

吊货工具简称吊具，广义指港口装卸作业中使用的各种吊货设备的总称；狭义指某种用于装卸时连接起重机械吊钩与货物，或承载工具之间起吊挂作用的吊货设备。吊货工具大致可分为通用吊具和专用吊具两大类。吊货工具一般均须配合起重机械一起使用，其性能对提高装卸效率、改善劳动条件、减轻劳动强度有显著的影响。港口常见的吊货工具有吊钩组、索具、装卸夹具。

（1）吊钩组。通常由吊钩、滑轮、轴承、夹套等组成吊钩组，与起重机械的起升机构挠性构件系在一起。吊钩组属于通用性吊货工具。

（2）索具。索具主要有各种绳扣、钢丝绳以及钢丝等。索具通常配合起重机械一起使用。索具的特点是结构简单、自重轻、成本低、适应性广、使用方便。

（3）装卸夹具。装卸夹具是利用夹、钳、卡等原理制成的吊货工具的统称。装卸夹具属于专用吊具，在港口装卸作业中，通常配合起重机械一起工作。装卸夹具的种类很多，港口作业常用的有钢板钳、桶夹、橡胶夹钳、夹包器等。

2）承载工具

承载工具是港口装卸作业中用于承载袋装货物、成组货物、生铁以及散货等的各种吊具的总称。承载工具主要有网络和货板两大类，均属于通用性承载工具。

（1）网络。网络是港口装卸货物时常用的方形或八角形网状承载工具，由网心筋、边框、吊系、小环、大环等部分组成，通常配合起重机械一起使用。

（2）货板。货板是一种用木材或钢材制成的供货物成组装卸和成组运输的长方形承载工具，又称通用货板。一般箱装、捆装和袋装等货物均可使用货板。

（3）货盘。货盘是一种用钢材、木材或钢木混合制成的装卸杂货的承载工具。

3）装卸机械属具

装卸机械属具是与装卸机械配合使用的自动取货装置的总称。港口作业中这类属具主要有抓斗、集装箱吊具和吸盘等。抓斗包括散货抓斗、散粮抓斗、矿石抓斗、清舱抓斗、木材抓斗等。集装箱吊具是用于吊运集装箱的专用属具，它有固定式、组合式及伸缩式三大类型。装卸作业过程中可根据具体情况选择与集装箱相适应的吊具。集装箱吊具除了具有金属构架之外，还有导向、连接、悬挂、吊具前后倾斜及操纵控制装置等部件。

5.3 水路货运组织

5.3.1 水路货运流程

水路货运流程是指货物在起运港承运至到达港交付或疏运的全部运输过程（图5-15）。按作业性质及地点，水路货运流程可划分为港口作业、船舶作业、船舶运行。

1. 港口作业

（1）托运。托运人向承运人提出具体运输的要求，托运可以采用口头、书面或者其他形式，如采用合同、货物运单等书面形式作为托运单证。托运时托运人向承运人提交托运单

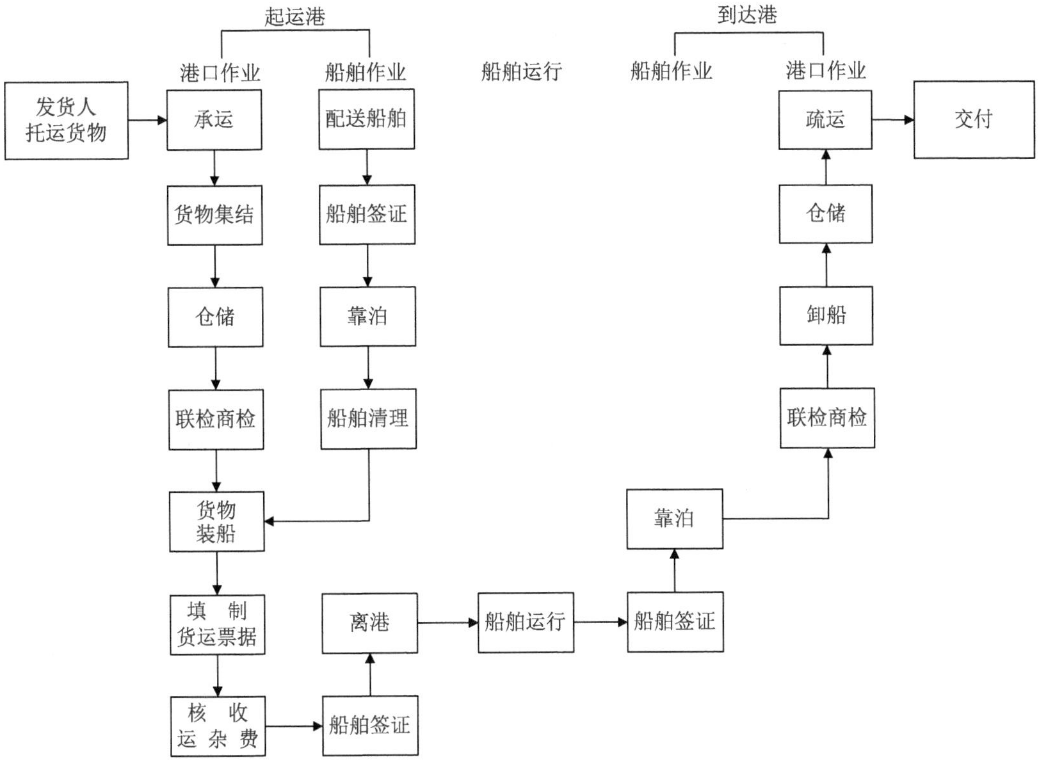

图 5-15 水路货运流程

证，托运单证按照相应单证的制作要求完整制作，详细列明运输货物的名称、数量、包装方式、件数、重量、识别标志、货物运输时限、运到时限或班轮班期、起运港、到达港、收货人等运输事项。

(2) 承运。承运人在接受托运人的托运且双方订立运输合同后，要组织对运输合同的履行，安排所承运货物的运输。承运人首先进行的商务作业是船舶的配载和积载，制作货运清单和货物交接清单。

(3) 货物集结。托运人将货物集结到合同指定的交货地点，交付给承运人运输。承运人在接收货物前，必须对货物进行验收。验收货物的依据是运输合同，也就是检查托运人所提供的货物与运输合同的记载是否一致，具体检查货物的品名、包装、件数、重量与体积，以及货物识别标志与运输合同上的记载是否一致。

(4) 仓储。货物存入承运人货运站或港口仓库进行存放、保管、储存。

(5) 联检商检。对需要商检的进出口货物，应先提供资料到商检局去做商检。商检人员对所提供的书面材料进行审核，判定是否需要对货物进行场地查验。场地查验的项目通常为动植检疫、商品检验、卫生检疫等，并出具通关单，凭此通关单向海关报关。

(6) 货物装船。货物装船有两种方法，一种是由托运人通过车辆、船舶将货物运至船边，直接换装到船上；另一种是先将货物运至港口集中，然后由港口交给船舶，称为港口集中装船。第二种装船方式更有利于提高装船效率，减少船舶停港时间。

(7) 填制货运票据。货物装船完毕后，承运人要与托运人或港口经营人办理货运票据的签证和交接。由托运人直接装船的，承运人签发货物运单；由港口集中装船的，港口经营人与承运人在货物交接清单上签章。船方在货物运单上签署实际装船时间和船舶签章。未办妥交接手续，船舶不得开航。此外，船舶还要提供货物实际装船情况、船舶实载图或分舱单，以供卸货作业使用。船舶开航前，承运人应将需随船运往目的港的运单、货物交接清单、实载图或分舱单和其他单证交船舶随运。

(8) 核收运杂费。承运人在接受承运后，按照约定的运费率和运量或验收时的计费方式核算运费及费用总数，并向托运人收取。

(9) 卸船。卸船是船舶进入港口后，根据预先制订的堆场配置计划，将货物从船上卸下，放入后方堆场的作业。

(10) 疏运。疏运货物船舶抵达港口联检后 3 日内，寄送到货通知书到指定单位，通知其提货。

(11) 交付。在收到到货通知后，收货人以承运部门提供的相关单证到达指定地点办理交接手续，查验铅封是否完好，外观有无异状，件数是否相符，是否发生残、短等情况。如发现残、短等情况，拒收货物。

2. 船舶作业

(1) 配送船舶。根据货运合同的要求，为此次运输配备合适的船舶，需要有具体的船名、船籍、船型等信息。

(2) 船舶签证。配送载货的船舶向海事管理机构申请合法航行进出港口的资格。

(3) 靠泊。在确定港口泊位后，制订靠泊计划，包括船名、到港具体时间、泊位、船舶资料、运输货类、货主等信息。

(4) 船舶清理。船舶在货物装船前，应将船舱清扫干净，检查管系、排污水系统、货舱通风设备、货舱照明及装卸设备，务必做到货舱适货、环境适工，另外要准备好垫隔物料、绑扎材料、移动灯具等装货物料。

3. 船舶运行

承运人应按照船期表的安排，在货物装船后尽快开航启运。有约定运到时间的，应在约定的时间将货物运到；未约定运到时间的，应在合理的时间内将货物运到目的地。

船舶应按照运输合同约定的航线、船期表安排的航线、习惯的或地理上的航线将货物运到约定的到达港，除非遇到救助等特殊情况，一般不发生绕航。

5.3.2 水路货运主体

与所有的现代社会生产相同，现代水路运输业也是由许多环节分工组成的一个运输整体，各环节分工合作、互相配合、互相依赖、共同发展。

1. 航运经营企业

航运经营企业是指持有《国内水路运输经营许可证》和经营海上货物运输、内河货物运输、海上旅客运输、内河旅客运输的工商营业执照，以其经营的自有或租用的船舶，承接旅客或货物从一港运输到另一港，收取票价、运费或租金的经济组织和个人。航运经营企业有国有企业、股份制企业、中外合资合营企业、私营企业、个体运输船户(内河)等经济组织和个人。其中从事海上运输的必须是企业法人。

2. 港口经营企业

港口经营企业是指持有《港口经营许可证》和工商营业执照，以其所具有的或租用的港口码头、泊位、堆场、装卸作业设备对船舶进行装卸货作业、货物仓储、转运、旅客上下船舶等服务，收取作业费用和使用费用的经济组织。其包括港务集团公司、港务有限责任公司、合资港务企业、个体港务企业等经济组织。

3. 航运服务业

航运服务业是为航运经营企业、船舶提供各种服务、劳务的企业或个人。

(1) 航运代理人。航运代理人是指接受航运经营人的委托，以委托人的名义进行水运商务、港口商务、船舶管理、船员服务的企业和个人。其必须持有交通运输部核发的《水路运输服务业经营许可证》。

(2) 船舶供应人。船舶供应人是指向船舶提供各种物资、物料和船员生活物资以及航海技术资料、航运技术支持的企业与个人。从严格意义上说，船舶供应人并非航运企业，但航运经营与船舶供应有着密不可分的关系，供应人的责任常常影响航运经营人的责任与义务。

(3) 理货业。理货是指受委托提供理货服务的企业和个人。由于船舶运量巨大，承运人往往无法进行细致的货物点算、计量及办理交接等业务，而将这些业务委托给理货人进行理算，由理货人出具理货证明。理货业虽然是航运的服务业，但其理货的结论往往是公证文书，可作为责任划分的依据，因而理货不仅是航运服务，而且有着公证的性质。

(4) 船舶服务业。船舶服务业是指对船舶和船舶航行提供服务的机构、企业和个人。该行业提供的服务有船舶引航、船舶港内机动作业的拖船、船舶修理、船舶通信等。船舶服务机构、企业和个人与航运经营人通过服务合同建立服务关系。

思考题

[5-1] 了解水路运输的概念及特点。

[5-2] 根据水运系统各要素的特点及分类，说说水运系统各要素之间的关系。

[5-3] 挑选国内外港口，收集港口腹地及其发展情况，分析其集疏运系统建设现状，并提出改善建议。

[5-4] 了解我国水运业发展现状，谈谈如何面对水运发展的挑战？

[5-5] 查询上海港 2020 年码头泊位及年运量，计算上海港一个泊位的年通过能力。

[5-6] 根据水运货物的统计分类，分析我国水运货物的种类。

第6章 航空货运系统

6.1 概述

航空运输是一种新兴的运输方式，形成于第二次世界大战后。国际航空货物运输是国际贸易运输中的一种重要运输方式，一般来讲，它是指一国的提供者向他国消费者提供航空飞行器运输货物并获取收入的活动。随着国际贸易的不断发展，航空货物运输也相应地得到了发展和扩大，适合空运的货物品种和数量也越来越多。航空货运已经成为国际货运，特别是洲际货运的重要运输方式。波音公司 2022 年发布的《世界航空货运预测》显示，未来 20 年针对航空货运服务的需求将保持强劲，全球航空货运量将翻番，货机机队将增长 60%以上。根据 OAG 国际有限公司 2020 年 11 月发布的 *OAG Cargo Forecaster* 报告预测，2021 年全球航空货运市场需求将增长 13%左右，2022 年将增长 6%左右，2023 年将增长 3%左右，2024 年将增长 1%左右。表 6-1 为国际机场协会（Airports Council International，ACI）公布的 2021 年全球 15 大货运机场①。

表 6-1　　2021 年全球 15 大货运机场货量排名　　单位：万 t

名次	机场	总货量	变幅
1	香港	503	+12.5%
2	孟菲斯	448	−2.9%
3	上海浦东	398	+8.0%
4	安克雷奇	356	+12.6%
5	仁川	333	+18.0%
6	路易斯维尔	305	+4.6%
7	台北	281	+20.0%
8	洛杉矶	269	+20.7%
9	东京	264	+31.1%
10	多哈	262	+20.5%
11	芝加哥	254	+26.7%
12	迈阿密	252	+17.9%

① https://aci.aero/2022/07/25/final-data-released-top-20-busiest-airports-confirmed/

（续表）

名次	机场	总货量	变幅
13	迪拜	232	+20.0%
14	法兰克福	227	+18.8%
15	巴黎	206	+18.1%

我国航空货运也经历了高速发展的阶段。根据国家统计局公布的数据，2012—2016 年这五年间，中国民航货邮运输量年均增长率约为 5.9%；2016—2020 年这五年间，中国民航货邮运输量年均增长率约为 4.6%。图 6-1 和图 6-2 分别为 2012—2022 年我国航空货运发展情况及我国主要货运机场的历年吞吐量情况。

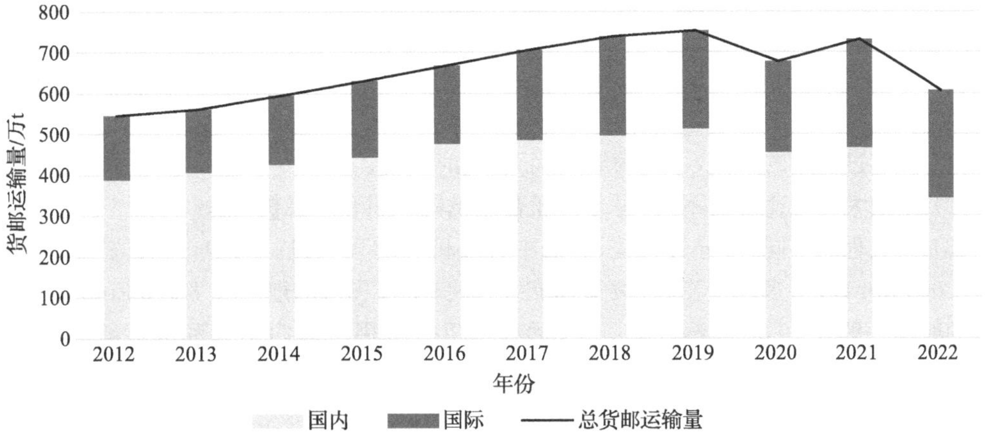

图 6-1　2012—2022 年我国航空货运量

数据来源：中国民航机场生产统计公报。

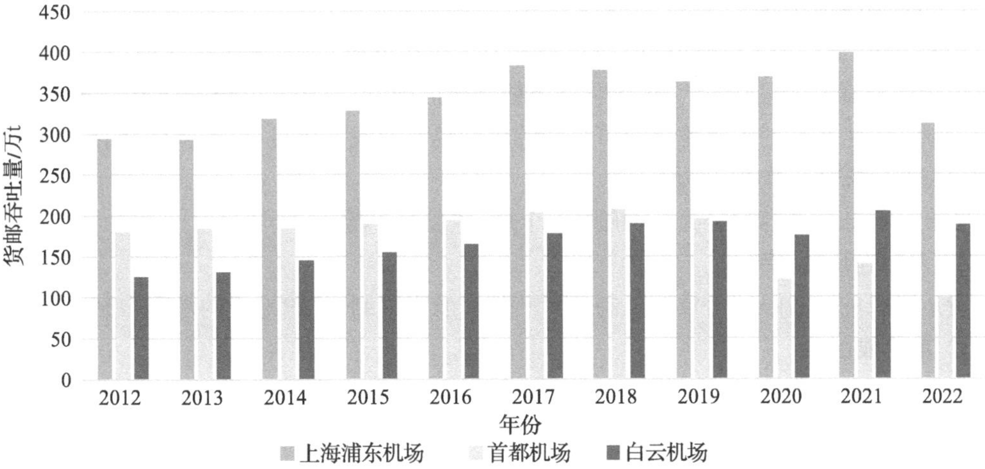

图 6-2　2012—2022 年我国主要机场货邮吞吐量变化趋势

数据来源：中国民航机场生产统计公报。

6.2 航空货运系统的构成

航空运输系统主要由航空器系统、航空港、飞行航线系统和空中交通管理系统四部分组成，此外还包括商务运行、机务维护、航空供应、油料供应、地面辅助及保障系统等。航空货运系统除涉及上述系统外，还包括航空货运设备。

6.2.1 航空器系统

航空器是指能够凭借空气的反作用而不是凭借空气对地面的反作用在大气中获得支持的任何器械。它既包括重于空气的飞机、直升机、飞艇、滑翔机，又包括轻于空气的氢气球。

飞机是由动力装置产生前进推力，固定翼产生升力，在大气层中飞行的重于空气的航空器，是目前最主要、应用最广泛的航空器。

1. 飞机的结构和分类

飞机的构造包括机翼、机身、动力装置、起落装置和稳定操纵机构。常见的飞机可按以下方式分类：

(1) 按推进装置的不同，可分为螺旋桨飞机和喷气式飞机。

(2) 按最大飞行速度的不同，可分为亚音速飞机和超音速飞机。

(3) 按航程的不同，可分为近程飞机、中程飞机和远程飞机。其中，近程飞机的航程一般在 1 000 km 以内，多用于支线，故又称支线飞机；中程飞机的航程在 3 000 km 左右；远程飞机的航程一般在 10 000 km 左右。中、远程飞机一般用于国内干线和国际航线，故又称为干线飞机。

(4) 按机身宽窄的不同，可分为宽体飞机和窄体飞机。

(5) 按使用用途的不同，可分为全货机、全客机和客货混用机。全货机的主舱及下舱全部载货，全客机只在下舱载货，客货混用机在主舱的前部设有旅客座椅，后部可装载货物，下舱也可装载货物。

2. 飞机机舱的布局

一般飞机(波音 747 除外)的内部容积分为主舱和下舱，主舱基本是客舱，在全货机上，主舱也用于装货，下面是货舱。位于普通飞机下舱的前、后货舱又可分为若干个分货舱。分货舱一般是用永久性的固体舱壁或可移动的软网隔离而成。用可移动的软网隔离的分舱的容积根据实际需要可作相应调整。

波音 747 的内部容积分为三种舱位：上舱、主舱和下舱。

3. 飞机的装载限制

货运飞机的装载限制由重量限制、容积限制、舱门限制、货舱地板的承重限制共同构成。

1) 重量限制

根据飞机的结构强度，飞机制造厂规定了每架飞机的业务载重量(有效载重量)限额及每一货舱的重量限额，即飞机的重量限制。

飞机的最大设计起飞重量由飞机基本重量、燃油重量加上业务载重量组成。因此，最大业务载重量为最大起飞重量减去飞机基本重量和燃油重量。

飞机的基本重量包括空机重量、附加设备重量、空勤组及其随带用具、物品的重量等；燃油重量包括航段飞行耗油量和备用油量，但不包括地面开车和滑行的油量。航线不同，油量也不同。

任何机型都根据飞机的结构强度规定其最大业务载重量的限额，在任何情况下，飞机的实际业务载重量都不得超出这个限额。但是，飞机制造厂给出的最大业务载重量是在理想状况下计算出来的，然而在一定条件下，业务载重量可能会受其他因素的影响而减少，如受风力、温度、机场标高等影响，飞机的起飞重量减少，或在特殊的航程中，飞机上燃料重量的增加将导致业务载重量的减少。

每件货物的最大重量限制是各航空公司和航站根据人力及可利用的装卸设备情况所确定的，不尽相同。一般情况下，非宽体飞机运载，每件货物重量不超过 80 kg；宽体飞机运载，每件货物重量不超过 250 kg。超过规定重量的货物，称为超重货物。

2）容积限制

飞机货舱可利用的容积是装载货物的容积限制。比重小的货物(轻泡货物)能装满货舱的容积，而未达到重量限额；比重大的货物(重质货物)能达到货舱的重量限额而未装满容积。组织轻重配装，充分利用货舱的载重量和容积，也是航空公司赢得效益的主要方法之一。

对于一定重量限额和容积的货舱轻重货物重量比例关系式如下：

$$\begin{cases}P_{舱重}=P_{重}+P_{轻}\\V_{有效}=V_{重}+V_{轻}=\dfrac{P_{重}}{\gamma_{重}}+\dfrac{P_{轻}}{\gamma_{轻}}\end{cases}\tag{6-1}$$

由式(6-1)可得：

$$\begin{cases}P_{重}=\dfrac{P_{舱重}-V_{有效}\ \gamma_{轻}}{1-\dfrac{\gamma_{轻}}{\gamma_{重}}}\\P_{轻}=P_{舱重}-P_{重}\end{cases}\tag{6-2}$$

式中 $P_{舱重}$——货舱的重量限额(t)；

$P_{重}$——应装的重质货物重量(t)；

$P_{轻}$——应装的轻泡货物重量(t)；

$V_{有效}$——货舱的有效容积(m^3)；

$V_{重}$—— 应装的重质货物体积(m^3)；

$V_{轻}$—— 应装的轻泡货物体积(m^3)；

$\gamma_{重}$—— 重质货物的单位体积重量(t/ m^3)；

$\gamma_{轻}$—— 轻泡货物的单位体积重量(t/ m^3)。

由于飞机货舱是不规则的容器，因此计算出的轻泡货物重量应适当减少，以装满货舱为准。

3）舱门限制

货物必须通过舱门装入舱内，舱门的大小限制了一件货物的最大尺寸。为了便于确定一件货物是否可以装入散舱，飞机制造厂提供了散舱舱门尺寸表（表 6-2）。表内数据以 cm 和 inch 两种计量单位列出货物的宽度和高度，在任何一对宽和高的交叉点上的数字便是这种货物的最大允许长度。

表 6-2 中，以 76 cm 为基本宽度，66 cm 为基本高度时，交叉点数据“289”为最大允许货物长度，说明这件货物能装入波音 737 的货舱内。

表 6-2　　波音 737-300 系列散舱舱门尺寸与最大允许货物长度对应表

散舱舱门尺寸——高（上—cm，下—in）	散舱舱门尺寸——宽（上—cm，下—in）								
	12 5	**25 10**	**38 15**	**50 20**	**63 25**	**76 30**	**88 35**	**101 40**	**114 45**
12 5	645 254	622 245	609 240	596 235	574 225	502 198	406 160	345 136	299 118
25 10	622 245	604 238	579 228	538 212	508 200	457 180	386 152	332 131	292 115
30 12	604 238	574 226	523 206	472 186	452 178	426 168	365 144	322 127	279 110
35 14	568 224	543 214	472 186	441 174	416 164	381 150	350 138	309 122	261 103
40 16	538 212	487 192	431 170	411 162	381 150	350 138	322 127	292 115	254 100
45 18	502 198	457 180	421 166	396 156	370 146	342 135	314 124	284 112	248 98
50 20	482 190	436 172	411 162	391 154	358 141	330 130	304 120	271 107	238 94
55 22	452 178	426 168	401 158	375 148	345 136	320 126	289 114	264 104	228 90
60 24	441 174	406 160	381 150	355 140	335 132	297 117	274 108	213 84	205 81
66 26	406 160	391 154	365 144	340 134	314 124	**289** 114	264 104	233 92	193 76
71 28	406 160	381 150	355 140	330 130	304 120	279 110	254 100	228 90	187 74
76 30	335 132	309 122	284 112	264 104	238 94	248 98	203 80	182 72	142 56
81 32	309 122	289 114	254 100	233 92					
86 34	284 112	264 104	233 92	213 84					

测量货物的外形包装尺寸时，应测量最长、最宽和最高的尺寸，如果底面积为梯形，则按矩形计算，矩形边为梯形的边长。

4）货舱地板的承重限制

飞机货舱地板每平方米可承受的最大重量即为货舱地板的承重限额。装货后，若货舱地板每平方米承受的重量超过了该重量限额，则地板和飞机结构有可能遭到破坏。因此，装载货物时应注意不能超过地板的承重限额。波音747飞机货舱地板的承重限额（最大承受力）如下：下货舱散舱为732 kg/m^2；下货舱集货舱为976 kg/m^2；主货舱集货舱为1 952 kg/m^2。

对于不规则货物，如货物性质无特殊要求，则应将面积较大的一面接触地板。若货物重量超过了地板的最大承受力，则应利用垫板分散货物重量，使地板每平方米面积内承受的重量降至最大承受力以下。垫板所需面积计算如下：

$$\text{垫板面积}=\frac{\text{货物重量}}{\text{地板承重限额}} \tag{6-3}$$

垫板的边长应大于货物底面的任一边长，垫板的厚度为2～5 cm。

4. 主要货机机型

航空货运一般采取客机腹舱载货及全货机载货的形式进行运输，因此，运载机型为客机和货机。由于客运航班、航线在数量上远超过货运航班、航线，因而客机承运货物的数量和重量在航空货运中占有很大的比重。

目前，空运客货机所采用的空中客车系列常见机型有A319、A320、A330，其中A330系列的参数如表6-3所示。

表6-3　　空中客车A330系列参数

参数		机型	
		A330-200	A330-300
舱门尺寸（宽×高）/（cm×cm）	前舱	244×170	244×170
	后舱	244×170	244×170
	散舱	95×106	95×63
乘客座位数/个		293	335
货舱总容积/m^3		136	161.4
货物载量/t		13.76	13.76
板/块，箱/个		6，19	11，32
最远航程/km		10 303	7 582
最大持续时间/min		719	531
巡航速度/（$km \cdot h^{-1}$）		883	883

常见货机的机型及参数如表6-4所示。

表 6-4　　常见货机机型和参数

参数		普通货机	重型货机
		道格拉斯 DC-8-63F	波音 747F
总宽/m		45.2	59.6
总长/m		57.1	69.8
总高/m		13.1	19.3
离陆最大重量/t		161.0	322.0
货舱容积/m^3	上部货舱	285.4	499.2
	下部前货舱	70.8	79.2
	下部后货舱	70.8	92.0
	托盘或集装箱数	18	28 或 14
有效最大载重量/t		53.8	118.5
经济航速/($km \cdot h^{-1}$)		965	990
高度/m		9 150	7 620
续航距离/m		7 240	7 400

6.2.2 航空港

航空港又称航空站或机场，是供飞机起飞、降落、停放及组织、保障飞行活动的场所。航空港通常由跑道、滑行道、停机坪、指挥调度塔或管制塔、助航系统、输油系统、维护修理基地、消防设备、货栈以及航站大楼等建筑和设施组成。

航空港按所处位置可分为干线航空港和支线航空港；按服务对象可分为军用航空港和民用航空港；按业务范围可分为国内航空港和国际航空港。国内航空港是指仅供国内航线上的航空器使用，除特殊情况经批准外，不准国外航空器使用的航空港；国际航空港则是经政府核准对外开放，并设有海关、移民、检疫及卫生机构，供国际航线上的航空器起降和营运的航空港。这里主要讨论我国民用航空港，即民用机场。

民用机场是指专供民用航空器起飞、降落、滑行、停放及进行其他活动使用的划定区域，包括附属的建筑物、装置和设施。民用运输机场、通用航空固定性机场和其他专门用途的民用机场，统称为民用机场。

1. 民用运输机场的组成

(1) 飞行区。飞行区是机场的主要组成部分，包括跑道、滑行道、停机坪以及各种保障飞行的设施，如导航设施、指挥系统及气象自动观测系统等，还包括保证飞机起飞和降落的净空保护区。

(2) 客货运输服务区，亦称航站区。它是为旅客、货物、邮件运输服务的区域，包括客机坪、候机楼、停车场以及货运站或货运中心等。

(3) 机务维修区。为飞机上各种设备提供维修服务的场所，包括维修机坪、维修机库、维修工厂或维修车间等。

(4) 输油系统。包括油量储存和飞机加油设备等。

(5) 消防和急救设备。各种消防器材和急救设备，以备飞机失事和失事后进行抢救之用。

（6）流动便利设备。如升降平台、客梯车、牵引车、传送带和食品车等。

目前，世界上货运吞吐量较大的机场有：巴黎的戴高乐机场，德国的法兰克福机场，阿姆斯特丹的西普霍尔机场，伦敦的希思罗机场，美国的芝加哥机场、孟菲斯机场，东京的成田机场，中国的香港国际机场，等等。上述机场都是现代化、专业化程度较高的国际货运空中枢纽，建有现代化的导航设施和规模庞大的客货服务中心，有的修建了停靠全货机的机位和专营货运的服务中心，从装卸、储存到分拨、配送等一整套货运服务都采用数字化控制，有效地提高了作业效率。

2. 中国民航运输机场的分类

我国民航运输机场按是否对外开放，可分为国际机场和国内机场。国际机场是指经政府批准对外开放，供国际航线的航空器起降运营，并设有海关、检验检疫及边防检查站等机构的口岸；国内机场供国内航线的航空器使用，除特殊情况经批准外，不提供给国外航空器使用。

根据服务的航线和规模，我国民航运输机场可分为大型枢纽机场、干线机场和支线机场。大型枢纽机场的国际、国内航线密集，客货邮吞吐量大，如北京首都国际机场、上海浦东国际机场、上海虹桥国际机场和广州新白云国际机场，这四个机场是我国重要的对外开放的民用机场；干线机场以国内航线为主，客货邮吞吐量较大，主要指省会、自治区首府以及重要工业、旅游、开放城市的机场；支线机场以地方航线为主，规模较小，等级较低，大多分布在各省、自治区地面交通不方便的地方。

3. 民用机场飞行区等级

国际民用航空组织规定，采用民用机场跑道的长短和能起降的飞机类型结合的方法来划分民用机场飞行区的等级，即根据民用机场飞行区使用的飞机基准飞行场地长度，从小到大分为 1,2,3,4 四个等级；根据该机场飞行区能起降的最大飞机的翼展和主起落架外轮外侧间距，从小到大分为 A,B,C,D,E 五个等级，见表 6-5。例如，4D 机场是指在标准条件下，可用跑道长大于或等于 1 800 m、可用最大飞机的翼展在 36～52 m、主起落架外轮外侧间距在 9～14 m 的机场。因为国际航班一般使用中远程民用航空器，故民用国际机场飞行区等级指标为 4D 及以上。

表 6-5　民用机场飞行区等级划分要素表

第一要素		第二要素		
代码	飞机基准飞行场地长度/m	代码	翼展/m	主起落架外轮外侧间距/m
1	＜800	A	＜15	＜4.5
2	800～1 200	B	15～24	4.5～6
3	1 200～1 800	C	24～36	6～9
4	≥1 800	D	36～52	9～14
		E	52～65	9～14

6.2.3 飞行航线系统

民航从事运输飞行必须按照规定的线路进行，这种线路称为航空交通线，简称航线。航线不仅规定了飞行具体方向、起讫与经停地点，还根据空中交通管理的需要，规定了航线的宽度和飞行的高度。

民航的运输飞行主要有三种形式：班期飞行、加班飞行和包机飞行。班期飞行是根据班期时刻表，按照规定的航线、定机型、定日期、定时刻的飞行；加班飞行是根据临时性的需要，在班期飞行以外增加的飞行；包机飞行则是根据高级单位的要求，在现有航线上或以外的航线上的专用飞行。此外，还有不定期航班飞行和季节性航班飞行。班期飞行是民航运输生产活动的基本形式，其他的飞行形式则是必要的补充。

1. 航线的分类

航线就飞行地点而言，分为国内航线、国际航线和地区航线。

(1) 国内航线。它是指航线的起讫点、经停点均在一国境内。国内航线又分为国内干线、国内支线和国内地方航线。国内干线是指连接北京和各省以及连接两个及以上省的航线，主要满足大城市之间客货运输需求，例如北京—上海、上海—广州航线；国内支线是指大城市辐射至附近中小城市的航线，支线运输主要是汇集或疏散旅客和货物，例如上海—温州航线；地方航线是指在一省内的航线，主要满足交通不便地区或小城市的客货运输需求。

(2) 国际航线。它是指飞机飞行的线路跨越本国国境，通往其他国家的航线。

(3) 地区航线。它是指根据国家的特殊情况，在一国的境内与特定地区飞行的航线。例如，目前内地与香港地区的航线。

航空运输根据航线的特点可分为国内运输和国际运输。国内运输是指根据当事人订立的运输合同，运输的出发点、约定的经停点和目的点均在一国境内的运输。国际运输是指根据当事人订立的航空运输合同，无论运输有无间断或者由于转运，运输的出发点、目的点或者约定的经停点之一不在一国境内的运输。国内运输主要在国内航线上进行，但是，由我国经营的国际航线，如果包含国内航段，我国的空运企业可以从事国内运输，即载运国内客货。外国经营的国际航线，如果在我国境内含有国内航段，则在这个航段上外国空运企业不可以从事国内运输。在国际航空法上，这种经营权叫作境内业务权(或国内载运权)。

航段是指航线上相邻点(包括始发点、各经停点、目的点)之间的航程。在一条航线上，由于经停点数不同，航段数也不同。航线上经停点的多少是根据客货运输的需求和机型的运输能力决定的。中小飞机在飞远距离航线时一般航段较多，有时为了提高飞机的载运量而增加经停点，有时为了解决运输生产的特殊情况临时停降或飞越。但是，为了提高飞机的利用率和体现航空运输速度快的特点，应减少飞机飞行的经停点。

2. 班期时刻表

班期时刻表是民航组织日常运输生产的计划和依据，也是向社会介绍民航生产的一种形式。它是根据民航运输生产计划和航线运输计划编制的。严格执行班期时刻表是提高航班正点率，保证运输生产活动正常进行的必要条件，对提高运输服务质量和完成运输生产任务具有重要作用。班期时刻表按时间分夏季班期时刻表和冬季班期时刻表，在每年3月的最后一个星期日开始使用夏季班期时刻表，在每年10月份的最后一个星期日开始使用冬季班期时刻表。班期时刻表按地域分为全国班期时刻表和当地班期时刻表两种。

3. 航班、班次

航班是根据班期时刻表，在规定的航线上，使用规定的机型，按照规定的日期、时刻进行的生产飞行。

航班分为去程航班和回程航班。从基地出发的飞行为去程航班，返回基地的飞行为回程航班。

班次是指航班在单位时间内飞行的次数。通常以一周时间为期限计算飞行的班次。班次包括去程和回程。班次是根据运量的需要和运输能力确定的。

航空货运由于存在客机腹舱载货和全货机载货两种形式，因此航空货运同时牵涉到客运航班与货运航班。由于客运航班主要服务客运，货运航班服务货运，因此两者存在一定区别。

6.2.4 空中交通管理系统

空中交通管理系统是指为了保证航空器飞行安全及提高空域和机场飞行区的利用效率而设置的各种助航设备和空中交通管制机构及规则。助航设备分仪表助航设备和目视助航设备。仪表助航设备是指用于航路、进近（又称进场，指飞机在机场上空由地面管制人员指挥对准跑道下降的阶段，这个阶段飞机需要按规则绕机场飞行后直接对准跑道，减速，放下襟翼和起落架。）、机场的管制飞行，包括通信、导航、监视（雷达）等装置。目视助航设备是指用于引导飞机降落、滑行的装置，包括灯光、信号、标志等。空中交通管制机构通常按区域、进近、塔台设置。空中交通管制规则包括飞行高度层配备，垂直间隔、水平间隔（侧向、纵向）的控制等。管制方式分程序管制和雷达管制。

6.2.5 航空货运设备

民用航空货运设备主要为装货器具，包括航空载货托盘、航空集装箱和用于多式联运的国际标准集装箱等。

当今航空运输中集装箱的应用已十分广泛。我国四类以上的机场均配有集装箱设备。航空运输中的集装箱设备主要是指为提高飞机运输效率而采用的托盘、货网和集装箱等成组装载设备。为了使用这些设备，飞机的货舱和甲板都设置了与之配套的固定系统。

1. 航空集装箱设备

国际航空运输协会对航空运输中使用的集装箱采用了“成组器”（Unit Load Device，ULD）这一术语，表示它是成组装载用的一种工具。成组器可以分为航空用成组器和非航空用成组器两种，如图 6-3 所示。

- 航空集装箱
  - 航空用成组器
    - 部件组合式
      - 航空用托盘
      - 航空用货网
      - 非固定结构圆顶
    - 整体结构式
      - 主货舱用集装箱
      - 下部货舱用集装箱
      - 固定结构圆顶
  - 非航空用成组器
    - 国际航空运输协会标准尺寸集装箱
    - 国际标准集装箱
      - 航空运输专用集装箱
      - 陆空联运用集装箱
      - 海陆空联运用集装箱

图 6-3 航空集装箱分类

(1) 托盘，又称集装板，是指具有平滑底面的一块货板，要求它能用货网、编织带把货物在托盘上捆绑固定起来，并能方便地在机舱内进行固定。托盘的主要规格尺寸如表 6-6 所示。

表 6-6　　航空用托盘的主要规格尺寸

名称	2A4P/PAG	2M3P/PMC	2K3P	2L3P/PLA	FQA
规格尺寸/(in×in)	88×125	96×125	61.5×60.4	60.4×125	60.4×96

(2) 货网，又称网套或网罩，使用编织带编织而成，主要用于固定托盘上的货物。货网与托盘之间利用货物上的金属环连接。根据托盘的尺寸，货网也有相应的规格尺寸。

(3) 固定结构圆顶，是一种与航空用托盘连接的，不用货网就可以固定货物的罩壳。托盘固定在罩壳上，与罩壳连成一体。

(5) 主货舱用航空集装箱，又称上部货舱用集装箱。由于飞机的机身是圆筒状的，其货舱分上部货舱和下部货舱，货舱集装箱的形状要求与货舱形状相匹配。

(6) 下部货舱用集装箱，是指装在飞机下部货舱的集装箱。

(7) 国际航空运输协会标准尺寸集装箱，是指按国际航空运输协会的规定制造的集装箱。该协会对属于非航空用成组器范畴内的集装箱有如下定义：所谓集装箱是指用铝、波纹纸、硬板纸、玻璃纤维、木材、胶合板和钢材等组合而制成的，可以铅封和密闭的箱子。侧壁可以固定，也可以拆卸。制成的集装箱必须能承受压缩负荷。

(8) 国际标准集装箱，是指与国际标准化组织制定的集装箱标准同型的集装箱。其中航空运输专用集装箱上不设角件，故不能堆放。

成组器在各种机型中的互换性很大，能够适应不同货物的运输需求，对于提高航空运输装卸效率、缩短飞机停场时间、减少货损有着重要的作用。

2. 航空集装箱搬运与装卸设备

航空集装箱搬运与装卸设备主要有托盘拖车、集装箱拖车、升降平台、传送车等。

(1) 拖车，是机场经常使用的短距离的搬运车辆。一般情况下采用蓄电池或电动机车作为动力驱动，或采用内燃机牵引车牵引。

(2) 升降平台，是用于拖车及集装箱卡车的过渡设备，为货物快速输送、转移提供了保障，提升了物流工作的能力和效率。它可以使集装箱作横向、纵向、旋转机升降运动。

(3) 传送车，适用于飞机所运载的行李及散装货的快速装卸。

6.3　航空货运组织

国际航空货物运输的经营方式主要有班机运输、包机运输、包舱或包集装箱(集装板、集装棚)运输。为了安全、迅速、准确、节省、方便地运输货物，采用集中托运、航空快件运输、联合运输、送交业务和运费到付等形式组织航空货物运输。

6.3.1　航空货运的经营方式

1. 班机运输

班机运输是指定期开航的定始发站、到达站和途经站的飞机运输。一般航空公司的班机多使用客货两用飞机，在搭载旅客的同时运送小批量的货物；货源充足的大航空公司，会在一些航线上开辟定期货运航班，使用全货机运输。

由于班机有固定的航线、固定的到发站和停靠站，并定期开航，发收货人能够确切地掌握起运和到达的时间，可以保证货物安全、迅速地运送到世界各地投放市场，因此，班机运输颇受贸易商的欢迎，国际货物的流通多使用班机运输，尤其对国际市场上急需商品、鲜活易腐货物以及贵重货物的运送非常有利。但是，由于班机一般是以客运为主，货舱有限，不能满足大批量货物的及时运出，有时需分期分批运输。

2. 包机运输

1）包机合同和运输凭证

包机人为一定目的包用空运企业的飞机运载货物的方式，称为货物的包机运输。

包机人申请包机，应凭介绍信或者个人有效身份证与承运人联系协商包机运输条件，双方同意后签订包机合同，并履行包机合同规定的各自应当承担的责任和义务。包机人和承运人执行包机合同时，每架次货运包机应当填制一份航空货运单，作为包机的运输凭证。

包机人和承运人可视货物性质确定押运人，押运人应当按照承运人的规定购买客票并办理乘机手续。

2）包机运输的有关规定

包机人应当保证所托运的货物内没有夹带我国和运输中有关国家的法律、行政法规及其他有关规定禁止和限制运输的物品，并应当提前将货物送到指定机场，自行办妥海关、检验检疫等出口手续。

包机人可以充分利用包用飞机的吨位，但不得超过飞机的最大载重量。承运人如需利用包机剩余吨位，应当与包机人商定。

3. 包舱、包集装箱（板、棚）运输

包舱或包集装箱（板、棚）运输是指托运人根据所托运的货物，在一定时间内需单独占用飞机货舱或集装箱（板、棚），而承运人需要采取专门措施给予保证的一种经营方式[不含正常运输中的集装箱（板、棚）运输]。

托运人应凭介绍信或者个人有效身份证与承运人联系协商包舱或包集装箱（板、棚）的运输条件，签订运输合同，包舱或包集装箱（板、棚）只限于直达班机，不受理中转业务。托运人和承运人应当履行包舱或包集装箱（板、棚）合同规定的各自应当承担的责任和义务。

6.3.2 航空货运的组织形式

1. 集中托运

集中托运是指航空货运代理公司将若干批单独发运到同一方向的货物，组成一整批，填写一份总运单发到同一目的站，由航空货运代理公司委托目的站当地的代理人负责收款、报关并分拨给各个实际收货人的一种航空货运的组织方法。航空货运代理公司对每一个托运人另发一份代理公司签发的分运单，以便托运人转给收货人以提取货物或收取货物价款。

航空公司采用按重量递减的定价原则，制定并公布按不同重量收费的运价。航空货运代理公司把从不同托运人处收集的小批量货物集中起来，使用航空公司最便宜的运价，从而赚取运价的差额。集中托运业务在国际航空运输界比较普遍，是航空货运代理公司的主要业务之一。近年来，我国在飞往美国、日本、西欧的航线上，开展了集中托运业务，并规定贵重物品、危险物品、活动物、文物等货物不能办理集中托运。

随着经济快速稳定的发展，我国民航货运业也在高速发展，航空货运代理在其中扮演的角色也越来越重要。截至2022年底，我国共有运输航空公司66家。按不同所有制类别划分：国有控股公司39家，民营和民营控股公司27家。在全部运输航空公司中，全货运航空公司13家，中外合资航空公司9家，上市公司8家。

2. 航空快件运输

航空快件运输是指具有独立法人资格的企业，通过航空运输及自身或代理的网络，在发货人与收货人之间以最快速度传递文件和物品的一种现代化的运输组织方法。其主要运送国际来往的文件和物品，因此也称国际快件运输。

国际快件主要包括：商务文件、资料、投标书、合同书、检验检疫证明书、银行票据、照片、机票，以及商业性小包裹，如礼品、小型样品、需要返修的零配件、时令性水产品等。

在经济与信息发达的今天，越来越多的人清楚地认识到，航空快件运输费用的增加与运输的及时性和安全性以及因此而实现的经济价值和社会效益相比已变得微不足道。航空快件运输已成为航空货运的主要业务之一。

1) 航空快件运输的服务方式

(1) 门到门服务。根据发件人的委托，由快件公司派人到发件人所在地取货，快件公司经过分拣、整理、核对、制单、报关后，将快件搭乘最早的航班(航空公司或快件公司自己的班机)运往目的国，同时公司发传真，将快件有关信息(运单、件数、重量等)通知国际分拣中心，在快件运抵目的国机场后，由当地快件公司清关、提货并及时送交收件人，送交完毕后，将信息反馈给发货公司并通知收件人。

(2) 门到机场服务。运输服务只能到达收件人所在城市或附件的机场。快件运抵目的地机场后，当地的快件公司及时通知收件人，由收件人自己办理清关、提货手续，或委托代理公司代办。采用这种方式的快件多是当地海关对其有特殊规定的物品或价值较高的贵重物品。

(3) 专人派送。快件公司指派专人，亲自携带快件，在最短时间内，采用最便捷的交通方式，将快件直接送到收件人手中。

上述三种主要的服务方式中，第一种方式最普通最简单，适用于一般文件和物品；第二种方式，虽简化了发件人手续，但占用了收件人的时间；第三种方式，是一种特殊服务，一般很少采用，一旦采用可免去普通快件的海关手续，这种方式服务周到，但所需费用较高。多数客户、快件公司都倾向于采用安全、快捷、简单及收费适中的门到门服务。

2) 航空快件运输的特点

(1) 运输快捷。快件公司一般都有较完善的快递网络，快件运输的整个过程都有专人负责，减少了内部交接环节，缩短了衔接时间。同时大型快件公司设备先进，备有数百架专用飞机，航班班次多，并可将资料预先传至目的国海关，再配以电子数据交换系统(Electronic Data Interchange, EDI)，大幅度提高了通关速度，保证了快件运送速度快于普通的航空货运业务和国际邮政业务。运输快捷是航空快件运输区别于其他运输形式最重要的特点。

(2) 安全准确。快件在整个运输过程中都处于电脑的监控中，通过条形码扫描技术、环球通信网和互联网保证了快件的全球跟踪。快件交付给收件人时，收件人需在交付凭证

(Proof of Delivery, POD)上签收,签收信息即时反馈至发送港和发件人。发、收件人可随时通过电脑查询,了解快件的“行踪与下落”。作业环环紧扣,避免了差错,保证安全。

POD由多联组成(各快运公司的POD不尽相同),一般有发件人联、随件同行联、财务结算联、收件人签收联等,其上印有编号及条形码,是保证快件安全运输的重要单据。

(3) 服务周到。从上门取货、代办运输及报关手续,到送货上门及签收信息反馈,全程跟踪,查询方便,航空快件运输提供了安全、准确、快捷、周到的服务。

6.3.3 航空货运的基本作业

国际航空货运需要承运人(航空公司)、航空货运代理人、托运人和收货人等相互配合共同完成。

国际航空货运按办理的业务流程分为出口业务流程和进口业务流程。

1. 出口业务

出口业务包括从发货人手中接货到将货物交付给航空公司承运,以及运输过程的单证作业、业务管理和信息服务。具体包括以下几项:

(1) 接受货运委托。填开和审核托运单,审核内容主要是航班日期、价格等。

(2) 预配舱和预订舱。汇总所有货运委托单及货物情况,根据各航空公司不同机型制定预配舱方案,确定每票货物的运单号;根据预配舱方案向航空公司预订舱;如果是航空公司的代理人,接单后将有关资料输入电脑,并缮制航空货运单。当一份总运单下有几份分运单时,还需要制作航空货运清单及空运出口业务日报表等。

(3) 接货和标签。接货一般与接单同时进行,即将发运的货物从发货人手中承接后运送到自己的仓库。接货时需对货物进行查验和办理交接手续。标签,即对承运货物的标识。

(4) 配舱和订舱。出运货物入库后根据实际情况安排航班和舱位,得到航空公司签发的舱位确认书;同时,编制出仓单和申领提板箱等。

(5) 交单交货。交单包括随机单据和承运人留存单据;交货是指航空公司审单验收。

(6) 航班跟踪和信息服务。

(7) 费用结算。

2. 进口业务

进口业务包括从入境货物的提取和交付,或转达运过程的各项服务。具体包括:①接单和接货,理货和仓储,理单和到货通知,制单和报关,收费和发货;②根据货物的运输合同、条件,以及客户的要求,为货主代办进口报关、垫税、垫付费用,提货后送货上门;③安排货物转运事宜;④代办货物损坏或货运延误的索赔事宜。

国际航空货运按办理作业的内容分为货物托运、货物收运、货物运送、货物到达以及交付、变更运输、索赔和理赔等环节。承运人必须遵照《华沙公约》《海牙议定书》《中华人民共和国民用航空法》等法律、法规的规定,组织国际航空货运。

3. 货物托运和收运

航空货物出口运输,在发送地需办理货物托运的收运作业。

1) 货物托运

(1) 委托航空货运代理托运货物。航空出口货物的托运人一般都是委托航空货运代理办理货物托运,当出口货物批量大,要采用包机运输时,需提前填写“包机委托书”交航空货运代理负责办理包机手续。托运人应当提供必需的资料和文件，以便在货物交付给收货人之前完成海关及行政法规规定的有关手续。托运人托运我国和运输中有关国家的法律、行政法规及其他有关规定限制运输的货物，应当附有效证明。

(2) 预订航班舱位。托运人托运下列货物应当预订航班舱位(由代理人办理)，否则承运人有权不予受理：①货物在中转时需要特殊对待；②货物的声明价值超过 10 万美元或者其等值货币；③不规则形状或者尺寸的货物；④特种货物；⑤批量较大的货物；⑥需要两家及以上承运人运输的联程货物。

根据《华沙公约》有关条款的规定，航空货运单应由托运人填写，也可由承运人或其代理人填写。实际工作中，航空货运单均由承运人或其代理人代为填制。为此，托运人必须填写托运书，以作为填制航空货运单的依据。航空货运单签字后航空运输契约即开始生效，具有法律效用。

2) 收运条件

(1) 一般规定。①凡我国和运输中有关国家的法律、行政法规及其他有关规定禁止运输的物品，不得接受。②批量大、有特定条件和时间限制的联运货物，应在安排好联运中转舱位后，方可接受。③货物的包装、重量和体积必须符合空运的要求。承运人收运货物时，应当根据不同机型的舱门尺寸、地板承受力及有关机场的装卸设备条件，确定接受每件货物的最大重量和最大体积。每件货物的长、宽、高之和不得小于 40 cm。

(2) 安全检查。①对于国家限制运输的物品，承运人应当查验国家有关部门出具的运输许可证。②承运人应当查验托运货物的包装(但对内包装不承担检查的责任)，如发现包装不符合航空运输要求，在托运人改善包装后，方可办理收运手续。承运人对收运的货物应当进行安全检查，对当日托运、装机发运的货物，开箱检查或者通过安检仪器检测。

(3) 价值限制。每批货物(即每份货运单)的声明价值不得超过 10 万美元或其等值货币(未声明价值的，按毛重每千克 20 美元计算)；超过时，应分批交运(即分成两份或多份货运单)，如不宜分开，则必须经有关航空公司批准后方可收运。

(4) 付款要求。货物的运费可以预付，也可以到付。承办运费到付货运时，应当查验货物目的地国家和有关承运人允许办理此项业务后，方可收运。对下列货物不可办理运费到付：①收货人和托运人为同一人的货物；②收货人为政府代理机构(政府代理人托运货物时，出具书面保函者除外)；③尸体、骨灰；④动物(包括鸟、鱼、昆虫、家畜、玩赏动物和甲壳类动物)；⑤易腐货物；⑥私人用品及家具(无出售价值的)；⑦货物的再出售价值低于运费的。

3) 货物运送

(1) 运送时间。承运人应当根据货运单上约定的契约条件，在合理的时间内将货物运至货物目的地，对托运人预先定妥舱位的货物，承运人应当按托运人指定的航班将货物运至目的地。

(2) 运输路线。承运人应当按照合理、经济的原则选择运输路线。承运人为尽早地将货物运抵目的地，有权改变托运人在货运单上列明的运输路线。

(3) 舱单。承运人运输货物应当填制舱单。对于联运的货物，承运人还应填制转运舱单。

(4) 货物装卸。承运人按装机单、卸机单准确装卸货物。按照货物包装上的储运指示标志作业，轻拿轻放，防止货物损坏；在货物运输中，当发现货物包装破损无法续运时，应当做好运输记录，及时通知托运人或者收货人，征求托运人或者收货人对货物的处理意见。

（5）仓库保管。承运人根据进、出机场货物种类及运量，分别建立普通货物、贵重货物、鲜活货物、危险货物、活体动物等货物仓库，并需建立和健全仓库保管制度，严格交接手续，库内货物应当合理码放，定期清仓，做好防火、防盗、防鼠、防水、防冻等工作，以确保进出库货物准确完整。

4）货物到达和交付

（1）到货通知。除另有约定外，承运人应当在货物送到后立即通知收货人。收货人在接到通知后，及时办妥海关和提货手续，缴付应付款项和履行航空货运单上所列运输条件。承运人自发出到货通知的次日起，免费保管货物三天。收货人逾期提取，须缴纳保管费。

（2）货物的交付。承运人交付货物时，要求收货人出具证件和到货通知。承运人应当按货运单上列明的货物件数清点后，交付给收货人。在交付过程中，如收货人发现货物短缺、损坏，可以要求承运人当场查验，必要时，做运输事故记录，以备事后索赔之用。如收货人无异议，则在交货收据单上签收，表示交付完毕。若货物到达14天后仍未提取，承运人按无法交付货物处理，填制无法交付货物通知单通知托运人，征求托运人对货物的处理意见。空运进出口货物如委托空运代理接货，收货人应将合同副本或一份订货单交给代理，代理在收到到货通知后，代办海关和提货手续。

4. 变更运输

1）自愿变更运输

（1）自愿变更运输的范围。托运人对已办妥运输手续的货物，提出下列变更要求，称为自愿变更运输：①在出发地机场或者目的地机场提回货物；②在货物运输途中的任何一次经停时，中止运输；③在目的地或者货物运输途中要求将货物交给不是航空货运单上指定的收货人的人，即变更收货人；④要求从中途或目的地将货物运回出发地机场；⑤变更目的地。

（2）自愿变更运输的条件：①托运人应当以书面形式向承运人提出变更要求，并向承运人出示其所收执的航空货运单（第三联航空货运单正本）。②托运人要求变更运输的货物，应是一份货运单所填写的全部货物。③收货人拒绝接收航空货运单或者货物，或是承运人无法同收货人联系。④托运人提出的变更要求不能违反我国和有关国家的法律、行政法规及其他有关规定，否则承运人应当予以拒绝。

（3）自愿变更运输的处理：①货物发运前退运，承运人应当收回托运人收执的航空货运单，并从已收费用中扣除货物发运前已发生的各项费用，余额退还给托运人。②货物发运后变更运输，承运人之间应当相互联系，及时复电证实；承运人收到更改运费的证实电报后，应向有关承运人发出“货物运费更改通知单”，有关承运人收到要求变更运输的通知后，应当视情况按有关规定处理，如货物退回出发地或者变更目的地。必要时，托运人应当交付有关费用。③托运人的变更要求不能执行时，承运人应当立即通知托运人。④承运人按照托运人的变更要求处理货物，但承运人没有要求托运人出示所收执的航空货运单，给该航空货运单的合法持有人即收货人造成损失的，承运人应当承担责任，但是承运人享有向托运人追偿的权利。⑤托运人不得因运输变更而使承运人或者其他托运人遭受损失，否则应当偿付由此所产生的费用。

2）非自愿变更运输

托运人托运货物后，由于承运人的原因，如机场关闭、航班中断和天气影响等，致使货物不能空运至目的地，需变更运输，称之为非自愿变更运输。

货物在运输途中发生非自愿变更运输时，承运人应及时与托运人联系，商定处理方法，并采取措施尽快将货物运至目的地。

承运人按照下列规定处理运费：①在出发地退运货物，承运人应将全部运费退还托运人；②在经停地变更目的地，托运人交付的运费多退少不补；③在经停地将货物运回原出发地，承运人应当将全部运费退还托运人；④在经停地改用其他运输工具将货物运至目的地，超过部分的费用由承运人承担。

6.3.4 航空运输的运价和定价机制

航空货运运费是指将一票货物自始发地机场运输到目的地机场所应收取的航空运输费用。一般情况下，货物的航空运费主要由两个因素决定，即货物适用的运价与货物的计费重量。由于航空运输货物的种类繁多，货物运输的起讫地点所在航空区域不同，每种货物所适用的运价亦不同。同时，由于飞机业务载运能力受飞机最大起飞重量和货舱本身体积的限制，因此，货物的计费重量需要同时考虑其体积重量和实际重量两个因素。航空货物运价实行"递远递减"原则，因而产生了一系列重量等级运价，而重量等级运价的起码重量也影响着货物运费的计算。由此可见，货物航空运费的计算受多种因素影响，以下仅作简单介绍。

货物的航空运费(Weight Charge)是指航空公司将一票货物自始发地机场运至目的地机场所应收取的航空运输费。该费用根据每票货物所适用的运价和货物的计费重量计算而得，不包括其他费用。

1. 运价

运价(Rate)，又称费率，是指承运人对所运输的每一重量单位货物(1 kg 或 1 b)所收取的自始发地机场至目的地机场的航空费用，不包括提货、报关、接交、仓储以及承运人、代理人或机场收取的各种费用。运价通常分为以下三类。

(1) 特种货物运价(Special Cargo Rate，SCR)，是指航空公司对一些特定的货物在特定的航线上给予的一种特别优惠的运价。特种运价规定有起码重量(100 kg)，如达不到所规定的起码重量则不能按此运价计算，因为它比普通货物运价低。

(2) 等级货物运价(Class Cargo Rate，CCR)，仅适用于少数货物，如活动物、装活动物的箱子和笼子、贵重物品、尸体、报刊、书籍、商品目录、盲聋哑人专用设备、作为货物托运的行李等。其通常在一般货物运价的基础上加上或减去一定的百分比计收，其起码重量为5 kg。

(3) 一般货物运价(General Cargo Rate，GCR)，如货物的种类既不适用特种货物运价，也不适用等级货物运价，就必须按一般货物运价计收。它以 45 kg 为划分点，45 kg 以上较 45 kg 以下的运价低，换言之，货物的重量越大，其运价就越低。

运价分为上述三种，而运费是选择其中之一计算，当遇两种运价均使用时，首先应选用特种货物运价，其次是等级货物运价，再次才是一般货物运价，这是选用运价的一般原则。

2. 计费重量

计费重量(Chargeable Weight)是指用以计算货物航空费用的重量。货物的计费重量或者是货物的实际毛重，或者是货物的体积重量，或者是较高重量分界点的重量。

(1) 实际毛重(Actual Gross Weight)，包括货物包装在内的货物重量。由于飞机最大起飞重量及货舱可用体积的限制，一般情况下，对于高密度货物应考虑将货物的实际毛重作为计费重量。

（2）体积重量（Volume Weight），是指将货物的体积按一定的比例折合成的重量。由于货舱空间体积的限制，一般对于低密度的货物，考虑将体积重量作为计费重量。不论货物的形状是否为规则的长方体或正方体，计算货物体积时，均应以最长、最宽、最高的三边的厘米长度计算。长、宽、高的小数部分按四舍五入取整。体积与重量的换算标准为每 6 000 cm^3 折合 1 kg。

（3）计费重量（Chargeable Weight），一般采用货物的实际毛重与货物的体积重量两者比较取高者；但当货物按较高重量分界点的较低运价计算的航空费用较低时，则将此较高重量分界点的货物起始重量作为货物的计费重量。国际航协规定，货物的计费重量以 0.5 kg 为最小单位，重量尾数不足 0.5 kg 的按 0.5 kg 计，0.5 kg 以上不足 1 kg 的按 1 kg 计。

当同时使用同一份运单，收运两件或两件以上可以采用同样种类运价计算运费的货物时，其计费重量规定如下：计费重量为货物总的实际毛重与总的体积重量两者的较高者，较高重量分界点重量也可能成为货物的计费重量。

3. 最低运费

最低运费（Minimum Charge）是指一票货物自始发地机场至目的地机场航空运费的最低限额。货物按其适用的航空运价与其计费重量计算所得的航空费用，应与货物最低费用相比，取高者。

另外，航空货运过程中还涉及其他费用，这是指由承运人、代理人或其他部门收取的与航空货运有关的费用，主要包括地面运输、仓储、制单、国际货物的清关等环节中提供这些服务的部门所收取的费用。

6.3.5 航空货运主体

航空货运主要牵涉货主、航空公司、航空货运代理、收货人等货运主体，国际航空货运还涉及海关的参与。

（1）货主，即把自己的货物托付给航空公司，由航空公司运送到目的地，交付给收货人。

（2）收货人，即货物的接收方。

（3）航空公司，即货物的承运人，是专门经营航空客货运输的企业，其拥有航空运输工具——飞机，为社会提供运输服务。

（4）航空货运代理，是随着航空货运业务的发展而出现。采用航空货运形式进出口货物，需要办理一定的手续，如出口货物在始发地交航空公司承运前的订舱、储存、制单、报关、交运等；进口货物在目的地机场的航空公司或机场接货、监管、储存、制单、报关、送货及转运等。航空公司一般不负责上述业务，因此，收、发货人必须通过航空货运代理公司办理航空货运业务，或自行向航空公司办理航空货运业务。

航空公司主要业务为飞行保障，其受人力、物力等诸因素影响，难以直接面对众多客户处理航运前和航运后繁杂的服务项目，这就需要航空货运代理公司为航空公司出口揽货、组织货源、出具运单、收取运费、进口疏港、报关报验、送货、中转，使航空公司可集中精力做好其自身业务，进一步开拓航空运输业务。

航空货运代理公司的工作是整个航空运输中不可缺少的一环，其服务功能是为货主及航空公司双方带来方便和好处。因此，随着我国对外贸易近年来的大幅度增长，航空货运代理业得到迅速发展。航空货运代理公司作为货主和航空公司之间的桥梁纽带，一般具有两种职能：①为货主提供服务的职能，即代替货主向航空公司办理托运或提取货物；②航空公司的代理职能，部分货运代理公司还代替航空公司接收货物，出具航空公司的主运单和自己的分运单。航空货运代理公司大多对航空运输环节和有关规章制度十分熟悉，并与各航空公司、机场、海关、商检、卫检、动植检及其他运输部门有着广泛而密切的联系，具有代办航空货运的各种设施和必备条件。同时，各航空货运代理在世界各地有分支机构或代理网络，能够及时联系，掌握货物运输的全过程，因此，委托航空货运代理公司办理进出口货物比委托航空公司更为便利。

海关是国家的进出关(境)监督管理机关，代表国家在进出关(境)环节实施监督管理的机构。海关的主要职能有：监管进出境的运输工具、货物、行李物品、邮递物品和其他物品；征收关税和其他税费；查缉走私；编制海关统计；办理其他海关业务。

思考题

[6-1] 如何划分民用机场飞行区等级？

[6-2] 试述班期时刻表的作用及主要内容。

[6-3] 试述航空货物运输的经营方式及特点。

[6-4] 试述航空进出口业务的基本流程。

[6-5] 简述航空运输的优缺点。

[6-6] 一件箱型货物外形尺寸为 290 cm×100 cm×60 cm，货物重量为 1 200 kg，若用 B737-300 飞机的下舱载运，其地板最大承受力为 732 kg/m^2，试问：

(1) 该件货物如何放置(放置无限制规定)？

(2) 若用 100 cm×60 cm 那面承重，是否需要加垫板，试计算所需垫板的尺寸。

第 7 章
联合运输

7.1 概述

7.1.1 联合运输的背景

在传统的分段运输中，大部分运输组织工作都是由发货方及其代理人来安排和完成的。发货方为完成货物的全程运输，需要与各区段的承运人分别订立多份运输合同，多次结算费用，多次办理保险，并负责各段间的运输衔接工作。而各种方式的承运人仅负责组织、完成自己承担区段的货物运输。这种运输组织形式，不仅给货主带来许多麻烦，需要付出足够多的人力、时间和费用，而且可能由于货主对综合运输网络情况，对承运人营运线路、班次安排及全程运输中涉及的各环节情况、各种手续不够熟悉，造成运输时间过长和运输费用增多，甚至造成不合理的运输。

针对这种传统运输组织形式存在的问题，一些政府机构、运输企业以及各种类型的服务企业，为适应运输市场激烈竞争的需要和为货主提供最大限度的方便与全面服务，提出并实践了一种新的货物全程运输组织形式，即由一个机构或一个运输经营人对货物运输全程负责，组织完成包括从起运地接收货物开始至运输到最终目的地交货为止的期间内所涉及的全部运输，而货主只要与这个机构或运输经营人订立一份全程运输合同，一次交付费用，办理一次保险就可以实现货物的全程运输(联合运输)。

以这种形式组织运输的机构可在政府机构调解下，由所涉及的各方式运输企业、车站、港口组成；也可根据共同目的和竞争需要，由一些运输企业、车站或港口协议产生。而以这种形式组织、完成运输的经营人，也可以由一些本身不拥有任何运输工具的货运代理人发展形成。

这种新的运输组织形式一般称为联合运输。经营联合运输业务的运输企业一般称为联运经营人。

7.1.2 联合运输的概念

1. 通用概念

联合运输在国际上有多种表述方式，中国台湾地区将其称为复合运输(Multimodal Transport)、综合运输(Intermodal Transport)、联合运输(Combined Transport)和一贯运输(Through Transport)。从国外相关文献看，联合运输在国际商会中称为 Combined Transport，在美国称为 Intermodal Transport，在世界其他地区则称为 Multimodal Transport。

在众多概念中，1993 年由欧洲运输部长会议(European Conference of Ministers of

Transport，ECMT)提出的定义比较受到国际的认可。

ECMT 提出的概念：Intermodal freight transport is the term used to describe the movement of goods in one and the same loading unit or vehicle which uses successive, various modes of transport (road, rail, water) without any handling of the goods themselves during transfers between modes.

联合运输是用于描述货物在同一个装载单元或运输工具中的运输术语，该装载单元或运输工具可使用不同的运输方式(公路、铁路、水路)，并且在运输方式转换期间货物本身无需任何搬运操作。

2. 对概念的理解

由于我国运输形式的复杂性以及特殊性，对于该概念的理解与诠释有着比较多的版本。

理解一：联合运输是指装在同样货柜里(如联运工具或集装箱)的货物至少经过两种运输方式运送，货物在转运过程中没有经过拼装和卸载，主要的运输行程是通过火车、内陆航运、海洋，运输起始和终到客户通过尽可能短途的公路运输，实现多种运输方式联合的"门到门"运输。

理解二：联合运输简称联运，就是各种运输方式在运输过程中遵照统一的规章或协议，使用同一运输凭证或通过代办中转业务，将各种运输方式紧密协调衔接起来，共同完成两程以上的运输工具的联运，如铁公水联运、铁公联运、铁水联运、公水联运和公航联运；或是由产、供、运、销各部门组成的运输大协作，如路矿协作、路厂协作。联运的实质就是在自然的接力运输中，将货物需要到中转地逐段办理托运的办法，改变为起运点实行全程包运制，即一次起票托运到底的运输管理方法。它是各种运输方式开展协作的有效形式，但不改变参与联运企业生产资料所有制和隶属关系。

理解三：联合运输是联运经营人根据单一的联运合同，完成两程以上的运输衔接，或使用两种以上的运输方式，负责将货物从指定地点运至交付地点的综合性运输组织。

综上所述，联合运输是综合运输思想在运输组织领域的体现，是综合性的运输组织工作。这种综合组织是指在一个完整的货物、旅客运输过程中，不同运输企业、不同运输区段、不同运输方式和不同运输环节之间的衔接和协调组织。

7.1.3 联合运输的特征

与传统的单一方式、单程运输相比较，联合运输具有全程性、简便性、通用性、协同性、代理性的优点。

(1) 全程性。联运是两种以上运输方式或单一方式两程以上的连续运输。联运经营人或联运管理机构要负责从接受货物托运、各区段运输、各区段运输衔接，到货物交付期间的全部运输及相关服务业务，对运输的全程负责。联运合同是从起运地到运输目的地的全程运输合同。

(2) 简便性。联运实行"一次托运，一份合同，一次结算费用，一票到底"的全程负责制。与传统的分段运输比较，货主需要办理的手续简化了很多，大大节约了货主的人力与时间，从而提高综合经济效益。

(3) 通用性。联运所使用的商务活动的模式与规则，运输所依据的国际、国内法规，使用的单证文件等，都必须具有通用性，使之能适应不同运输方式、不同企业及其衔接的工作需要。

(4) 协同性。联合运输依赖于生产、供应、运输、销售、金融、通信等部门在集、装、运、转、卸、疏等环节上紧密协作与配合。这种协同性不仅体现在运输组织和管理上协调一致，而且也体现在技术装备的协调发展、同步建设方面，使港、站、库、场、集疏运系统相互配套，实现运输设备和设施的协调性。这种协调性是联运发展的必要条件。

(5) 代理性。联运的代理性特征是指联运企业的业务活动性质具有运输代理企业的特点。这主要是指联运企业(联运经营人)尽管与货主订立全程运输合同，对全程运输负有责任，但它不拥有任何一种运输工具或不拥有全程运输的所有种类的运输工具(只拥有其中的一种或两种)。因此，它一般并不实际完成所有运输区段(或其中的某些区段)的运输，而是通过分别与其他运输企业(一般称为实际承运人)订立分区段的运输合同(一般称为分运或分包合同)，借助其他运输企业的力量完成各区段的运输。它主要是提供服务与组织衔接，与运输代理企业的业务内容相似。

典型的联合运输还具备以下四方面要素：

(1) 多方式运输：货物在全程运输中使用两种或两种以上运输工具(方式)的运输衔接；

(2) 多程运输：货物在全程运输中使用同一种运输工具进行两程或两程以上的运输衔接；

(3) 多经营人运输：货物在全程运输中使用一种运输方式多家经营和多种运输方式联合经营的组织衔接；

(4) 多行业协作：货物全程运输所涉及的货物生产、供应、运输、销售企业的协作组织。

7.1.4 联合运输的分类

联合运输根据组织方式和体制的不同，一般可分为两类：协作式联运和衔接式联运。

协作式联运一般是指为保证指令性计划调拨物资、重点物资，以及国防、抢险、救灾等急需物资的运输而在国家计划指导下进行的联合运输，是计划体制下联合运输的主要形式。

衔接式联运一般是指由一个联运企业综合组织的两种或两种以上运输工具的连续运输，或者由一个联运企业综合组织的以同一种运输工具但由多家经营的两程或两程以上的连续运输。这类联运是企业经营行为。

衔接式联运可以按不同原则进一步进行分类。

(1) 按运输对象可分为旅客联运和货物联运。

旅客联运典型的案例是法兰克福机场和高铁形成的空铁联运服务。目前长三角地区以虹桥枢纽为核心，依托京沪高铁和沪宁城际铁路线路，也已经开展了覆盖长三角多个城市的空铁联运客运服务。

(2) 按全程运输使用的运输方式分为单一方式联运和多种方式联运。

单一方式联运是指一个联运经营人或机构综合组织的、由使用同一方式(运输工具)的不同运输企业完成的、两程或两程以上的全程连续运输。

多种方式联运是指根据多式联运合同，使用两种或两种以上的运输方式，由联运经营人组织完成的全程连续运输。我国比较通用的说法是将联合运输直接等同于多式联运。在概念上，多式联运和联合运输的差别在于单一方式联运也是联合运输的一种。

(3) 按联运起点和终点是否在一个国家之内可分为国际联运与国内联运。

国际联运是指合同中规定的联运经营人接收货物的地点与交付货物的地点不在一个国家之内的联运。

国内联运是指合同中规定的联运经营人接收货物的地点与交付货物的地点在一个国家之内的联运。

后文将联合运输等同于多式联运进行阐述。

7.2 多式联运

7.2.1 多式联运的定义

一般来讲，多式联运的通用定义包含以下要素：

(1) 必须有一份多式联运合同。

(2) 必须使用一份全程的多式联运单据(多式联运提单、多式联运运单等)。

(3) 全程运输过程中必须至少使用两种不同的运输方式，而且是两种以上运输方式的连续运输。

(4) 必须使用全程单一费率。

(5) 必须有一个多式联运经营人对货物的运输全程负责。

(6) 如果是国际多式联运，则多式联运经营人接收货物的地点与交付货物的地点必须属于两个国家。

7.2.2 多式联运的构成要素

(1) 多式联运经营人。多式联运经营人一般是指经营多式联运业务的企业或机构。我国规定联运企业是运输代理企业，属于交通运输部门。

(2) 多式联运合同。多式联运合同一般是指货物托运人(旅客)与多式联运经营人就运输对象全程联运达成的协议。

(3) 多式联运单据(票据)。在国际多式联运中，多式联运单据是指证明多式联运合同，以及证明多式联运经营人接收货物并按合同条款交付货物的单证，一般称为多式联运提单。国内多式联运使用的票据有 6 种，如表 7-1 所示。

表 7-1 国内多式联运使用的票据类型和作用

票据名称	票据作用
全国联运行业货运统一发票	各联运企业间业务结算的票据
全国联运行业统一货运委托书	委托单位与管理单位就货物联运的合同
运输交接单	办理货运交接和结算各项运输费用的依据
中转交接单	货物在港站换装交接和结算中转费用的依据
货物储运单	货物在库场保管交接及结算仓储费用的依据
联运运单	多式联运合同，也是办理货物运输与货物交付的依据。一般来说，运单不是物权证明，不是有价证券，不能流通转让

以上票据中，前两种票据是由原国家计委生产调度局统一规定的，在协作式联运中使用，其他票据是一些联运企业自行制定的票据。

（4）发货人。发货人一般是指本人或其代表与多式联运经营人订立多式联运合同的任何人，或指本人或以其名义或其代表按多式联运合同将货物交给多式联运经营人的任何人。

（5）收货人。收货人一般是指有权提取货物的人。在国际多式联运中一般是指多式联运提单持有人；在国内多式联运中一般是指合同票据中记名的收货人。

（6）契约承运人与实际承运人。根据目前国际运输公约规定，承运人是指与货主订立运输合同的人，或者实际完成运输的人。契约承运人一般是指与货主订立运输合同的人，在多式联运中是指与发货人订立多式联运合同的人。

（7）货物。根据货物运输方式的不同，货物的定义也会有所区别，如表 7-2 所示。

表 7-2　　货物的不同定义

运输方式	货物的定义
国际多式联运	货物主要是指集装箱（均指国际标准箱）货物，以集装箱为基本运输单元，有时也包括工程货物（大多是项目工程的成套设备等）
国内多式联运	货物可以是各种类别，可以按整车、零担或集装箱方式组织运输。在可能使用的不同运输方式中对整车或零担货物各有不同的要求
铁路运输	一批货物的重量、体积和形状需要以一辆 30 t 以上货车运输的按整车货物运输，不够该条件的按零担货物托运。每批零担货物不得超过 3 件，每件体积不得小于 0.02 m^3
公路运输	一次托运 3 t 以上为整车运输，不足 3 t 的为零担或拼装运输。零担货物每件重量以小于 40 kg 为宜，以不超过 150 kg 为限，超过 250 kg 的为大件货物
水路运输	一票托运 5 t 以上为整批运输，不足 5 t 的为零担运输。每件货物重量超过 1 t或长度超过 7 m 的为超重或超长货物

7.2.3　多式联运的优劣势分析

1. 优势

（1）统一化、简单化。多式联运的统一化和简单化主要表现在不论运输全程有多远，不论由几种方式共同完成货物运输，也不论全程分为几个运输区段、经过多少次转换，所有一切运输事项均由多式联运经营人负责办理。货主只需办理一次托运、订立一份运输合同、进行一次保险，因而也大大简化了运输与结算手续。

（2）减少中间环节、提高运输质量。多式联运以集装箱为运输单元，可以实现“门到门”的运输。尽管运输途中可能有多次换装、过关，但由于无需掏箱、装箱、逐件理货，只要保证集装箱外表状况良好，铅封完整，即可免检放行，从而大大减少了中间环节；尽管货物运输全程要进行多次装卸作业，但由于使用专用机械设备，且又不直接触及箱内货物，货损、货差、货物被盗可能性大大减少。此外，全程运输由专业人员组织，可做到各环节与各种运输工具之间衔接紧凑、中转及时、停留时间短，从而使货物的运送速度大大加快。

（3）降低运输成本，节约运杂费用。①运价优惠。多式联运经营人一般与各实际承运人订立分运合同，与各代理人订立委托合同。这类协议一般规定多式联运经营人保证托运一定数量的货物或委托一定量的业务，而对方会给予优惠的运价或较低的佣金。②路线和运输方式合理。通过对运输路线的合理选择和运输方式的合理使用，都可以降低全程运输成本，提高利润。对于货主来讲，不仅可以得到优惠的运价，而且在多式联运下，一般将货物交给第一(实际)承运人后即可取得运输单证，并可据此结汇(结算货款)，使得结汇时间比分段运输有所提前，有利于货物占有资金的周转。

(4) 扩大运输经营人业务范围，提高运输组织水平，实现合理运输。在多式联运开展以前，各种运输方式的经营人都是自成体系，独立运输，因而其经营业务的范围(特别是空间地域范围)受到很大限制，只能经营自己运输工具能够(指技术和经济方面)抵达的范围的运输业务，货运量也因此受到限制。而运输企业一旦发展成为多式联运经营人或成为多式联运的参与者(实际承运人)，其经营的业务范围即可大大扩展，从理论上讲可以扩大到全世界。除运输经营人外，其他与运输有关的行业及机构如仓储、港口、代理、保险、金融等都可通过参与多式联运获益，扩大业务。

国际多式联运是由专业人员组织全程运输的。这些人对世界的运输网、各类承运人、代理人、相关行业和机构都有较深的了解和紧密的联系，可以选择最佳的运输路线、使用合理的运输方式、选择合适的承运人、实现最佳的运输衔接与配合，从而大大提高运输组织水平，充分发挥现有设施的作用，实现合理运输。

2. 劣势

(1) 责任归属追究复杂。

(2) 在更换运输方式的时候，一旦出现问题，要应对是很麻烦的。因为多式联运总承运人是对整个运输过程承担责任，其他具体承运人只负责自己那段，出了问题追究责任难。

思考题

[7-1] 联合运输与多式联运的区别是什么?

[7-2] 联合运输与传统运输的区别是什么?

[7-3] 查阅资料，说明各国联合运输占运输总量的比例，并分析其发展历史(主要国家包括中国、美国、日本、德国、加拿大和法国)。

[7-4] 针对我国目前集装箱多式联运发展存在的问题，提出发展对策和建议。

第8章
城市货运交通

货运交通与客运交通是城市交通的两大组成部分。城市货运交通的正常运转是城市经济社会活动赖以生存的基本条件,货运需求量的变化直接反映了城市经济的发展水平。货运交通与其他各产业有着密切的产业关联,是有效实现社会再生产,提高国民经济运行质量和效率,提高城市经济综合实力和竞争力的重要基础。

城市货运不仅促进城市的发展,同时也会带来一些负面影响,主要表现为加剧了城市交通拥堵,货车的路侧停车造成车道拥堵,货车的特殊车辆特征所带来的交通事故、噪声、振动等问题。城市货运交通的可持续发展需要在满足货运需求的同时,最大程度地降低环境负效应,最小程度地占用和消耗资源,缓解交通拥堵和减少交通事故,提升货运交通系统效率。

8.1 概述

8.1.1 城市货运交通概念

1. 城市货运

城市货运包含的范围涉及城市生产、生活的各个方面。一般认为,城市货运是指物品在城市内的实体流动,是指各种场所进出货物的移动和与此有关的服务活动。除一般意义上的城市配送外,还包括城市垃圾、包裹及信件运输,各种管道的燃气、饮用水及废水输送,完成售后服务的货车,家庭的购物活动等。广义上的城市货运包括了几乎所有城市内的货物运输活动。

城市中的货物种类十分复杂,一般可分为三大类。

(1) 与工业生产有关的货物。如工业生产的原材料、燃料、半成品、产品和工业废料等。这类货物的数量取决于工业企业的性质、规模、生产工艺过程和自动化程度。这类货物的运量和运向在一定的时期内基本保持稳定。

(2) 与居民生活有关的货物。如生活必需的各种食物、日常生活用品、燃料和生活废弃物等。这类货物的数量比较稳定,它与城市人口数量成正比,随着居民生活水平的提高会相应逐步增加。

(3) 与城市建设有关的货物。如新建、改建或修缮城市里的各类建筑物和构筑物的土建工程材料、建筑垃圾和土方。这类货物的运量在城市货运量中常占很大的比重,但它在城市各地区的运量通常多变。

2. 城市货运交通

城市货运交通包括过境货运交通、出入市货运交通和市内货运交通三个部分。

过境货运交通:它与城市在区域内的位置有关,与城市的生产、生活关系较小。过境货运交通应布置在城市外围，避免对市区造成不必要的干扰。

出入城市货运交通：它与城市对外辐射的活力有密切关系，一是中心城市与市辖范围内各区县之间的联系，二是市与市之间乃至省与省之间的联系。中心城市的辐射能力越强，其出入城市货运交通量就越大。

市内货运交通：它是和城市自身生产、生活和基本建设有关的货运。

本章内容将重点讲述城市内部货运交通系统。

3. 城市货运系统构成

城市货运的整体过程及其所经过的空间如图 8-1 所示。

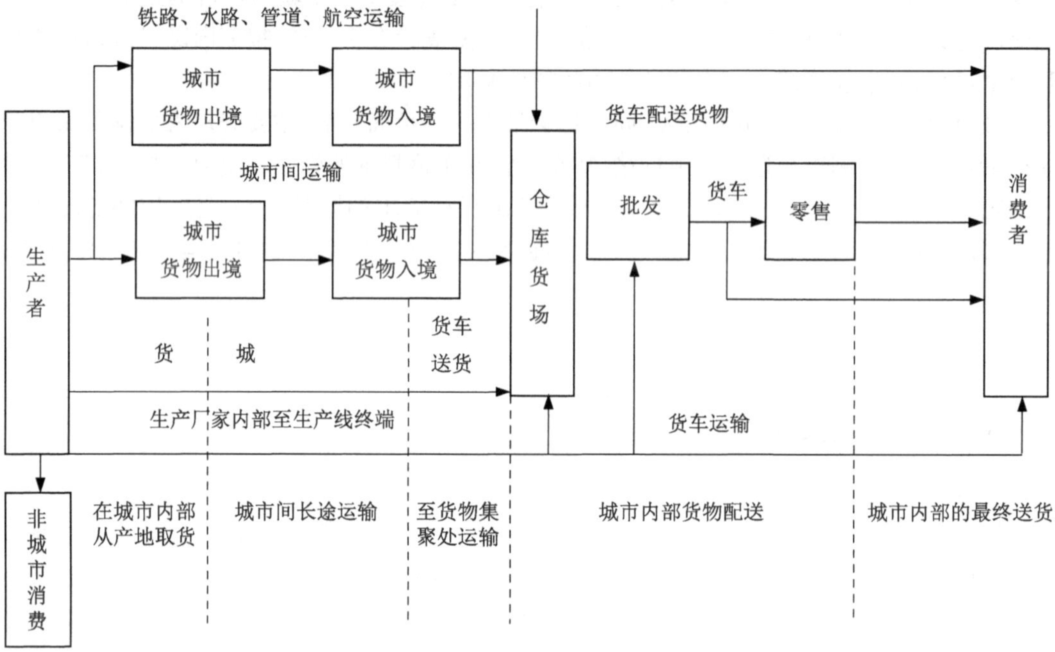

图 8-1　城市货运的整体过程

从系统构成角度来看，城市货运系统由货运车辆、货运道路、货物流通中心和配送网络构成。

8.1.2　城市货运特点

(1) 城市货运的繁杂性。城市是人们生产和消费高度集中的空间载体，城市货运涉及整个城市的政治活动、经济活动以及居民的生活、消费、休闲娱乐等活动，这些都为城市货运的组织工作带来了繁杂性。此外，城市货运的客体不断呈现出小批量、多样化的趋势，这使城市货运的繁杂性进一步加剧。

(2) 城市货运密度高。货运密度是指单位面积内所拥有的货运业务、货运设施、货运设备、货运组织等的数量。与其他区域(农村或郊区，以及城市与城市之间)相比，城市货运作业量、货运设施、货运设备、货运组织等相对比较集中，因此，城市的货运密度也比较高。

(3) 城市货运节点多、分布广。如果将最终用户称为货运末端节点，则城市的货运末端节点数量多、分布范围广。城市货运除了存在大量的货物运输外，每个工厂、配送中心、货运场站、各类市场、商业网点、机关、学校甚至广大家庭都形成了货运的节点。末端节点越多，相应需要的中转节点也越多。

(4) 城市货运以城市道路系统和短途运输为中心。城市货运受到城市地理区域的限制，一般不涉及长距离、大范围的货运服务，而是以城市道路系统和短途运输为主。由于城市货运运输存在运距短、反应能力强等特点，从事多品种、小批量、多批次、多用户的配送服务优势明显，这使得城市配送成为城市货运的主要形式。

8.1.3 城市货运发展趋势

1. 降低城市货运交通流量

城市居民的日常生活，由庞大的物流量及与之相伴的大量卡车交通所支持，但城市内以卡车为主的货运活动，存在着相互交错和重复对流的现象，使有限的城市道路和设施难以满足货运交通需求。因此，城市内部货运系统优化的关键是在保障城市社会经济发展需要和确保维持城市功能所必需的货运前提下，尽可能降低城市货运交通流量。

2. 城市货运共同化

城市内部货运共同化是以提高物流效率为目标，谋求同一地区或同行业物流的共同化，避免重复相向运输，消除重复投资，从而可以增大车辆装载率，降低配送成本，提高流通效率及服务质量，并且可在缓和市内交通拥挤、节省劳力等方面发挥有效作用。这种配送活动的共同化是以不同方式进行的，包括物流经营者主导的共同配送，以制造商、批发零售商为主体的共同配送(其中包括中小企业同行业的共同配送，即同一行业中小企业组织成协同组合，对所经营商品进行其间配送或共同保管)，以及以需要者为主导、委托物流经营者进行的共同配送。

3. 城市货运混载化

聚集多家货主企业的货物，按照货主的配送指示，改变过去那种将各类商品分别进行配送的方式，将不同商品混在一起进行配送，即混载。20 世纪 90 年代以来，货运的混载化发展很快。在零售业方面，尤其是连锁店和超级市场，为了实行多品种、小批量、高频率进货，对开展物流的混载化特别积极；批发业和卡车运输业也开展了货运的混载化，还出现了对形状特殊的货物(如特别长、特别重的货物等)提供专门混载服务的卡车运输业，从而削减了城市货运交通量。

4. 城市货运物流化

传统的运输已不能满足现代物流发展的需要，运输企业开始向提供运输、仓储、包装、配送、流通、加工、信息处理等多种服务的物流公司发展。城市货运物流化成为目前运输市场的一种发展趋势，也是我国交通运输行业和城市货运交通的发展目标之一。

8.2 城市货运车辆

8.2.1 城市货运车辆的分类

根据交通运输行业统计，营运货车分为四类：普通货车、专用货车、牵引车和挂车。截至 2020 年，共有营运载货汽车 1 110.28 万辆，其中普通货车 414.14 万辆，专用货车 50.67 万辆，牵引车 310.84 万辆，挂车 334.63 万辆。专用货车包括集装箱车辆、冷藏车辆、罐式车辆以及大件和危货运输车。就一般货车而言，可以从载重、厢体结构、驾驶室、驱动方式、车长、用能结构、排放标准等进行划分。专用车辆也可以归入厢体结构中，属于特殊厢体结构。挂车本身也是一个系列，根据《货运挂车系列型谱》(GB/T 6420—2017)，挂车包括栏板式挂车、仓栅式挂车、厢式挂车、低平板式挂车、车辆运输车挂车(又分为中置轴挂车和半挂车)、液体运输挂车、粉粒物料运输半挂车、集装箱运输半挂车、冷藏和保温运输半挂车。

8.2.2 城市货运车辆的发展趋势

(1) 箱式化。集装箱是指具有一定强度、刚度和规格，专供周转使用的大型装货容器。使用集装箱转运货物，可直接在发货人的仓库装货，运到收货人的仓库卸货，中途更换车、船时，无需将货物从箱内取出换装。厢式货车有利于提高城市配送效率。

(2) 轻质化。卡车车厢采用轻质材料，如铝制挡板，可减轻运输工人开闭挡板时的劳动量和防止事故发生。此外，卡车车厢的框、主梁、横梁也采用铝质材料，以使车厢轻质化，可实现较大的装货重量。

(3) 小型化。城市内部的货运更多的是满足多品种、小批量的货物运输，需要灵活、高效、及时，并且不受城市道路交通管制的限制，因此，小型汽车成为货运汽车的主体。配送已经成为城市货运主导，小、微型货车已成为城市配送车辆的主体。

(4) 专业化。为完成某些特殊货物的运输，专业化的车辆随之出现，如油罐车、大型自卸车、混凝土车、粉状物体运送车等专用车及起重吊车、特殊集装箱卡车、拖车、冷藏冷冻车等，通过车辆的专用化、特殊化，可以达到节约包装费、提高运输质量的目的。

8.2.3 城市货运车辆规模

1. 城市货车利用率

货运车辆数的估算取决于货物运输的组织管理方式以及货运量和货运周转量的大小。

市内货种十分繁杂，各种吨位的车辆要相互配合使用才能充分利用车辆的吨位。实际上，除了大宗散装和件装货物以外，还有许多货件是体积大、重量轻的，或者是量少而运送地点分散的，使得车辆难以每次运货时都满载。车辆实际载重量计算式如下：

$$\text{车辆实际载重量} = \text{额定载重量}(\Omega) \times \text{载重量利用系数}(\varepsilon) \tag{8-1}$$

货运车辆的运营速度($V_{营}$)是表示货车运货时的周转速度，其计算式如下：

$$V_{营} = \frac{L/\beta}{t_{行驶} + t_{装卸}} \tag{8-2}$$

式中 L ——车辆运货时的载货行程(km)。

β ——有效行程系数，它是载货行程与完成运货任务所行驶的总行程之比。β 值的大小取决于货运调度工作的效率和承运的货种，β 取值一般为 0.5～0.6。例如，运百货时，$\beta \geqslant 0.6$，而运专业的货物(如建筑材料、燃料等)时，$\beta < 0.5$。

$t_{行驶}$——运送货物时，车辆在道路上总的行驶时间(h)。

$t_{装卸}$——车辆装货和卸货的时间(h)，它在车辆整个运货的时间中占的比重很大。所以，装卸作业机械化是很重要的。

一辆货车一天的有效生产率：

$$M_{1日\cdot效}=\Omega\varepsilon V_{营}\beta h \tag{8-3}$$

一辆货车一年的有效生产率：

$$M_{1年\cdot效}=\Omega\varepsilon V_{营}\beta hC \tag{8-4}$$

式中 h——车辆每天平均工作小时数，8～12 h；

C——车辆一年平均工作的天数；

其余符号同前。

2. 城市货车规模

市内所需各种货运车辆数($W_{行}$)，应根据各种货物的年货运周转量($M_{i年}$)及其所需大、中、小型车的比例来估算：

$$W_{行}=M_{i年}/M_{1年\cdot效} \tag{8-5}$$

$$W_{在册}=W_{行}/\gamma \tag{8-6}$$

式中 $W_{行}$——行驶车辆数；

$W_{在册}$——在册车辆数；

γ——车辆利用率。

其余符号同前。

城市货运汽车的需求量应根据规划的年货物周转量计算确定，但在货运周转量难以确定时，亦可根据经验来估算。从一些国家或地区和我国的一些城市的车辆配置情况来看，美国为6.4人/车，日本为8.2人/车，西欧为30～40人/车，俄罗斯为33.7人/车，中国北京为46人/车、天津为32.4人/车。因此，根据目前我国的情况，在货运周转量一时难以判定时，可按规划的常住人口每30～40人配置一辆货车来估算货运车辆数。

8.3 货物流通中心

一般认为，现代货物流通中心和节点是传统货运站在功能和形态方面发生变化的产物，其功能不仅仅是传统意义上的货运，而且包括存储、装卸、流通加工、增值服务等。

8.3.1 货物流通中心的类型和功能

货物流通中心是从事物流活动的场所，应基本符合以下要求：主要面向社会服务；货运物流功能健全；完善的信息网络；辐射范围大；品种复杂、批量大；存储/吞吐能力强；物流业务统一经营、管理。根据规模、功能、经营主体和服务范围的差异，存在不同类型的货物流通中心，依据流通中心和节点的规模不同，其可分为流通中心和一般流通节点；依据流通中心和节点的运营主体不同，其可分为生产系统、批发系统和零售系统的流通中心和节点。货物流通中心是城市货运的重点，根据其业务性质及服务范围可划分为地区性、生产性和生活性三种类型。

流通中心和节点根据功能的不同，可分为以下六种类型。

(1) 配送中心和节点。配送中心和节点是为了在城市日常生活中寻求货物流通合理化，将批发业、仓库业、运输业等各种流通设施在一特定场所(物流枢纽)综合、有计划地汇集起来的物流设施。它从供应者手中接收多品种、大批量的货物，进行包装、装卸、保管、流通加工和信息处理等作业，然后，按照众多需要者的订货要求备货，以令人满意的服务水平和经济的费用，迅速、准确地进行配送。

(2) 集货中心和节点。集货节点主要位于生产企业数量很多的工业区。每一个生产企业产量有限，其功能是将零星货物集中成批量货物，这种节点所进的货物大都是包装程度较低甚至完全不包装的小批量货物。货物在集货中心经简单或复杂的包装，进行批量包装，使零散货物形成大包装，还可通过一定的加工，如对初级产品分级、分选加工，除杂、精制加工，简单的成型、切裁加工等，使原来分散的、小批量的、规格及质量混杂的、不易进行批量运输和销售的货物，通过以上作业实现大批量、高速度、高效率、低成本的配送。

(3) 分货中心和节点。分货节点是专门或主要从事分货工作的流通中心和节点。其功能是将大批量运到的货物分成批量较小的货物，这种中心运进的货物大多是大规模包装、集装或散装的货物，运出的货物经过分装加工，成为包装较小的货物，再加以配送。

(4) 转运中心和节点。转运中心和节点是承担货物转运的流通中心和节点，这种节点承担卡车—卡车、卡车—火车、卡车—轮船、卡车—飞机、火车—轮船等不同货运方式的转运。

(5) 储调中心和节点。储调中心和节点以保管为主要工作内容，对生产、销售、供应等活动起调节作用。

(6) 加工中心和节点。加工中心和节点是以流通加工为主、其他功能为辅的节点，有两种主要形式：一是设置在靠近生产地区的加工中心和节点，经这种节点加工的货物能顺利地、低成本地进入运输、储存等物流环节；二是设置在靠近消费地区，以实现销售、强化服务为主要目的的节点，经这种节点加工的货物能适应用户的具体要求，有利于销售。

8.3.2 货物流通中心的规模与布局

1. 地区性货物流通中心

大城市的地区性货物流通中心是城市对外交往的重要环节，其规模较大，运输方式综合，应设在城市边缘地区的货运干道附近。数量与规模要根据货物的需求及流量流向确定，方便其对外联系，以减轻市区交通压力。中、小城市货物流通中心的数量和规模宜根据实际货物流量、货物特征和用地环境的条件综合确定。

以日本东京为例，为了使道路交通更富效率和促进流通功能的发展，规划将位于市中心的诸如批发商场、仓库、货车终点站等流通设施移至保护区外的边界区域。依据“东京都市流通设施改善基本政策”，都市政府将在南部、西北部、北部、东部和西南部 5 个分区巩固流通中心。其中南部、西北部、北部和东部的 4 个流通中心已经完成并开始营业，西南部的中心正在研究，如表 8-1 所示。

表 8-1　　日本东京货物流通中心发展规划

发展规划内容		南部(京滨 2 区)	西北部(板桥)	北部(足立)	东部(葛西)
规划面积(都市规划制定时)		22.3 hm^2 433 泊位	11.6 hm^2 320 泊位	11.2 hm^2 340 泊位	18.5 hm^2 460 泊位
批发市场			6.1 hm^2 600 t/d	6.2 hm^2 1 014 t/d	7.5 hm^2 924 t/d
仓库/hm^2	普通仓库	7.3	3.7	4.0	9.2
	冷藏仓库	4.7			
批发业务区/hm^2		15.1	5.2	5.5	6.9
其他			集装箱堆场 0.8 hm^2	集装箱堆场 0.8 hm^2	交通业务区 3.3 hm^2 市场相关区 2.0 hm^2
道路等公共设施/hm^2		13.5	4.0	7.5	1.8
改造状况		完成	完成	完成	完成

2. 生产性货物流通中心

生产性货物流通中心是专用的仓储设施向社会化发展的必然趋势，是将生产性物资与产品的运输、集散、储存、配送等功能有机地结合起来的货物流通综合服务设施，是城市生产的重要基础设施。其货物种类与城市的产业结构、产品结构、城市工业布局有着密切联系，因此，一般具有明确的服务范围，规划选址应尽可能与工业区结合，服务半径不宜过大，一般为 3～4 km，用地规模应根据需要处理的货物数量计算确定。

3. 生活性货物流通节点

城市的生活性货物流通中心一般是以行政区来划分服务范围的。其所需要处理的货物种类与城市居民消费水平、生活方式密切相关。处理的货物数量与人口密度及服务的居民数量有关，服务范围和用地规模均不宜太大。大、中城市的规划选址宜分散，小城市可适当集中。服务半径以 2～3 km 为宜，人口密度大的地区可适当减小服务半径。用地规模应根据需要处理的货物数量计算确定。

8.3.3 物流园区

物流园区(Logistics Park)是指为了实现货运设施集约化和货运运作共同化，或者出于城市货运设施空间布局合理化的目的，而在城市周边区域集中建设的货运设施群及众多货运从业者在地域上的物理集结地。

从物流园区的定义可以看出物流园区是一个空间概念，与工业园区、科技园区等概念类似，它是具有产业一致性或相关性且集中建设的货运用地空间，并且实行统一物业管理。物流园区可以是货运中心、配送中心的空间载体，但它本身不是货运的管理和经营实体，而是多个货运管理和经营企业的集中之地。

1. 物流园区的特征

目前，我国物流园区的规划和开发建设基本上由政府主导，并由专门的物流企业统一管理。物流园区与园区中的货运经营企业之间的关系可以是租赁、资产入股、联合开发或合作经营等。

物流园区按照专业化、规模化的原则组织货运活动，园区内各经营主体通过共享相关基础设施和配套服务设施，发挥整体优势和互补优势，进而实现物流园区的集约化、规模化效应，促进园区所在城市的可持续发展。物流园区的特征主要有：

(1) 集中成片的物流用地。既然是物流园区，就应该有成片的土地。这些土地是城市规划的一部分，承担城市货运和物流功能。

(2) 完善的物流服务功能。物流园区能实现货物运输、分拣包装、储存保管、集疏中转、信息服务、货物配载、业务受理、通关保税等各种服务功能。

(3) 众多的货运、物流企业。物流园区汇集了众多的货运企业，一个城市的物流园区数量有限，因此大量的货运和物流企业集中到园区，企业之间功能互补，可以发挥整体优势。

(4) 统一的物业管理。园区用地、基础设施甚至信息平台是众多物流企业共享的，需要统一管理，为降低运营费用，一般由专业物业管理公司为物流企业提供物业服务。

(5) 一定的政策环境。为吸引物流企业进入园区，物流园区一般都提供一定的优惠政策，如低廉的土地使用费与房屋租金、税收与管理费用的减免、贷款支持等。

2. 物流园区的主要功能

物流园区作为货运组织集中管理的场所，应包括以下几方面的功能。

(1) 货物集散功能。接收通过各种运输方式运输到达的货物，并进行储存，将待发出的货物进行集中，通过直接换装方式向外发运。

(2) 中转功能。物流园区作为大型枢纽，一般连接多种运输方式，提供多式联运服务，尤其是集装箱运输的发展，促进了物流园区中转运输的发展。同时物流园区也起到干线运输和支线配送的衔接转换作用。

(3) 大规模仓储功能。物流园区提供的集中仓储服务，促进企业从零散的自备库存转向物流园区的集中库存，从而达到整合仓储资源、实现规模化的目的。

(4) 配送功能。物流园区向配送中心或货运中心以及其他企业实施日常配送。

(5) 流通加工功能。主要包括商品的包装整理、加固、换装、改装等，通过流通加工提高货运对象的附加价值。

(6) 货运信息服务。通过货运公共信息平台，完成货运状态查询、货运过程跟踪、货运决策支持等。

物流园区除了提供以上基本的物流服务外还提供其他辅助服务，如口岸服务、商品检验服务以及商品展示等。

3. 物流园区的主要类型

根据物流园区的依托对象来划分，物流园区可以分为货运枢纽型、生产服务型、商贸服务型和综合服务型四类。

货运枢纽型物流园区依托空运、海运或陆运枢纽而规划，至少有两种不同的运输形式衔接，可以提供大批量货物转换的配套设施，从而实现不同运输形式的有效衔接，主要服务于国际性或区域性物流运输及转换。

生产服务型物流园区依托经济开发区、高新技术园区等制造产业园区而规划，提供制造型企业一体化物流服务，主要服务于生产制造业物料供应与产品销售。

商贸服务型物流园区依托各类大型商品贸易市场、专业市场，为商贸市场服务，提供商品的集散、运输、配送、仓储、信息处理、流通加工等物流服务，主要服务于商贸流通业商品集散。

综合服务型物流园区依托城市配送、生产制造业、商贸流通业等多元对象，位于城市交通运输主要节点，提供综合物流功能服务，主要服务于城市配送与区域运输。

4. 物流园区的规模与布局

国外城市物流园区的规模一般都大于 30 万 m^2。日本已建成的 20 个大规模物流园区，平均占地面积约 74 万 m^2；德国现有的 33 个物流园区，平均占地面积约 140 万 m^2；荷兰建成的 14 个物流园区，平均占地面积约 45 万 m^2。我国物流园区的用地面积大多都集中在 50 万～150 万 m^2。国内外部分物流园区规模如表 8-2 所示。

表 8-2　国内外部分物流园区规模

国家	物流园区名称	占地面积/万 m^2	城市/地区	物流园区名称	占地面积/万 m^2
日本	Adachi 物流园区	33	深圳	深圳机场航空物流园区	116
	Keihin 物流园区	63		盐田港保税物流园区	96
	Koshigaya 物流园区	49	上海	外高桥保税物流园区	103
	和平岛物流园区	50	天津	天津空港物流园区	120
德国	Augsburg 物流园区	112	大连	大连保税物流园区	150
	莱比锡物流园区	96		陆港物流园区	163
	不来梅物流园区	200		大窑湾保税物流园区	150
	纽伦堡物流园区	217	南京	南京王家湾物流园区	70
荷兰	鹿特丹物流园区	262	青岛	前湾国际物流园区	100
	阿姆斯特丹物流园区	57	中国香港	东埔物流园区(一期)	77
	芬洛物流园区	21	中国台湾	松山机场物流中心	70

物流园区在城市中的布局需要符合以下原则：

(1) 应适应货运市场的需求，便于城市交通管理，实现客货分流。

(2) 应与公路、航空、铁路干线网络运输能力相适应，与空港、铁路的主要货运集散点相衔接，与市域快速交通网络相贯通，提高综合运输效率。

(3) 应符合城市总体规划，与城市规划布局相适应，并结合工业布局和产业结构变化的需求，以及未来货运中心发展的趋势，并应贴近工业区、开发区、商业区等货源生成地或集疏地，配以合理分布的货运受理点，方便社会各层次需求。

(4) 应兼顾规划的超前性和可操作性，按统一规划、远近结合、新旧兼容、分期实施的原则均衡布局，尽可能合理利用原有设施，以节省投资，提高效益。

(5) 应考虑土地价格及城市土地利用条件，在用地充足、土地成本较低的地方布局大型物流园区。

（6）应与环境生态相协调，尽量减少占用城市建设用地，减少城市交通污染，防止破坏周边生态。

8.4 货运道路

8.4.1 货运道路的分类

货运道路应能满足城市货运交通的要求以及特殊运输、救灾和环境保护的要求，并与货运流向相结合。城市货运道路是城市干路的重要组成部分。由于货运车辆比客运车辆重、速度慢、交通量大、噪声震动污染严重，其对道路通行能力、城市环境和行车安全影响较大。因此，在道路网规划中，要明确划分出货运道路，使主要的货运车辆集中在若干货运道路尤其是货运干道上行驶。

城市货运道路大致可以分为货运干道（包括货车专用道路）和配送道路体系。

货运干道主要联系货物流通中心之间以及用于这些货物流通中心的对外运输，其依托市域公路、城市快速路和主干路。对于城市道路上高峰小时货运量大于 600 辆标准货车，或每天货车分布量大于 5 000 辆标准货车的道路，应设置货车专用道路。这些道路应根据地区路网布局和沿线用地性质，实行客货分流，将部分道路划出货运专用车道，满足特大货车的通行要求。

城市配送道路体系的规划实质上就是配送车辆通行权的分配和保障，可分为禁止通行线路、分时段通行线路和全时段通行线路三种类型。

（1）禁止通行线路。主要指城内街巷、自行车专用道和步行街区等城市道路。

（2）分时段通行线路。可分为两类，即白天货车禁止通行线路和居民出行高峰时段货车禁止通行线路。这种分类方法主要针对生活区的道路。提倡夜间货运，避开城市客运高峰时段，减少客货运输之间相互干扰。对于中心片区、城市商务区和各级商业中心的道路，应该采取白天禁运、晚上通行的措施。

（3）全时段正常通行线路。主要是指工业区、物流仓储区等产业区的道路和城市对外联系道路，对货车运行时间不限制。

配送路网规划原则：①结合城市发展规划和道路规划，尽量满足大多数的配送需求，尽量避免配送路线对城市客运交通、城市中心城区或居民区的干扰，配送组织尽可能与客运高峰错开；②考虑城市内既有道路的几何线形、路面条件和容量限制等条件，并与城市交通管制相结合；③物流节点的分布与功能作为配送路网规划的约束条件，配送路网尽可能覆盖主要的物流节点；④尽可能按最短距离布设线路，尽可能组织直达运输；⑤保证适当的配送路网密度，使其具有良好的可达性。

8.4.2 城市货运干道布局

1. 货运干道布局原则

（1）与城市物流需求分布协调。城市物流需求分布的形态决定了货物运输的流量与流向，城市货运干道要按照货物的主要流向来布局，同时尽可能覆盖主要的物流节点。

（2）与城市物流节点布局协调。城市货运道路布局必须考虑适应城市物流节点的需要，物流园区、货物流通中心、配送中心、用户之间要采用配置合理的货运道路相互衔接，布局以货运道路为骨架的城市货运网络，支撑物流节点空间布局有序发展。

(3) 与城市路网相协调。对应于不同的城市路网形态，如方格网式、环形放射式等，城市货运干道需考虑城市内既有道路的几何线形、线路走向等条件，以呈现不同的布局形态。

(4) 与城市布局相协调。城市货运干道需要尽可能避开城市发展核心区，并考虑城市未来的发展趋势。

2. 货运干道设置要求

城市货运干道一般为四车道以上，两向分隔形式，非封闭，在非机动车流量较大的区域实行机非分离。

货运专用车道应满足特大货物运输的要求。城市货运道路是城市货物运输的重要通道，应满足城市自身的大型设备、产品以及抗灾物资的运输要求。其道路标准、桥梁荷载等级、净空界限等均应予以特殊考虑。城市对外货运道路数量应根据城市土地使用、出入城市货物流向和流量而定，一般不少于 3 个，并与对外公路网联系。

8.5 城市配送系统

8.5.1 城市配送的概念

配送是指在经济合理区域内，根据客户的要求对物品进行加工、包装、分割、组配等作业，并按时送达指定地点的物流活动。

城市配送是从货物流通中心/节点到用户之间的一种特殊送货形式，这与通常的直达运输不同，其具有多品种、小批量、多批次、短周期的特点。城市配送是“配”与“送”的有机结合，配送结合了分拣、加工、配货等功能，更好地满足了用户需求。

由于产品形态、企业状况及顾客要求不同，配送过程也会有所不同，甚至存在较大差异。通常城市配送过程包括备货、储存、分拣及配货、配装、配送加工、配送运输和送达服务 7 个环节。

(1) 备货是配送的准备工作和基础工作，主要包括筹集货源、订货或购货、集货、进货及有关的质量检查、结算、交接等。

(2) 储存有储备和暂存两种形态。储备是按一定时期的配送经营要求形成的对配送资源的保证，储备数量较大，结构也较完善，视货源及到货情况，可以有计划地确定周转储备和保险储备结构及数量。暂存是具体执行日配送时，按分拣配货要求，在理货场地所做的少量储存准备。暂存主要是调节配货与送货的节奏。

(3) 分拣及配货是完善并支持送货的准备性工作，有利于提高送货服务水平。

(4) 配装是在单个用户配送数量不能达到车辆的有效载运负荷时，集中不同用户的配送货物，进行搭配装载以充分利用运能、运力。

(5) 配送加工是按照配送客户的要求进行的流通加工。

(6) 配送运输往往是运输中的末端运输、支线运输，是较短距离、较小规模、频度较高的运输形式。

(7) 送达服务是送达货物到用户的交接过程，包括卸货地点选择、卸货方式等交接服务。

8.5.2 配送的服务方式

根据配送的主体和客体、配送的服务形式以及配送的组织形式等可以对城市配送进行不同的分类。本节主要介绍按不同服务方式划分的配送类型。

1. 定时配送

按规定的时间间隔进行物品配送，每次配送的品种和数量均可按计划执行，也可按事先商定的联络方式下达配送通知，按用户要求的品种及数量和时间进行配送。定时配送有助于生产企业实现“零库存”，达到多品种、少数量、准时配送，便于配送企业安排配送计划和运输工具，用户则便于安排接收货物的人员和设备。

2. 定量配送

按规定的批量进行配送，但不确定严格的时间，只是规定在一个指定的时间范围内配送。这种方式由于每次配送的品种、数量固定，备货工作较为简单，不用经常改变配货、备货的数量，可以按托盘、集装箱及车辆的装载能力规定配送的定量，既能有效利用托盘、集装箱等集装方式，也可做到整车配送，所以配送效率较高，成本较低。由于时间不严格限定，不同用户所需物品可以凑整装车后配送，提高车辆利用率。定量配送适合在下述领域采用：用户对库存的控制不十分严格，有一定的仓储能力；配送路线难以实现准时的要求；难以对多个用户实行共同配送，只有达到一定配送批量，才能使配送成本降低到供、需双方都能接受的水平。

3. 定时定量配送

按规定的配送时间和配送数量进行配送，兼有定时、定量两种方式的优点，具有较高的服务质量，组织工作难度较大。由于适用范围有限，这种配送方式通常只适合在生产稳定、产品批量较大的用户中推行。

4. 定时定量定路线配送

在规定的线路上按规定时间表进行物品配送。这种配送方式有利于安排车辆及驾驶人员，在配送用户较多的地区，可以降低配送工作组织的难度，适用于消费者集中，配送数量、品种及时间等都较稳定的地区，如连锁商品配送活动。

5. 即时配送

完全按照用户提出的时间、数量方面的配送要求，随即进行配送的方式。采用这种配送方式，客户可以将安全库存降低为零，以即时配送代替安全库存，实现零库存经营。

6. 准时配送

准时(Just In Time，JIT)配送是以需定供，即供方根据需方所要求的品种、规格、质量、数量、时间等将物品配送到指定地点的一种配送模式。它要求不多送也不少送，不早送也不晚送，所送物品要保证质量，不能有任何废品。准时配送可以使用户有效安排接货的人力、物力并实现零库存、零废品，也可以避免商品积压、过时变质等浪费现象，实现最大程度的节约。

8.5.3 城市配送系统的构成

城市配送系统的构成包括：配送基础设施、配送装备、运输网络、配送管理、信息系统等。①配送基础设施包括配送道路、货物流通中心、配送中心、仓库等配送节点。②配送装备包括车辆、搬运装置、装卸装置等。③运输网络包括运输路线的配置、配送节点的布局衔接关系等。④配送管理包括各种设施、装备、网络的运转指挥、运行、协调、组织等。⑤信息系统是架构在整个配送系统中的信息系统，它的作用主要是组织协调整个配送系统的工作，支持系统中各个要素之间的信息交互，存储客户需求、车辆路线安排等历史数据，同时还要提供科学的系统优化。

8.5.4 城市配送系统的参与者

在城市配送系统中有各类直接或间接的参与者，从运输的角度看，他们关注城市配送的侧重点不尽相同。发货人(批发商)希望在满足客户需求的情况下配送和取货的费用最低。运输公司希望低费用并且高质量的运输操作系统，满足发货人和收货人(商店)的利益需求。收货人(商店管理者)希望产品能够在最短的时间内配送。居民希望货物运输引起的负作用降到最低。公共管理者最基本的关注点是为居民创造一个有吸引力的城市环境，最小化城市配送的负作用，创建一个高效的交通运营系统。

8.5.5 城市配送系统的特征

城市配送体系是由多种要素组成的有机整体，其基本要素包括功能要素(运输、储存、包装、装卸搬运、流通加工、物流信息增值服务)、网络要素(多对多的物流网络)、流动要素(流体、载体、流量、流向、流程)和资源要素(具有满足功能要素、流动要素和网络要素需要的各种资源，如交通运输资源、信息资源等)。

城市配送体系具有一定的结构，以保障体系运行的有序性，并具备特定功能。城市配送体系具有多方面和多层次的结构，例如配送节点的空间布局结构、配送的运作组织结构、物流配送的功能管理结构等，这些结构内部及之间相互衔接，以保障体系的顺利运作。

城市物流配送体系充分考虑环境对体系的影响。城市配送体系贯穿于社会再生产过程中的生产、流通、消费三大领域，与城市经济发展、城市空间布局有着密切的联系，城市经济的快速、稳定、健康发展将有效带动城市配送体系发展，城市空间布局也影响着城市配送体系的空间布局。城市配送体系与外部政策导向有着密切的联系，如目前正逐步兴起的城市社区配送业务，就与国家鼓励发展社区再就业工程、鼓励发展社区配送等政策密切相关。

8.5.6 城市配送系统优化目标

1. 社会目标

社会目标是指为城市及周边的各类产业、用户提供通达、覆盖广的配送网络，在保证配送活动需求的场所、道路容量有限的前提下尽可能节约城市用地，减少车辆出行，减少交通压力和污染，间接降低社会成本。

2. 技术目标

技术目标是指合理的配送中心数量、地址、规模以及合理的运网密度等。合理的配送中心能有效地协调基建投资成本与送货运输成本。运网密度是指单位面积内城市配送道路的长度，这个长度因受交通时段、区间管制的影响并不是实际长度。一般认为，运网密度越大越好，但要求的投资越大，因而需要一个合理的运网密度。

3. 经济目标

经济目标是使配送网络系统的费用最低，这些费用包括建设费与运营费。不同的配送模式、库存策略、运输手段等对配送的要求不一样，因而费用的最低化需考虑不同的配送模式、库存策略、运输手段下的各种费用。

8.5.7 城市配送网络类型

城市配送系统是一个网络结构形式。不同类型的节点和不同的网络结构决定了配送模式和配送方法，从而产生不同的配送效果。在这个网络系统中，作为节点的配送中心起着至关重要的作用。

1. 单中心(集中型)配送网络

单中心(集中型)配送网络是指在配送系统中只设一个配送中心，所有客户需要的货物均由这个配送中心完成配送任务，如图 8-2 所示。在这种系统中，由于只有一个配送中心，配送决策由这个中心作出，配送的商品也只经过这一个中心进出，所以这是一种集中控制和集中库存的模式。如一个城市范围内中小型连锁公司为所属连锁店配送商品，一般只设一个配送中心。

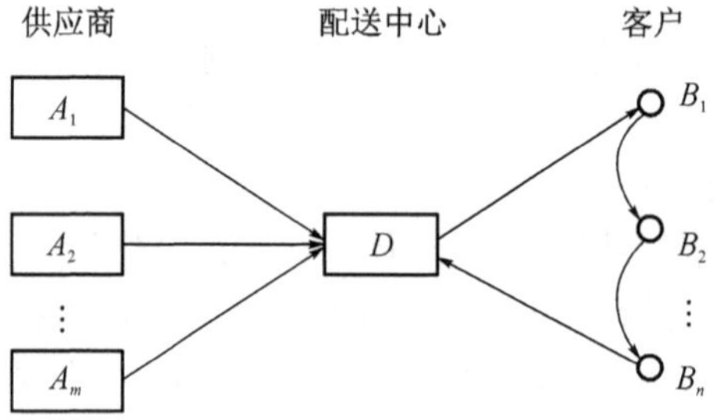

图 8-2 集中型配送系统

2. 多中心(分散型)配送网络

分散型配送网络是指在一个配送系统中(通常指在一个层次上)设有多个配送中心，将客户按一定的原则分区，使其归属于某一个配送中心。分散型网络多用在节点之间距离较短、运输频率较高、载货量较少、车辆要求较多的场合。分散型网络有单层次与多层次之分。

(1) 单层次配送网络。单层次配送网络(图 8-3)在供应商与客户之间设有多个配送中心，大城市中的大型连锁公司为所属连锁店配送商品的配送系统通常要设置多个配送中心才能满足需要。

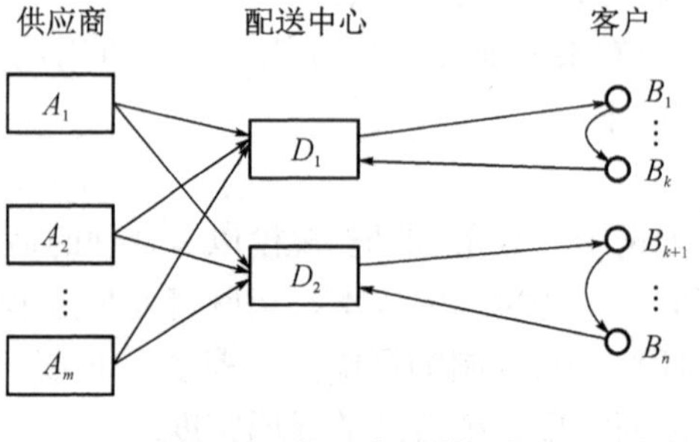

图 8-3 单层次配送网络

(2) 多层次配送网络。多层次配送网络是在系统中设有两层或更多层次的物流中心和配送中心，其中至少有一层是配送中心，而且靠近客户。日本许多大型第三方物流企业和大型零售企业多在距城市 40 km 的圈外建立大规模的广域物流中心，与原有配送中心共同构成多层次的配送网络结构，如图 8-4 有广域物流中心的两层次配送网络。日本以综合商店为中心的大批量销售的连锁型零售业，90%以上都拥有这种广域物流中心。

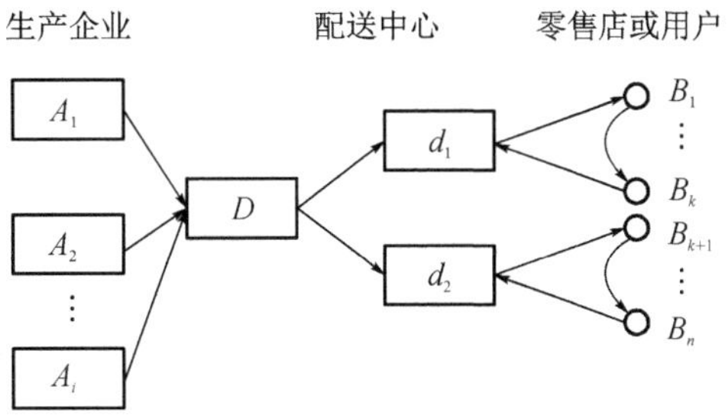

图 8-4　两层次配送网络

在多层次配送网络系统中，有些物流中心或配送中心只是充当商品中转的协调点，而不是商品的储存点，商品从制造商到物流中心或从物流中心到配送中心只有几个小时，这是为了缩短商品储存的时间和客户的订货提前期。因此，这种多层次的系统并不一定会增加商品库存量。

8.6 城市货运交通管理

城市货运交通管理配合货运线路、站点及停车规划，从区域和时段两方面，根据不同车型、路段和运输货物种类，对货运车辆制定交通管制措施，对货运车辆在市区装卸、停放的路边空间、装卸时间进行限制，根据不同货车的重量、尺寸、排放标准和载运货物种类对货车行驶路线及不同区域进出进行控制。

不同城市的产业布局、货运需求、道路网络、交通管制等差别较大，城市货运交通管理政策差别较大。货运交通管理措施通常包括大型货运车辆行驶规则、卡车规定路线、货车停车与装卸措施等。

1. 大型货运车辆行驶规则

城市中通常根据需要划定某些线路或区域范围，禁止或限制货车驶入。在指定道路上规定以外的时间段内，大型货车行驶需要特殊许可证，证明确实需要在规定路线上行驶。另外，城市道路通过巡逻和监视摄像器两种手段，对在规定道路上没有行驶许可证的车辆进行监督。

例如，北京市规定：四环路(含)以内道路，6 时至 23 时禁止载货汽车通行；五环路主路，6 时至 22 时，禁止 8 吨(含)以上载货汽车通行。外省、区、市载货汽车全天禁止在五环路(含)以内道路行驶。但为北京运送生产生活物资的外省、区、市载货汽车在办理进京货运通行证后，准许每天 0 时至 6 时进入五环路(含)以内道路行驶。长安街新兴桥至国贸桥昼夜禁止货运机动车通行。关于其他具体路段对货车的禁限措施，请以交通标志为准。

2. 卡车规定路线

例如，美国奥兰多市确定了卡车限制路线。这一计划的目的是将卡车交通集中到南北通道上去，减小卡车运输对中心城区交通的影响，也能够更好地与货运交通需求相匹配。奥兰多市指定了 4 条中心城区卡车线路供驾驶者选择。货运车辆一旦在指定线路上，当它转向东西向街道之前，卡车一定会行驶在距离它的收货地或配送地的最近点，这样也就减少了东西向的交通。这种卡车路线机制更好地满足了卡车运营所需要的道路基础设施，比如更大的转弯半径和车道宽度。在这些路线上的信号配时方面，通过延长黄灯时间和增加绿信比来适应货运车辆加减速比较慢的实际情况。

3. 货车停车与装卸措施

通常城市中心商务区货车的停车与装卸问题比较突出：临街和离街区域装载区不足；装载空间太小，大规格的卡车难以使用；停车管制执法不力，尤其是对路边停车；货运车辆的装载区时间管理与重型卡车和配送车辆不协调。

货车停车与装卸措施包括设置不同类型的满足货车停车和装卸的需要的停车设施。

国外很多城市针对货车的停车与装卸采取了很多措施，例如：通过管制标志，对路侧空间重新分配，修改路边标志，保证可以为频繁进行装卸作业的卡车预留停车位；根据商务区的大小，规定设立装载区，在条件允许的地方，将商用车的装载区扩大；引入新式的停车技术；装载区计费制度，规定卡车可以使用停车位的最长时间；鼓励建筑商修建离街停车区，允许货运卡车进行几个小时的装卸作业；加强停车管理执法，尤其是那些造成交通拥堵的停车和商务停车区的违规停车。

思考题

[8-1] 简述城市货运的特点。

[8-2] 城市货运的发展趋势有哪些？

[8-3] 简述城市货运系统的构成。

[8-4] 城市货物流通中心有哪些类型？

[8-5] 简述城市货运干道的布局原则和设置要求。

[8-6] 配送一般包括哪些环节？

[8-7] 简述城市配送系统的网络类型。

第 9 章 货运交通系统规划

9.1 概述

随着我国经济的快速发展和城市规模的逐步扩大，一方面，一些城市由于客货冲突造成的交通拥堵、出行不便等问题日益突出，严重影响了居民的正常生活和城市的发展；另一方面，货运交通由于缺乏系统的规划和管理，货运效率低，阻碍了交通与经济社会的可持续发展。

货运交通系统规划是综合交通体系规划的重要组成部分。它是根据特定的目标，结合货运交通系统发展现状，用科学的理论和方法预测货运交通需求，对特定时期内货运交通系统中网络、场站、政策、管理等进行系统性、前瞻性的分析和规划，以满足经济社会活动中的货运需求。

货运交通系统规划是一项集货运路网规划、节点布局、用地规划和车辆运营管理于一体的综合性规划，按照规划范围可分为城市货运交通系统规划和区域货运交通系统规划。

9.1.1 货运交通系统规划意义与目标

1. 货运交通系统规划意义

货运交通系统规划有利于推动货运效益的增长，提高规划区域交通运输系统的服务水平和效率，有利于缓和货运交通与客运交通、社会、环境等之间的矛盾，有利于促进社会经济长期、稳定、可持续发展。

2. 货运交通系统规划目标

货运交通系统规划目标主要包括以下五个方面：

(1) 服务社会经济：为社会经济发展提供更多的支持，推动经济发展。

(2) 提高货运效率：降低货运成本，提高货运服务水平。

(3) 减少交通事故：减少由货运引起的交通事故，提高货运交通安全。

(4) 保护城市环境：减少货运车辆的能源消耗及废气排放，降低交通噪声，优化居住环境。

(5) 整合资源：充分利用现有货运场站资源，减少道路、货运站场、停车及配送设施所占用的土地资源。

9.1.2 货运交通系统规划原则

(1) 统一规划原则。从城市整体发展的角度统一考虑，总体规划，分期实施。

(2) 协调性原则。必须符合国家交通运输发展战略目标的要求，与国民经济和产业结构相协调，与城市总体规划、土地利用总体规划、交通规划及其他有关规划相协调。

(3) 统筹兼顾原则。货运方式要统筹兼顾公路、铁路、水路、航空和管道等多种运输方式，充分发挥各种运输方式的优势，相互协调、相互补充、相互促进，提高整体货运效率。

（4）可持续发展原则。注重交通与环境的可持续关系。货运交通规划应能缓解城市交通压力，减轻货运对城市环境造成的不利影响，实现货运与环境的和谐共存。

（5）适度超前原则。应充分考虑社会经济和运输业发展情况，适度超前，着眼未来，重在当前，既要有前瞻性，又要有可操作性。

（6）引导需求原则。要引导区域产业发展，带动区域货运需求，促进经济社会和谐发展。

9.2 货运交通系统规划思路与内容

9.2.1 货运交通系统规划思路

货运交通系统规划是在对区域货运交通系统现状分析的基础上，结合地区发展趋势，研究货运交通所存在的问题以及未来货运交通发展面临的机遇和挑战，制订区域货运交通发展目标，并以此为指导，进行货运交通需求预测和货运交通系统规划，然后对方案进行评价，以寻求最优的规划方案。具体规划思路见图 9-1。

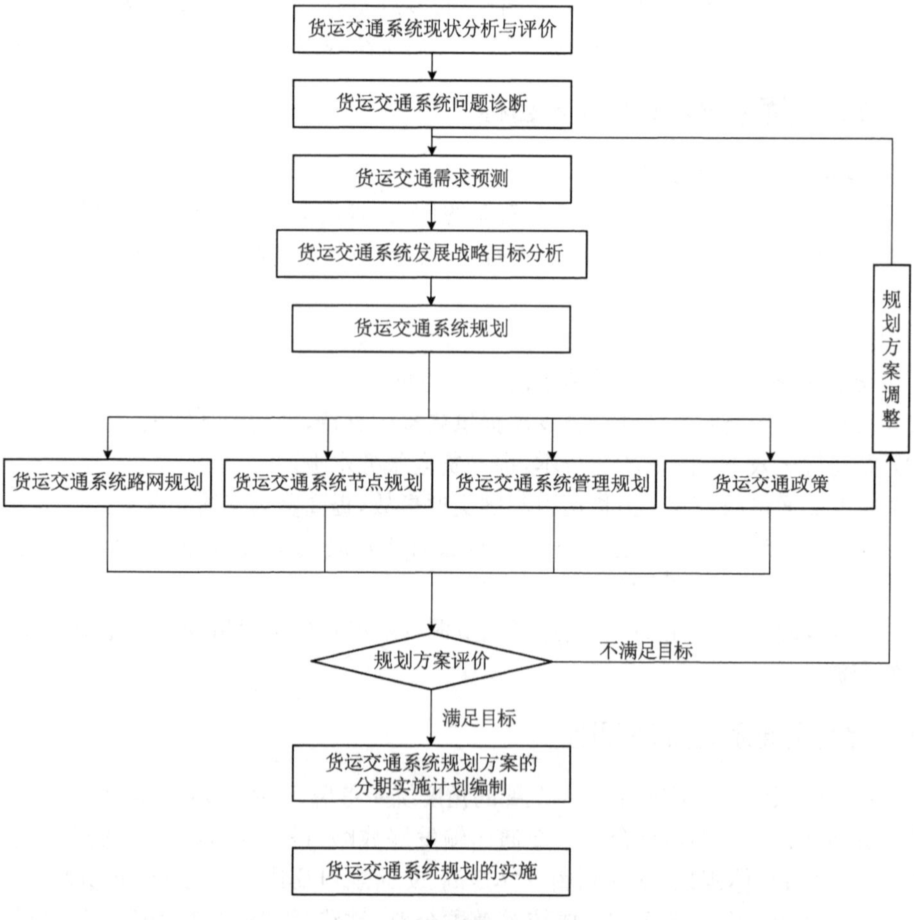

图 9-1 货运交通系统规划思路

9.2.2 货运交通系统规划内容

1. 现状评价与分析

资料收集与数据分析是把握货运交通系统现状的重要方式。货运交通系统规划离不开货运交通调查。货运交通调查内容包括基础资料、货运需求、货运设施、货运现状四大项。货运交通系统规划调查内容见图 9-2。

- 调查内容
  - 基础资料
    - 社会经济状况
    - 土地利用状况
    - 自然地理状况
  - 货运需求：起讫点调查(货运 OD 调查)
  - 货运设施
    - 货运道路网
    - 货运枢纽设施
    - 货运管理设施
  - 货运现状
    - 道路货运量
    - 道路交通管理

图 9-2 货运交通系统规划调查内容

社会经济调查应包括历史和现状的资料数据,这些数据一般可从统计部门、交通部门等政府机构获得。

货流调查的主体一般为货运交通生成单位,调查方法有很多,主要介绍以下几种。

(1) 发(收)表格法。将调查表格发给货车驾驶员及相关人员,由他们逐项填写,在一定时间内收回调查表格。调查表格的设计要有针对性,根据项目所需数据的要求设计调查表格,表中所有名词应尽量使用被调查人员熟悉的术语,选词应明确,必要时加以注释。

(2) 访问法。调查员直接到货源或运输单位,采用问填的方式记录有效信息。访问法的重要环节是设计访问问卷,问题应尽可能详细、全面、直接。

(3) 电话询问法。通过与调查对象通电话进行沟通调查。此方法成本相对较低。

(4) 明信片调查法。将印有调查项目的明信片邮寄或发给货车驾驶员和货源单位,调查项目务必少而精,一般为 5～7 个题目。回收率不应低于 20%,否则无效。此方法简便,但调查内容不全面,有一定的局限性,可作为某一方面的重点调查或者补充调查。

城市及地区交通枢纽货流调查的内容包括各货运交通枢纽发送、接收每一辆货车的货物品种、数量、时间、起讫点、距离等,既可以由调查员直接询问驾驶员、旅客、货主,也可以到交通枢纽的管理部门查阅有关数据资料。

货运现状分析指标包括:

(1) 货运路网密度指标。该指标反映用于货运的道路长度。不同经济发展程度的地区应符合不同的路网密度要求。

(2) 货运枢纽规模指标。该指标包括货运枢纽的数量、用地规模和处理货运量的大小。

(3) 货运车辆指标。货运车辆的数量、类型、吨位数等。

(4) 生态环境指标。在可持续发展的大背景下，货运交通系统对环境生态的影响是首先要考虑的因素，对排放不达标的货运车辆，应进行报废处理。

2. 货运需求预测

货运需求预测是货运交通系统规划的一项重要内容。货运需求预测的内容包括货运量预测和枢纽发送量、适站量、处理量预测。货运量预测为货运路网规划提供依据，而枢纽发送量、适站量预测是确定货运枢纽规模的基础。宏观货运需求预测理论框架见图 9-3。

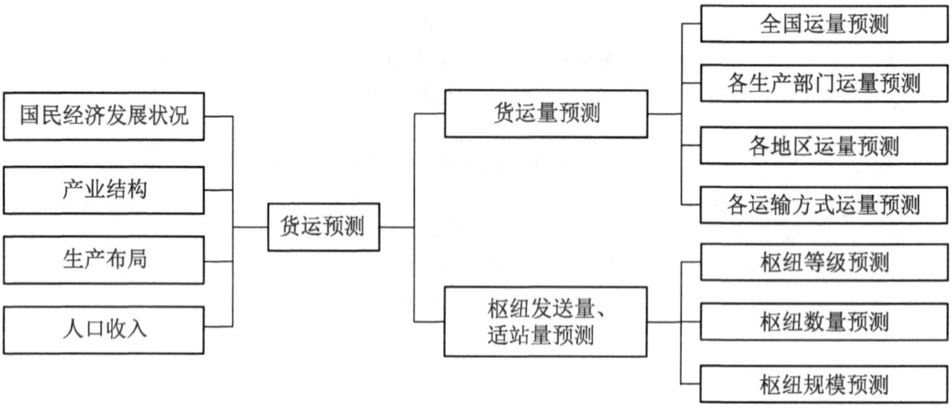

图 9-3 货运需求预测理论框架

货运量预测方法很多，目前主要采用的是增长率法、最小平方法、回归分析法、灰色模型法、指数平滑法、经验类比法等，详见 9.3 节。

对于微观货运需求预测(如地块、区域等)，需要根据不同类型地块上货运交通生成率、吸引率加以分析，这是值得研究的课题。

3. 货运交通系统规划战略目标

货运交通系统规划战略目标是从区域战略发展的角度考虑，结合城市发展特征，明确货运交通系统的发展方向，对规划体系要达到的目标进行宏观把握，引导规划的实施。

对于规划区域，首先应在充分调查人口、社会经济、环境资源等基础资料的基础上，结合地区货运需求，分析该地区货运交通系统发展趋势，确定适合该地区的货运交通系统发展战略目标，包括货运路网密度、货运节点规模、货运车辆配备、货运支持政策等目标。根据战略目标分析，确定可行的规划实施策略。

4. 货运枢纽规划

货运枢纽是依托一种或多种运输方式，为办理货物中转、发送、到达所建设的多种运输设施的综合体。它是综合运输体系的重要组成部分，是区域综合运输网络的重要节点。

货运枢纽规划的主要工作包括：货运需求预测，货运枢纽的功能、数量、规模、布局等的规划。

5. 货运网络规划

1) 货运通道规划

货运通道是连接和覆盖货源地与目的地的具有一种或多种运输方式的交通运输线，通道上的货运量大，一般由平行的不同运输方式的交通运输线互相配合、补充，共同提供运输服务。在功能上，货运通道是货运网络的骨干，它连接了主要货运枢纽和集散点。因此，优先建设货运通道是交通运输网络建设的关键。货运通道规划思路如图 9-4 所示。

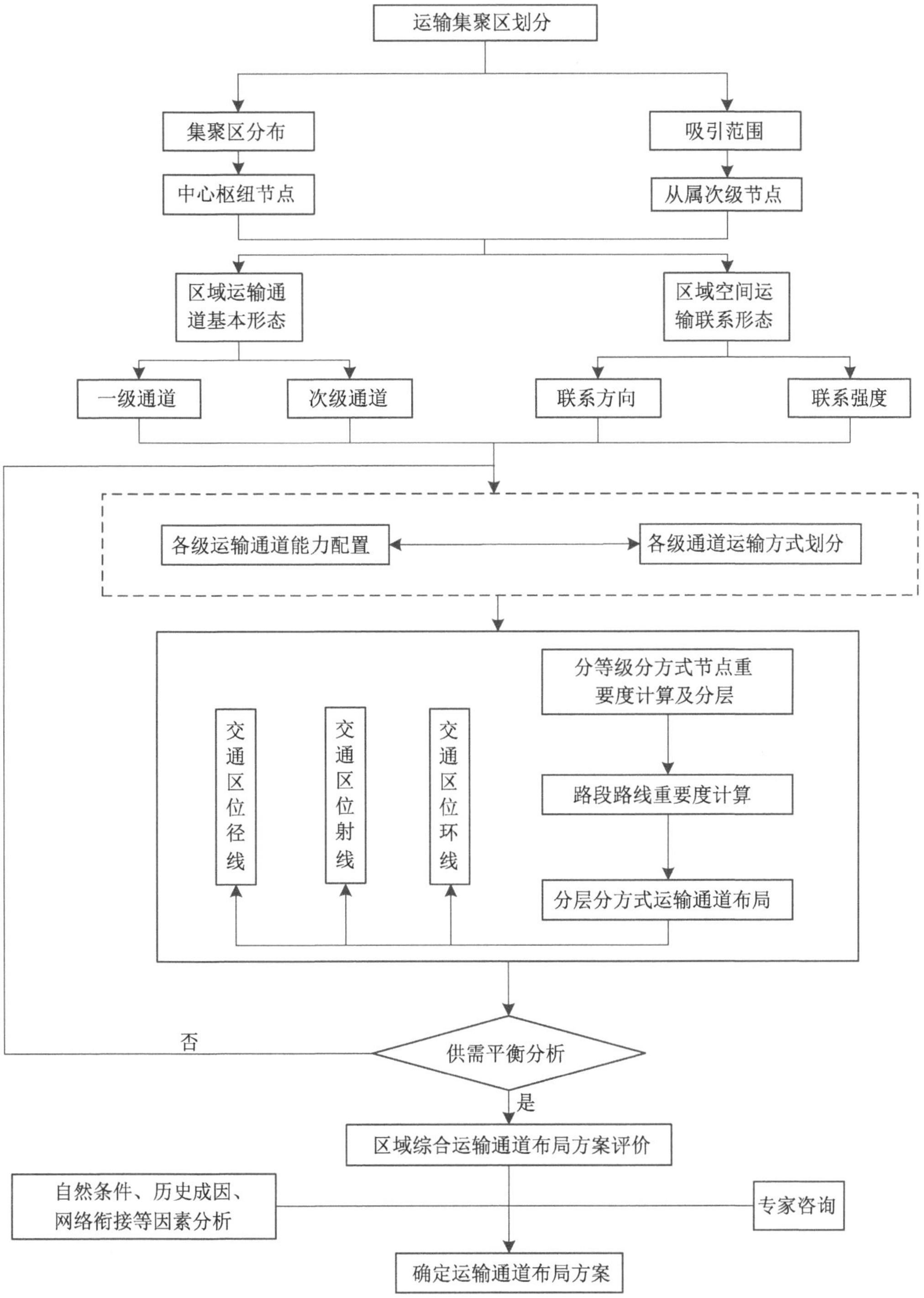

图 9-4　货运通道规划思路

2）城市内部货运网络规划

根据城市货运交通流（包括起讫点在城市内部及过境的交通流）特性，结合城市道路、桥梁的结构等级、通行能力、城市交通管理措施等，对城市道路网络功能进行划分，确定不同层次的货运网络结构，一般分为以下四种：

（1）过境货运通道：引导过境车辆行驶，减少过境车辆对城市交通的影响。过境货运通道一般规划在城市外环外。

（2）枢纽对外通道：连接城市综合货运枢纽（港口码头、铁路、公路、航空货运站、物流中心等）与对外交通。对外货运通道是综合货运枢纽与城市外部的联系通道。

（3）中心城区货运配送网络：为中心城区商业贸易、电子商务、快递业等服务的货运配送系统。

（4）特种货运车辆行驶网络：为特种车辆（如载运危险品等）行驶服务的道路网络。

6. 货运配送装卸点规划

货运装卸点是指中心城区道路内外设置的专为货运车辆装卸服务的停车位。

城市货运车辆在市区配送时频繁停车往往会引起交通拥挤及交通事故，我国现有城市道路很少考虑货运车辆的停车及装卸作业。因此，在中心城区根据不同的货运停车需求，规划不同的货运车辆停车设施，供货运车辆停放和货物集配装卸作业，如在支路的路边或路外设置停车设施。

7. 货运交通管理规划

货运交通管理包括货运交通安全管理、货运车辆管理、车辆行驶管理等内容。货运交通管理规划配合货运线路、站点及停车规划，从区域和时段两方面，根据不同车型、路段和运输货物种类，对货运车辆制定交通管制措施，对货运车辆在中心城区装卸、停放、装卸时间进行限制；根据不同货车的重量、尺寸、排放标准和载运货物种类对货车行驶路线进行控制。

8. 货运交通政策规划

货运交通政策是为实现货物运输空间及时间效用最大化目标，政府按照一定时期内经济与社会发展对货物运输的需要，综合运用行政、法律、经济以及协商等手段调节货运参与者的行为而制定的前瞻性决策措施。

货运政策的主体通常是直接或间接地参与政策制定、执行、评估和监控，并对政策目标群体主动施加影响的个人、团体或组织，而货运交通的参与者及政策指向的事务则构成了货运交通政策的客体。

9. 规划实施效果评价

评价是指依据明确的目标确定系统的属性，并把这种属性转化为主观价值，同时通过评价指标来反映系统价值的过程。规划实施效果评价是指对货运交通系统基础设施、管理措施等规划方案实施后的效果进行评价，分析所取得的效果和存在的问题，通过评价指标体系的综合加权来确定系统的有效性。与规划目标相比较，若不能满足目标则返回调整规划方案，直至符合目标。对一个货运交通系统规划方案进行评价，可以采用层次分析法、单纯矩阵法、模糊综合评价法等。综合评价工作流程如图 9-5 所示。

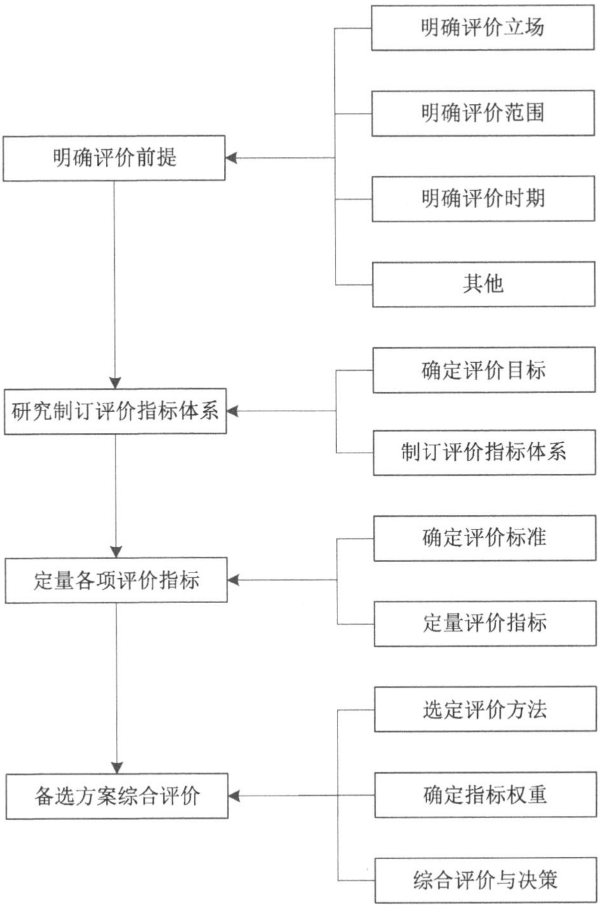

图 9-5　综合评价工作流程

9.3　货运需求预测

9.3.1　货运需求预测的意义

为了超前掌握某地区货运发展规律和特点，需要对该地区未来货运量进行科学的预测，为该地区各级货运枢纽及线路规划提供基础数据，以克服和消除规划时的盲目性，提高各项规划在管理、控制、决策等方面的科学性和可操作性。

货运需求预测是货运枢纽规划的一个重要组成部分。它主要分析规划区域的社会经济、交通、土地利用等现状，通过多种预测方法进行定量计算和定性分析，从而推断出未来预测年该地区的货流量，作为该地区枢纽和线网规划的基础和依据。

9.3.2　货流的影响因素及分布规律

货流能在一定程度上反映国民经济各部门、各地区、各企业间的经济联系。货流的变化对运输组织工作影响很大。货流的数量、结构、性质决定了站场设施、运输工具、装卸机械等的类型、结构和能力，决定了运输工艺和装卸工艺、运输组织方式和劳动组织形式，进而决定了劳动生产率水平和运输成本。因此，了解货流的影响因素，掌握货流的变化规律，是合理组织货物运输的基础，也可进一步促进社会物流合理化。

1. 货流的影响因素

1）工农业生产发展水平与速度

工农业生产的发展水平是影响货流的决定性因素。随着工农业生产的日益发展，基建规模的不断扩大，地区之间、城乡之间、工农业之间货物流通的增加，必然引起货运量的相应增长。工农业生产的发展速度与货运量的增长速度通常不相等。一般情况下，货运量增长速度高于工农业生产的发展速度。

2）产品运输系数

当产品数量一定时，运量的大小取决于运输系数的大小。产品运输系数就是产品运量与生产量之比。运输系数越大，其运量也越大，两者成正比例关系。一般来说，商品率高的产品，其运输系数较大；商品率低的产品，其运输系数较小。由于同一产品在不同时期产销关系的变化，其运输系数也会发生变化。一般而言，随着生产专业化与协作化的发展，各地区经济优势的发挥，产品商品率的提高以及传统商品、名牌商品的增长等，运输系数会相应增大。

3）产业结构

一般来说，工业分布相对集中，其生产的社会化、专业化程度高，而农业分布相对比较平衡，工业产品的商品率高于农产品的商品率，所以工业结构的变化对货流的影响要比农业大。因此，不同的产业结构，其运输系数不同，产业结构的变化会直接影响货流的变化。

4）生产布局和资源分布状况

生产布局不仅影响着生产的发展，也决定着运输网络以及运力的布局，决定着货物的流量、流向和运距。因此，合理的生产布局具有重要的经济意义。资源的分布与开采状况对货流的影响极大，它在宏观上决定了货流的基本情况。例如，我国煤炭资源与开采大多集中在北方和西北地区，由此决定了北煤南运、西煤东运的煤炭货流格局。道路运输作为城乡之间联系的纽带，从农村到城市时，装运的大多是各种农副产品；而从城市到农村时，装运的则大多是工业品。

5）其他影响因素

主要包括国家的经济政策，运输网络布局和各种运输方式之间的分工协作情况，科学技术的进步，流通体制的改变以及对外贸易货物进出口状况等。

2. 货流分布的不平衡性

货流分布在时间上和方向上是不平衡的。货流的不平衡状态是货流布局研究的重点内容之一。

（1）货流的方向不平衡性，指货流沿运输路线两个方向的货流量不相等。这种不平衡的程度可用回运系数进行度量。回运系数 r_d 为运量较小方向的货流量 Q_{min} 与运量较大方向的货流量 Q_{max} 之比，即

$$r_d = \frac{Q_{min}}{Q_{max}} \times 100\% \tag{9-1}$$

显然，回运系数 r_d 越小，表明货流的方向不平衡程度越大；反之，则表明方向不平衡程度越小。货流在运输方向上不平衡的主要原因是资源分布的不均衡与开发程度的不同，社会物质生产部门在地理位置上的差异以及生产力水平的参差不齐等。货流的方向不平衡性一般不可能完全消除，其结果必然导致部分运载工具的空载运行，造成部分运力的浪费。这种浪费可以通过合理组织运输工作而将其减小至最低。

(2) 货流的时间不平衡性，指货流在不同时间的货流量不相等。这种不平衡程度可用波动系数进行度量。波动系数 r_t 为全年运量最大季度（或月份）的货流量 Q_{max} 与全年平均季度（或月份）货流量 $\bar{Q}$ 之比，即

$$r_t = \frac{Q_{max}}{\bar{Q}} \times 100\% \tag{9-2}$$

显然，波动系数 r_d 越小，表明货流的时间不平衡程度越小；反之，则表明时间不平衡程度越大。货流在时间上的不平衡主要是由生产、消费以及其他条件（如自然条件）造成的。一般而言，大部分工业制成品形成的货流，在时间上的不平衡性较小；而农产品、支农工业品以及以农产品为原料的工业品所形成的货流，在时间上的不平衡性较大。此外，某些自然因素（如冰冻、台风、水灾、地震等）的作用也可能会增加货流的时间不平衡性。

3. 货流的分布规律

货流的分布规律是指货流在其起讫点的发运量或运达量在某段时间内的分布特征。正确掌握货流（有时可表现为车流）的分布规律，是合理选择车辆类型、合理规划装卸设施现场布局以及构建运输系统的基础。货流的分布规律主要取决于有关物品的生产与消费过程中各随机因素的影响，因此，若将货流量（按货物批量计）作为随机变量，则货流按运输时间分布规律不同可分为离散型、连续型及混合型。

1）离散型分布

如果货流量是离散型随机变量，则对于同类货流来说，最简单的分布为泊松分布。由概率论可知，若按泊松分布处理，在长度为 t 的时间内发生货物批量数为 n 个的概率 $P_n(t)$ 为

$$P_n(t) = \frac{(\lambda_t)^n}{n!} e^{-\lambda_t} \quad (n = 1, 2, 3, \cdots) \tag{9-3}$$

式中，λ_t 为单位时间内货物批量的均值。实践表明，多数情况下，简单货流发生概率的计算均可按泊松分布处理。例如，一些货场、装卸现场的车辆源分布通常可视为泊松分布。当 λ_t 值很大时（通常 $\lambda_t > 10$），泊松分布将近似于正态分布，此时的货物批量为连续型随机变量。上述理论可用于车站、码头等的作业场有关组织设计中的建模工作。

2）连续分布

如果货流量是连续型随机变量，则多数服从或近似服从正态分布。

例如，大批量货物运达火车站或港口时，货物批量的分布即为正态分布，如图 9-6 所示。正态分布的随机变量概率密度函数 $f(x)$ 为

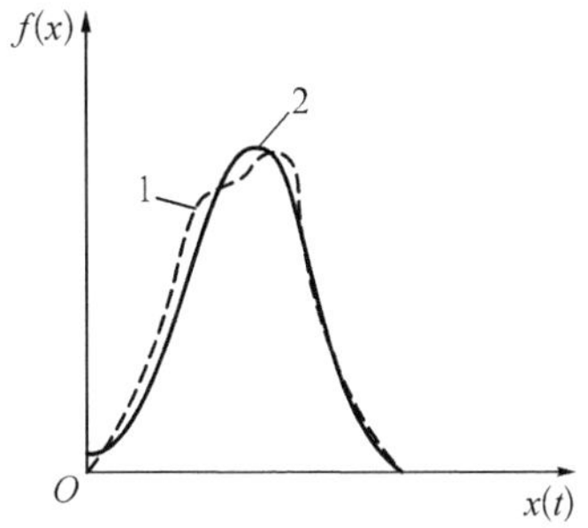

1—经验分布；2—正态分布。

图 9-6　货流量的正态分布

$$f(x)=\frac{1}{\sigma\sqrt{2\pi}}e^{-\frac{1}{2\sigma^2}(x-\bar{x})^2} \tag{9-4}$$

式中　x、$\bar{x}$——货流量的随机变量及均值；

σ——随机变量 x 分布的标准差。

另外，在某些情况下，货流量还可能有其他类型的分布形式，如指数分布等。

3）混合型分布

如果货流量是兼有连续和离散两种特性的随机变量，则货物批量服从混合型分布。混合型分布比较复杂，这里不再进行讨论。

9.3.3　货运量预测方法

常用的货运量预测方法有增长率法、最小平方法、回归分析法、灰色模型法、指数平滑法、经验类比法等。

1. 增长率法

增长率法是根据公路货运量的预计增长速度进行预测的方法。其步骤是：①分析历史年度预测对象增长率的变化规律；②根据对相关因素发展变化的分析，确定预测期增长率；③进行未来值的预测。其一般式为

$$Q_t=Q_0(1+\alpha)^t \tag{9-5}$$

式中　Q_t——预测值；

Q_0——基年值；

α——预测期增长率；

t——预测年限。

增长率法的关键在于确定增长率，但增长率随着选择年限的不同而存在较大的差异。所以增长率法一般仅适用于增长率变化不大且增长趋势稳定的情况。其特点是计算简单，但预测结果粗略，较适合近期预测。

2. 最小平方法

最小平方法是测定长期趋势最普遍使用的方法，也称趋势延伸法。其基本思想是将历年的运量数据按年排序，构成一个统计数列，构建合适的数学模型，选择一条较为理想的趋势线，并将其延伸来预测货运量未来的发展趋势。数学模型一般通过计算历年货运量逐年的增减量，并观察增减量的变化情况来确定。常用的数学模型有三种：直线型、指数型和抛物线型。例如，货运量逐年增减量大致相同，则用直线方程；货运量逐年增减量大致相同，则用指数方程；货运量逐年增减量的差分数值大致相同，则用抛物线方程。下面以一条趋势直线为例来进行说明。趋势直线方程为

$$Y_t=a+bt \tag{9-6}$$

式中　Y_t——第 t 期的预测运输量；

a、b——常数；

t——时间变量。

运用最小平方法，可求得标准方程组：

$$\begin{cases}\sum y = na + b\sum t \\ \sum (ty) = a\sum t + b\sum t^2\end{cases} \tag{9-7}$$

式中　n ——统计期包含的时期数。

令 $\sum t = 0$，求常数 a、b，即

$$a = \frac{\sum y}{n}, \quad b = \frac{\sum (ty)}{\sum t^2} \tag{9-8}$$

然后将 a、b 代入趋势方程式(9-6)进行货运量预测。

3. 回归分析法

回归分析法是根据调查资料，建立公路货运量与其主要影响因素（国内生产总值等）之间的回归方程，利用所建立的回归方程，通过对未来年国内生产总值的预测，进而预测货运总量。回归方程的形式较多，自变量有一元也有多元，函数关系有线性也有非线性。

通常情况下，一元线性回归预测模型较简单，使用较多，但预测精度有限，主要用于中、短期预测。其模型的标准形式为

$$y = a + bx \tag{9-9}$$

式中　y ——预测值，即预测对象所代表的变量；

x ——影响因素，即相关变量；

a、b ——回归系数。

回归系数 a、b 的计算公式为

$$a = \frac{\sum y_i - b\sum x_i}{n}, \quad b = \frac{n\sum x_i y_i - \sum x_i \sum y_i}{n\sum x_i^2 - (\sum x_i)^2} \tag{9-10}$$

式中　x_i、y_i ——原始观测值；

n ——统计数据个数。

上述模型建立后，必须对模型进行检验。只有经检验合格的模型，方可用于实际预测。这种检验一般通过计算相关系数 $r(0 \leqslant |r| \leqslant 1)$ 来进行。$|r|$ 值越大，说明 x 与 y 线性相关程度越高。

4. 灰色模型法

灰色系统是指元素（参数）信息不完全、结构信息不完全、关系信息不完全、运行行为信息不完全的系统。输入与输出之间无明确的关系，不是客观的实体，而是一个抽象的系统，也称为非本特征性系统。最常用的灰色预测模型是GM(1,1)模型。

设时间序列 $x^{(0)}$ 有 n 个观测值，$x^{(0)} = \{x_1^{(0)}, x_2^{(0)}, \cdots, x_n^{(0)}\}$，通过累加生成新序列 $x^{(1)} = \{x_1^{(1)}, x_2^{(1)}, \cdots, x_n^{(1)}\}$，则GM(1, 1)模型相应的微分方程为

$$\frac{\mathrm{d}X^{(1)}}{\mathrm{d}t} + aX^{(1)} = \mu \tag{9-11}$$

式中，a、μ 为待估参数。求解微分方程，即可得预测模型：

$$x_{k+1}^{(1)}=\left[x_1^0-\frac{\mu}{a}\right]\mathrm{e}^{-ak}+\frac{\mu}{a}\quad(k=0,\ 1,\ \cdots,\ n) \tag{9-12}$$

5. 指数平滑法

指数平滑法又简称平滑法。平滑是指对反映变量历史变化情况的统计数据(时间序列)进行大致平滑修匀,以便分析变量的演变趋势。但一般来说,最新的时间序列观测值往往包含最多的关于未来情况的信息。基于这种思想,指数平滑法认为,数据的重要程度按时间近远呈非线性递减,近期数据影响大,权数亦大;远期数据影响小,权数亦小。根据平滑次数的不同,有一次平滑、二次平滑、三次平滑和高次平滑之分。一次平滑一般用于呈水平趋势的时间序列,二次平滑用于呈线性趋势的时间序列,三次平滑用于呈非线性趋势的时间序列。

以三次指数平滑预测数学模型为例,设原始时间序列为 x_1, x_2, …, x_n, 平滑系数为 a, 先对原始数列作三次平滑修匀,生成三个新的数列如下:

$$\begin{cases} s_t^{(1)}=ax_t+(1-\alpha)s_{t-1}^{(1)} \\ s_t^{(2)}=as_t^{(1)}+(1-\alpha)s_{t-1}^{(2)} \\ s_t^{(3)}=as_t^{(2)}+(1-\alpha)s_{t-1}^{(3)} \\ s_0^{(1)}=s_0^{(2)}=s_0^{(3)}=x_1 \end{cases} \tag{9-13}$$

式中 $s_t^{(1)}$, $s_t^{(2)}$, $s_t^{(3)}$ ——对原始数列 x_1, x_2, …, x_n 分别进行一次、二次与三次平滑后的新生成数列;

α ——权系数,在(0, 1)内取值,通常 α 取 0.2~0.6。

三次指数平滑的预测公式为

$$y_{t+T}=a_t+b_tT+c_tT^2 \tag{9-14}$$

$$\begin{cases} a_t=2s_t^{(1)}-3s_t^{(2)}+s_t^{(3)} \\ b_t=\dfrac{\alpha}{2(1-\alpha)^2}\left[(6-5\alpha)s_t^{(1)}-2(5-4\alpha)s_t^{(2)}+(4-3\alpha)s_t^{(3)}\right] \\ c_t=\dfrac{\alpha^2}{2(1-\alpha)^2}(s_t^{(1)}-2s_t^{(2)}+s_t^{(3)}) \end{cases} \tag{9-15}$$

式中 t ——目前的周期序号;

T —— t 时后的周期数;

y_{t+T} —— $(t+T)$ 时的预测值。

预测模型中各系数均是指对应于目前周期 t 的系数。

在了解以上具体方法后,还有几点需要注意:

(1) 数据质量与处理:所有预测方法的准确性都依赖于数据质量。因此,在应用任何一种预测方法前,都需要对数据进行严格的审核和处理。

(2) 组合预测:为了提高预测的准确性和鲁棒性,可以考虑采用多种预测方法的组合,通过加权平均或其他方式综合各方法的结果。特别是当前基于人工智能的预测方法层出不穷,可以考虑将其加入组合预测的方法集中。

(3) 动态更新:随着时间的推进和数据的积累,应定期对预测模型进行修正和更新,确保预测结果的时效性和准确性。

思考题

[9-1] 什么是货运交通系统规划?

[9-2] 说说货运交通系统规划的思路。

[9-3] 货运交通规划的原则包括哪些?

[9-4] 货运需求预测的方法有哪些?

[9-5] 谈谈采用经验参数法进行需求预测的思路。

第 10 章
货运节点交通系统设计

10.1 货运节点

10.1.1 货运节点的概念

货运节点没有严格的定义，一般是指在物流运输网络中起到集散、转运或分拨功能的地点或设施。其通常是物流运输网络中的重要交汇点，用于实现货物的集中收发、转运、分拨和再分配。

货运场站是交通运输行业对货运节点的通俗名称，泛指货物集结和待装运、转运的场所，规模可大可小，功能有的完善、有的简单。货运场站按照运输方式分为公路货运站、铁路货运站、航空货运站和货运码头。随着多式联运和集装箱运输的兴起，货运站按功能划分更为详细也更为合理，如集装箱货运站（Container Freight Station，CFS）是拼箱货物拆箱、装箱、办理交接的场所，配载中心是为空车和轻载车寻找合适货物的场所，零担货运站是经营零担货物运输的服务单位和零担货物的集散场所。这些货运场站虽然形式和规模上差别很大，但其核心业务都是货物运输组织。

物流节点是构成物流系统网络的重要组成部分，是组织各种物流活动、实现物流各功能要素及提供物流服务的场所。根据《物流术语》（GB/T 18354—2021），结合服务需求、服务功能、服务范围等要素的不同，物流节点可划分为物流园区、物流中心和配送中心三级。

10.1.2 货运节点的功能

（1）物流过程的集散点。公路货物集散中心是连接长途运输和短途配送的中转基地，港口码头、货运站、机场等则是公路与铁路、水路、航空等各种运输手段的连接点。货运节点必须具有足以支持货物集散的综合功能，在集散的基础上，接收来自不同地区或不同运输方式的货物，进行分拣、整理和重新组合，从而实现货物的快速运输和配送。

（2）商流活动的连接点。货运节点是生产商、批发商和零售商之间的连接点，具有仓储、库存调节、流通加工（拆零、配货、贴标签）、信息处理、增值服务等功能。

（3）国际物流活动的连接点。货运节点也可设置为连接国内物流和国际物流的据点，应具有进口代理和通关报检、保税等特殊功能。

（4）信息流管理功能。货运节点不仅仅处理实体货物，还负责管理和处理货物相关的信息流。它通过物流信息系统、跟踪系统等技术手段，实现货物的实时监控、跟踪和信息共享。货运节点的信息流管理功能可以提供准确的货物状态和位置信息，方便货主、物流商和其他相关方进行信息交流和决策。

10.2 货运节点交通系统设计内容

货运节点交通系统设计内容主要涉及基础设施的布局与设计以及交通组织设计。基础设施设计主要包括内部道路设计、出入口设计、停车场设计；交通组织设计主要包括内部交通组织、内部步行系统设计及外部交通衔接设计。

10.2.1 设计原则

1. 满足需求原则

在进行单一货运节点交通系统设计时，首先应考虑的是满足日常运营的需求，并对该区域的交通状况及发展有一个全面、系统的了解，在此基础上才能对货运节点进行合理的功能定位和空间规模的确定。《物流建筑设计规范》(GB 51157—2016)指出，物流建筑的功能应满足下列基本要求：①有利于物品的保管和养护；②符合业务功能需要和有利于组织物流生产；③便于安装和使用物流工艺设备；④提供物品省力装卸、搬运的条件；⑤具备实现物流生产业务信息自动化、网络化传输与管理的条件；⑥有利于充分利用建筑空间；⑦为建筑使用人员提供安全、适宜的生产、管理办公、生活卫生条件。

2. 高效原则

货运节点交通系统设计在满足需求的前提下应尽量使整个货运节点的运营高效化，合理的功能模块布局是提高节点运营效率的关键，高效的设施设备配置也是提高节点运营效率的重要因素。

3. 动态设计原则

交通本身就是一个动态的概念，虽然针对的是货运节点的交通系统设计，但是作为城市交通体系的重要组成部分，货运节点应具有足够的前瞻性和弹性适应性，为未来预留发展空间。除此之外，大型港口、空港等高等级物流节点，在设计之初就应该对长期性的吞吐量增长进行预测，并在设计阶段考虑节点未来的运营和营收状况。

4. 环保设计原则

货运节点的建设必然会带来货运交通活动，这些交通活动所产生的噪声、振动、废气等会对城市环境和空气质量产生严重的负面影响，这也是设计中需要重点解决的问题，尽可能减少对环境的影响。

5. 安全设计原则

物流节点应设置有效的防火措施、物料堆放安全措施，同时应配备专业的管理和操作人员，物流设备应经过严格的检查、维护，确保其正常运行和安全使用。

10.2.2 基础设施设计

1. 内部道路设计

1) 道路等级选择

道路分级是根据货运交通需求，在用地条件允许的情况下，设置各种不同等级的道路，即根据交通量需求设计各等级道路。若货运节点的规模较大，可根据内部道路上交通流的性质，将道路分为主干路、次干路和支路三个等级。

主干路，主要服务于进出节点交通流。主干路作为连接节点与外部的出入口，主要承担节点场站的进出交通，是节点内部路网的骨架，对地块有较强的分割作用，可作为节点主要功能分区的分界线。

次干路，是节点内部各功能区之间的交通运输道路，或是连接节点次要出入口的道路，主要承担节点内部各功能模块之间的交通，起到节点主干路与支路之间的起承转合作用。

支路，主要服务于出入节点内部交通流。节点支路是节点功能用地分区内部道路或直接与节点内部建筑物出入口相接的道路，其功能是服务于节点不同功能分区内的交通集散。支路的规划建设可在各功能分区具体项目确定后，根据入驻企业的实际要求进行规划设计。

2）道路横断面设计

道路横断面由车行道、人行道、绿带和分车带等部分组成。它不仅要满足交通功能，还要与各种工程管线敷设相协调，同时还要考虑货运节点的景观效果。

节点道路横断面设计的注意事项主要有：①横断面宽度的设置主要由节点规模和节点交通量的大小决定。②节点集散道路横断面的设置应考虑与之相衔接的道路横断面类型，防止出现节点内部集散道路横断面与外围道路横断面不匹配的现象。③节点主干路横断面设计应纳入城市道路系统统一规划建设。

2. 出入口设计

出入口布局原则：①绕行距离最短；②对主干道的干扰最小；③分散交通压力；④相互干扰最小；⑤灵活替代；⑥流量控制。

出入口设置有以下四种方式。

（1）道路直接开口。机动车出入口直接开在衔接道路的侧面。这种开口方式可能会造成大量的车辆从货运节点内部直接涌入衔接道路，严重干扰衔接道路的通行能力，并导致大量的交通冲突点，带来交通安全隐患。当节点出入口交通量较大或衔接道路为主干道时，一般不宜采用此种布局方式。

（2）辅助道路开口。辅助道路是平行于衔接道路的辅助性道路，它设置在道路红线与场站建筑红线之间，用于设置场站机动车出入口，从而避免节点出入口交通直接与节点交通相联系。

辅助道路分离了衔接道路交通与节点出入口交通，减少了与衔接道路交通的冲突和延误现象。实行单向交通组织的辅助道路，可以进一步提高节点机动车出入口的通行能力，有效地疏导节点出入口交通。

（3）专用道路开口。专用道路与辅助道路的不同点在于它只承担进出节点的交通，而不承担起讫点不在节点内的过境交通。

专用道路出入口通道的通行能力大，可用来满足大量的节点出入交通需求。专用道路只服务进出节点的交通，交通流构成简单，可以采用更加合理有效的交通组织方式来组织交通。

（4）高架道路开口。高架道路开口是将节点内的车辆经由衔接道路引至快速路系统，对车辆进行快速集散。国内一些机场的货运场站通常采用此类做法。

3. 停车场设计

货运节点的货车与客车的停车场应分别设置。设计内容主要包括停车场规模的确定、交通组织与停车方式。为保证停车场内的交通安全与秩序，场内交通组织一般按单向行驶路线组织交通，以尽量减少车辆的交叉冲突。场内路面应设有显著的停车标志和行车方向标志。停车场的平面由供车辆停放的停车道和供车辆行驶的通道所组成。停车道和通道是停车场的主要组成部分，其宽度取决于停车方式、汽车类型与尺寸以及车辆停放方式。

10.2.3　交通组织设计

1. 内部交通组织

根据货运节点内部交通特性和路网结构，组织内部交通运行。内部道路交通组织主要分为道路运行组织、交叉口组织、停车场交通组织三部分。

2. 内部步行系统设计

步行系统设计要体现以人为本、安全步行的理念。步行系统要与车流（包括客车与货车）分离，设置人行道及步行路线，尽量避免与车流产生冲突点。为保障行人安全，应设置相应的行人交通设施及交通标志、标线。此外，作业区工作人员的步行交通很难与车流分离，此时应从交通管理的层面加以解决，设置相应的交通设施与交通标线、标志，合理渠化组织交通流，一方面保障工作人员作业安全，另一方面保证作业效率。

3. 外部交通衔接设计

外部交通衔接设计主要是出入口衔接交通组织设计，设置相应的道路及交叉口与周边路网衔接。设计的重点是进出干道交通组织设计、交叉口设计、车道设计及行人过街交通设计。

10.3　公路货运场站交通系统设计

公路货运场站为货物集散、车辆停放提供场所。对于较大规模的公路货运站，除具备以上基本功能外，还应具备运输组织管理、中转换装、通信、多式联运、运输代理和综合服务等功能。当前，我国汽车运输企业的货运站大致可分为零担货运站、集装箱货运站和整车货运站三类。

10.3.1　公路货运站布局原则

（1）根据货运站的功能和生产规模统一布局，并结合货运业务的实际情况突出重点，分期实施。布局时要优先考虑生产区域，重点是确保库、场位置。分期实施的建设项目应考虑分期建设过程中的相互衔接。考虑到货物运输需求的增长，货运站的布局应具有一定的扩展性和可调整性，应预留足够的土地空间和合理的交通组织，以便未来进行扩建或调整，从而适应运输市场的变化和发展需求。

（2）与现有设施的改造利用相结合，减少用地和节约投资。

（3）按货运业务不同，分区设置相应功能模块，并考虑各功能模块之间的运转关系、设备要求等。危险货物的储存应设在相对独立的区域。

（4）站内道路统一规划，合理利用，使站内车流、货流、机械流、客流便捷通畅，互不干扰。

（5）符合国家和当地政府现行的安全、消防、环保等有关规定。

（6）货运站的布局应尽量避免对周边环境造成污染或噪声干扰。合理设计车辆进出口和停车区域，采取噪声隔离措施和环保设施，如污水处理设备、垃圾分类等，减少对环境的影响。

10.3.2 公路零担货运站

1. 零担货运站的组成

零担货运站设施包括生产设施、生产辅助设施和生活服务设施。具体设施构成应根据货运站的业务范围和规模确定。

1）生产设施

（1）业务办公设施。主要包括货运站站房、生产调度办公室和信息管理中心。有国际运输业务的货运站，可设置由海关、检疫、商检、商务等部门构成的国际联运代理业务办公室。

（2）库（棚）设施。零担站的库（棚）设施主要包括中转库、零担库、仓储库，分别用作货物的短期存放、货主待收或待发货物仓储；货棚则用于堆放不便进库但又不宜露天存放的零担或仓储货物。

（3）场地设施。零担站的场地设施主要包括堆场、装卸场或作业区、货场和停车场。

（4）道路设施。

（5）危险货物运输储存设施。

2）生产辅助设施和生活服务设施

（1）生产辅助设施主要包括维修、维护设施，动力设施，供水供热设施，环保设施等。

（2）生活服务设施主要包括食宿设施和其他服务设施。

2. 零担货运站设计年度货物吞吐量确定

零担站设计年度是指零担站竣工投入使用后的适用年度。为了保证零担站有较长的适用时间，零担站设计年度至少是 10 年。零担站的建设规模要以设计年度的货运需求为依据（表 10-1），因此需要预测设计年度的货物吞吐量。

零担站设计年度货物吞吐量 T_D 可按下式计算：

$$T_D = T_0(1+\alpha_i)^n \tag{10-1}$$

式中 T_0——统计年度（基年）货物吞吐量（t）；

α_i——货物吞吐量预计每年递增的幅度；

n——统计年度至设计年度的间隔时间（年）。

采用此预测方法，必须以历年零担货运的统计资料为基础，确定预测期内零担货物吞吐量的递增幅度，再根据此递增幅度求出设计年货物吞吐量。

表 10-1　　零担货运站等级标准

零担货运站等级	一级	二级	三级
统计年度（基年）货物吞吐量/t	6 000 以上	2 000～6 000	2 000 以下

3. 内部道路设计

货运站道路横断面类型主要由场站内的交通量来决定，尤其是主干路和次干路，一定要与场站的交通量相匹配。为了合理选择场站道路横断面的设计类型，根据单位用地强度指标来选择不同的横断面类型，具体见表 10-2。

表 10-2　　道路横断面类型

用地强度/[万 t·(km^2×年)$^{-1}$]	主干路	次干路	支路
≤100	双向两车道	—	双向两车道或单车道
≤500	双向四车道	—	双向两车道或单车道
≤2 000	双向六车道或四车道	双向四车道或两车道	双向两车道或单车道
>2 000	双向八车道或六车道	双向四车道	双向两车道或单车道

4. 停车场设计

1）停车场面积计算

在新站建设中，每一驻站车辆所需停车面积可以通过车辆投影面积的 3 倍确定，此处车辆投影面积为车辆最大投影面积。零担站停车场面积 A 可按下列公式计算：

$$A = 3 \times N \times F \tag{10-2}$$

式中　A ——停车场面积(m^2)；

N ——日停车数量；

F ——车辆投影面积(m^2)。

《汽车、挂车及汽车列车外廓尺寸、轴荷及质量限值》(GB 1589—2016)规定了各类货运车辆的空间尺寸技术指标。

2）车辆停放方式的选择

合理地布置停车方式不仅可以提高停车场的使用效益，提升车辆进出车库的安全性和便捷性，还能节约城市土地利用，降低车辆的管理费用。常见的车辆停放方式主要有平行式、斜列式和垂直式三种，也可混合采用这三种停车方式。

(1) 平行式[图 10-1(a)]。车辆停放时车身方向与通道平行，适用于狭长的停车场地，平行式停车方式中车辆进出车位更方便、安全，但每辆车进出需要占用的面积较大。

(2) 斜列式[图 10-1(b)]。车辆停放时车身方向与通道成 30°，45°，60°或其他锐角斜向布置，车辆停放比较灵活，驶入驶出车位均较方便，单位占地面积比平行式要小。斜角停车时车辆进出较方便，所需转弯半径较小，相应通道宽度较小，但进出车只能沿一个固定方向，且停车位前后出现三角形面积，因而每辆车占用的面积较大。

(3) 垂直式[图 10-1(c)]。车辆停放时与通道垂直，垂直停车方式的停车带宽度以车身宽度加上一定的安全距离确定，通道所需宽度最大，驶入驶出车位一般需倒车一次，用地比较紧凑，单车辆占地面积最小，但转弯半径要求较大，行车通道要求较宽。

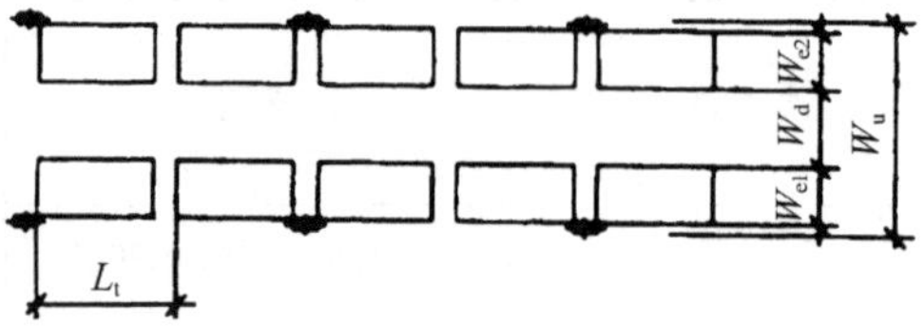

(a) 平行式停车方式

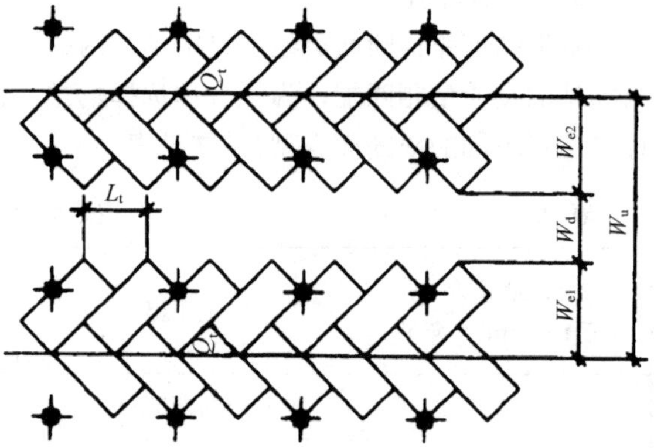

(b) 斜列式停车方式

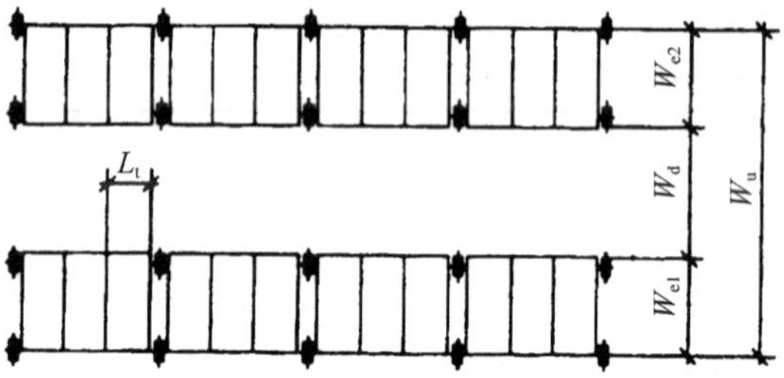

(c) 垂直式停车方式

L_t—平行于通车道的停车位尺寸；W_{e1}—停车位毗邻墙体或连续分隔物时，垂直于通(停)车道的停车位尺寸；W_{e2}—停车位毗邻时，垂直于通(停)车道的停车位尺寸；W_d—通车道宽度；W_u—停车带宽度；Q_t—机动车倾斜角。

图 10-1　常见的车辆停放方式

3) 车辆纵横净间距的确定

在设计停车场时，还必须考虑车体与其他车的净距，以及驾驶员上下车时的车门开关尺寸，停车场最小净距应符合表 10-3 的规定。

表 10-3　汽车与汽车、墙、柱、护栏之间的最小净距

项目		最小净距/m		
		微、小型汽车	轻型汽车	大、中型汽车
平行式停车时车间纵向净距		1.2	1.2	2.4
垂直式、斜列式停车时车间纵向净距		0.5	0.7	0.8
车间横向净距		0.6	0.8	1.0
车与柱净距		0.3	0.3	0.4
车与围墙、护栏及其他构筑物之间的净距	纵向	0.5	0.5	0.5
	横向	0.6	0.8	1.0

注：1. 净距是指最近距离，当墙、柱外有凸出物时，应从其凸出部分外缘算起。
2. 纵向指汽车长度方向，横向指汽车宽度方向。

4）停车场交通组织设计

停车场交通组织设计可从车辆进入车位方式及场内交通引导等方面进行设计。

车辆进入车位方式主要有前进式停车、后退式发车，前进式停车、前进式发车和后退式停车、前进式发车三种方式。

为明确车辆在停车场内的交通路线，同时便于驾驶员停放、寻找车辆，应在停车场内部规划设计适当的箭头、指示牌、车位标号和区域标识符等场内引导标识。

5）停车场出入口设计

停车场的出入口设计应遵循一般设计原则，其主要的技术标准有：机动车出入口距离城市主干道交叉口不小于 70 m；同时距地铁出入口、公共交通站台边缘不小于 15 m；距公园、学校、儿童及残疾人使用的出入口不应小于 20 m。

机动车停车车位指标大于 50 个时，出入口不得少于 2 个；机动车停车车位指标大于 500 个时，出入口不得少于 3 个；出入口之间净距须大于 10 m，出入口宽度不得小于 7 m，服务半径小于 150 m。条件困难或停车容量小于 50 个时，可设一个出入口，但其进出通道的宽度宜采用 9～10 m。

5. 零担站的设施、设备

为提高服务质量，各级零担站必须结合场站功能，配置相应设施和设备。营业场所必须设置零担车运行线路图、营运班期表、里程运价表、托运须知等服务设施。中转、换装作业量大的一、二级站可设置具有监控、传送、分拣设备的中转库，还应配置装卸笨重零担货物的设备，三级站可视场站情况，自行配备装卸设备。

1）站房面积计算

货运站站房由业务人员工作间和货主办理货物托运或仓储受理手续、提货手续的场所构成，面积计算方法如下：

$$A_1 = A_2 + A_3 \tag{10-3}$$

式中 A_1——货运站站房面积（m^2）；

A_2——货物受理处面积（m^2）；

A_3——提货处面积（m^2）。

2）库（棚）设施面积计算

库（棚）的面积根据日均货物最大吞吐量计算，计算方法如下：

$$A_4 = \frac{Q \times T \times K_1 \times a_1}{f} \tag{10-4}$$

式中 A_4——库（棚）面积（m^2）；

Q——日均货物最大吞吐量（t/d）；

T——货物储存期，中转库取 1～2 d，仓储库取 7～9 d；

K_1——入库系数，取 0.5～0.7；

a_1——平均每吨货物占地面积，中转库取 2～3 m^2/t，仓储库取 1.5～2.5 m^2/t；

f——面积利用系数，中转库一般取 0.5～0.6，仓储库取 0.6～0.75。

对于仓储货棚来说，其设计面积一般为仓储库面积的 20%～25%。

3）货场面积计算

货场应与仓储库一同位于仓储作业区内，货场面层应根据货物性质、荷载、水文地质等因素和就地取材原则，通过技术经济比较确定，货场排水应与站区总体排水系统衔接。货场面积计算方法如下：

$$A_5=\frac{Q\times T\times K_2\times a_2}{f} \tag{10-5}$$

式中 A_5——货场面积（m^2）；

Q——日均货物最大吞吐量（t/d）；

T——货物储存期，中转库取 1～2 d，仓储库取 7～9 d；

K_2——入场系数，取 0.3～0.5；

a_2——平均每吨货物占地面积，取 0.8～1.2 m^2/t；

f——面积利用系数，取 0.6～0.75。

10.3.3 公路集装箱货运站

1. 公路集装箱货运站建筑设施

主要建筑设施包括业务办公房、拆装箱货物仓库和高站台、车辆和机械设备维修车间、集装箱维修和清洗车间、集装箱堆场。

1）拆装箱库面积计算

$$A_6=\frac{C\times G\times S\times g}{f} \tag{10-6}$$

式中 A_6——拆装箱库面积（m^2）；

C——日均拆装箱数量（TEU/d）；

G——每箱货物平均重量，取 11～13 t/TEU；

S——货物平均堆存期，取 3～5 d；

g——堆存每吨货物所需面积，取 1～2 m^2/t；

f——面积利用系数，取 0.6～0.7。

2）拆装箱库高站台面积计算

拆装箱库高站台面积计算方法如下：

$$A_7=L_g\times D \tag{10-7}$$

式中 A_7——高站台面积（m^2）；

L_g——高站台长度（m）；

D——高站台宽度，一般取 4～5 m。

3）集装箱堆场面积计算

集装箱堆场面积计算方法如下：

$$A_{13}=M\times E \tag{10-8}$$

式中 A_{13}——集装箱堆场面积（m^2）；

M ——平面箱位数；

E ——每一平面箱位面积(m^2)，按表 10-4 取值。

表 10-4　　不同装卸工艺方式所需每一平面箱位面积

装卸机械	轮胎式龙门起重机方式	跨运车方式	正面吊车方式	叉车方式
E/m^2	30～35	35～40	40～45	65～70

平面箱位数 M 计算方式如下：

$$M=\frac{D\times K_t\times S_2}{T\times H\times K_g} \tag{10-9}$$

式中　D ——年箱堆存量(TEU)；

K_t ——不均衡系数，一般取 1.3～1.5；

S_2——集装箱平均堆存期，取 5～7 d；

H ——堆码层数；

K_g ——高度利用系数。

2. 生产辅助和生活服务设施

生产辅助和生活服务设施应根据各站级别的需要进行设置。生产辅助设施主要包括动力、供水/供热和环保、消防设施等；生活服务设施主要包括食宿和其他服务设施。

3. 停车场

停车场可集中设置，也可在不同作业区域内分别设置，站内自备车辆和外来车辆应分区停放，停车场应邻近装卸(作业)场布置。

停车场面积计算公式与公路零担货运站的停车场面积计算公式相同。

4. 道路设施

道路设施主要包括铁路专用线和站内道路。在邻近铁路线并有较大公铁联运作业量的一、二级汽车货运站，可引设铁路专用线；三、四级货运站或无条件的货运站可不设置。站内道路应采用无交叉的环形行驶路线。

10.3.4　公路货运站的平面布置

1. 平面布置的基本原则

总平面图的布置(图 10-2)是货运站设计中的一个重要组成部分。其主要任务是根据货运站生产流程、地形特点等，在建筑物、构筑物、运输道路以及站区绿化等方面，研究各功能模块之间的相互关系和空间布局，使其在流程上和经济上更加合理。依据《公路货运站站级标准及建设要求》(JT/T 402—2016)，公路货运站平面布置的具体原则包括：

(1) 与现有场站设施的改造利用相结合，节约用地和投资；

(2) 根据不同的货运核心业务，按功能区分别布设相应设施，保证合理的生产关系，生产设施、设备的布局应符合生产工艺的要求；

(3) 站内道路统一规划，合理使用，使站内车流、货流、机械流、人流便捷畅通，互不干扰。

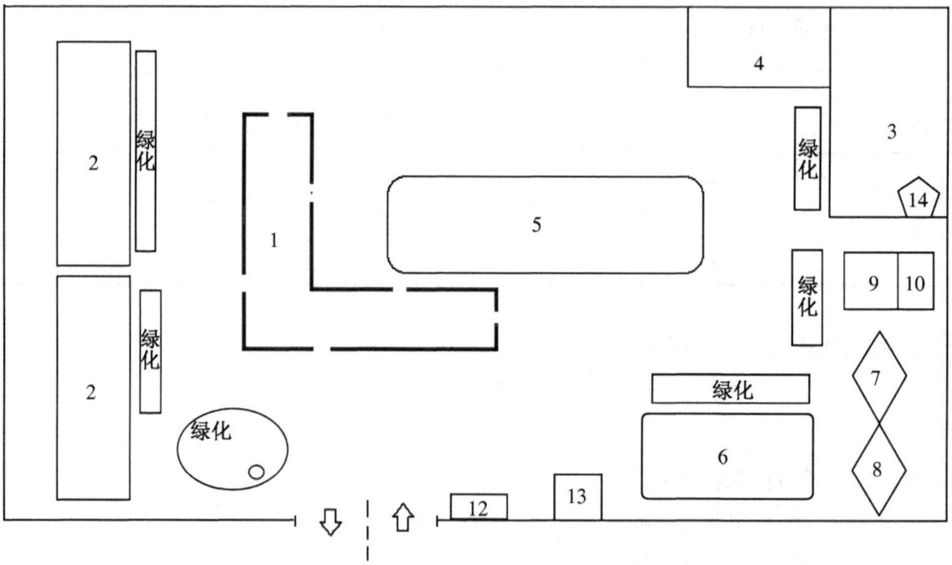

1—仓库房；2—堆场；3—综合办公楼；4—车辆维修间；5—停车场；6—餐厅水房；7—女职工宿舍；
8—男职工宿舍；9—浴室；10—锅炉房；12—门卫室；13—配电室；14—传达室。

图 10-2　公路货运站平面布置示意图

2. 货运站平面布置的基本类型

通常货运站的办公楼与仓库分开建造，并布置在临主干道一侧。仓库的位置对零担站和集装箱站的总体布置有重要影响，下面以仓库为例来说明货运站的基本布置类型。

（1）按仓库外形可分为"一"字形、"L"形及"T"形。在生产实践中，"一"字形仓库比较便于货物的装卸作业，所以零担仓库多采用此类型。由于集装箱的拆装箱作业库房一般分设装箱库房和拆箱库房，因此，集装箱的拆装箱作业库房宜采用"L"形及"T"形，以保证分区明确和联系方便。

（2）按仓库高度可分为平地式和高台式两种。当集装箱的仓库为平地式时，其周围可不设置拆装箱平台；当集装箱的仓库为高台式时，仓库的拆装箱作业区侧面应设置作业平台，为拆装箱作业提供方便。高台式仓库地面一般高出路面 1.2～1.3 m，与运输车辆车厢底板相平。新建的零担货运站宜采用高台式仓库，并设置相应的作业平台，便于货物装卸和采用叉车作业。若利用原有建筑物作为零担货运站平地式仓库，可在仓库附近的合适位置，专门设置装卸站台，便于货物的装卸作业。

（3）按仓库建筑层数不同可分为单层和双层两种。在建造双层仓库时，应同时考虑由于停电或发生设备故障时货物竖向移动的措施，以免对正常生产造成严重影响。

（4）按仓库存放货物的类型可分为综合仓库和专用仓库两种。

零担货运站大多数采用综合仓库保管方法，即将发送、中转或到达交付的各类货物在同一仓库内分区、分线保管存放。对于日均货物吞吐量较大的零担站，也可按上述不同货物类型分别设置专用仓库，以免发生货差。对于承运危险品的零担货运站，必须单独设置危险品仓库。

集装箱站的拆装箱库多数采用综合式仓库。集装箱堆场也可作为露天仓库，一般应按中转箱、拆装箱、周转箱、维修箱分区堆放。各种箱子的堆码层数应与选用的起重设备相适应。根据集装箱能承受动载荷作用下的强度设计，重箱堆码最多不得超过 6 层。

10.4 铁路货运场站设计

10.4.1 货运站

铁路货运站的布置形式可分为通过式、尽端式以及部分通过和部分尽头的混合式。通过式货运站可设于干线上成为中间站，也可设于其他线路上；尽端式货运站可设置在城市内部，车站深入市区或工业区，设在线路的终端，但车场可设计成贯通式。

货运站按车场与货场的相互配置分横列式与纵列式两种。横列式货运站的优点是设备集中、管理方便，但调车作业不便；纵列式货运站则相反。

1. 货运站布置的总体原则

货运站及货运设备的设计应根据货运量、货物品类、作业性质、运营要求、货源及货流方向、城市规划和交通条件，并结合地形、地质和水文条件等因素确定。货运站应避开地质不良和地势低洼易积水的地区，并应做好道路和排水设计。既有货运站改建时，应充分利用既有设备。对于设计运量较大、货品单一或办理大宗货物的货运站，具备整列组织到发条件的，应按整列装卸条件设计，且主要货流方向应符合直通运输要求。

2. 货运站类型

1) 尽端式货运站

尽端式货运站设在铁路线路的终端，根据车场和货场的位置关系分为横列式和纵列式两种。

车场与货场横列的尽端式货运站[图 10-3(a)]的主要优点有：站坪长度短，用地经济；搬运机具的走行跨越铁路线路较少。其缺点是转线、调车与取送作业都有折返行程，增加了车辆的走行距离。

车场与货场纵列的尽端式货运站[图 10-3(b)]的主要优点有：可保证向货场取送车的流水性，缩短了车辆的转线时间，货场与城市联系方便。其缺点是当有两台调车机车作业时，货场取送车与列车解编作业互相干扰，调车机车的走行距离较长，用地较多。

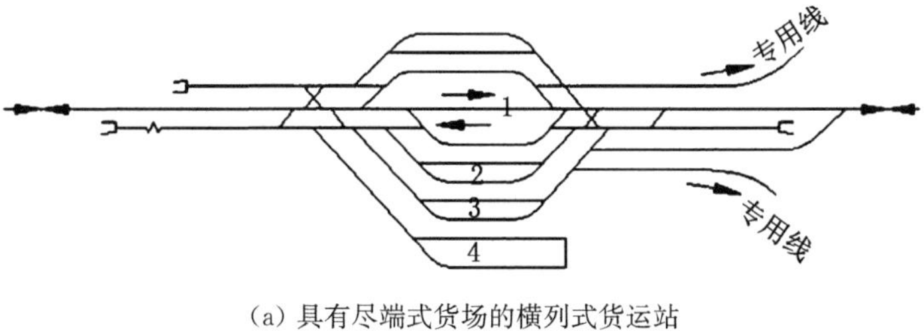

(a) 具有尽端式货场的横列式货运站

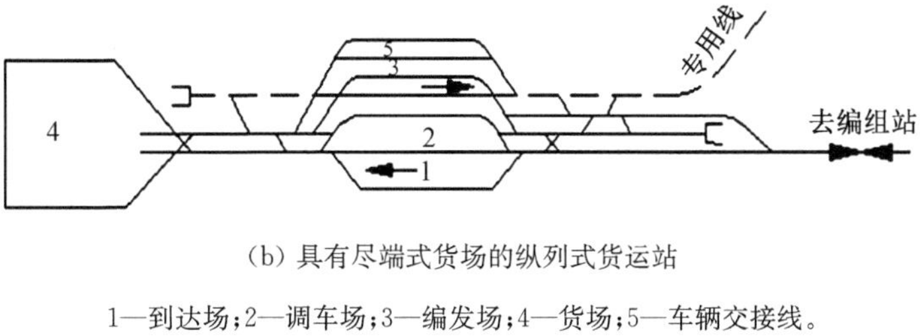

(b) 具有尽端式货场的纵列式货运站

1—到达场；2—调车场；3—编发场；4—货场；5—车辆交接线。

图 10-3 尽端式货运站

2）通过式货运站

通过式货运站(图 10-4)的货场和车场均设置在铁路正线的一侧，可减少站内作业对正线的干扰，保证货物列车顺利通行。

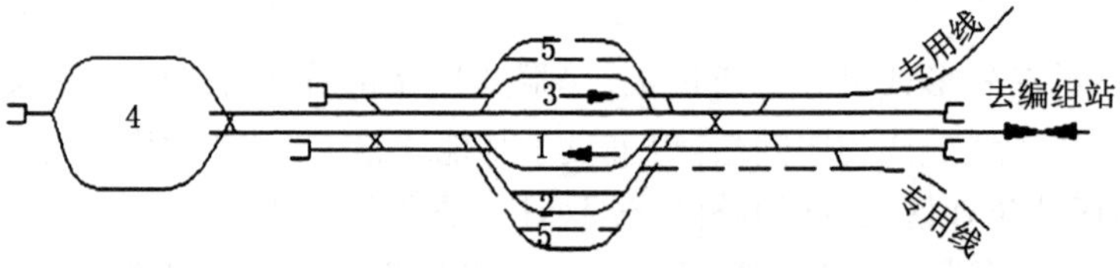

1—到达场；2—调车场；3—编发场；4—货场；5—车辆交接线。

图 10-4　具有通过式货场的纵列式货运站

与尽端式货运站相比，通过式货运站的优点是车站作业分别在两端咽喉处进行，作业能力较强；而缺点是与城市干道交叉干扰大，不易深入城市中心。

通过式货运站一般都和枢纽内的中间站、区段站一并设置，并有许多工业企业线与之接轨，设计时要保证干线列车运行、向工业企业线的取送车进路与调车进路隔开，作业量大的工业企业线要保证与到发场间有独立的通路。

与尽端式相近，贯通式也有横列、纵列两种排布形式。横列贯通式的优点是装卸线两端与正线全部贯通，装卸线可直接办理集装箱列车到发作业和集装箱装卸作业，减少由到发场及调车场经牵出线的转场作业，缩短铁路车辆在站停留时间，提高作业效率，站坪长度短，设备集中，管理方便，有利于远期发展；缺点是站内道路与装卸线交叉较多，对站内流动装卸机械和运输机械行驶有一定影响。纵列贯通式的优点是可充分利用场地条件，装卸线可直接接发列车，减少转场作业时间，作业效率较高；缺点是站坪较长，设备分散，管理不方便。

集装箱作业量大、装卸作业区较多时，占地很大，为充分利用场地，便于各装卸作业区布置，可将靠近装卸场外侧的部分装卸线布置成尽端式，其他装卸线仍为贯通式，即横列混合式布置。

10.4.2　换装站

换装站是设在不同轨距铁路的接轨地点、为货物换装和旅客换乘服务的车站。换装站按其设置的地点和承担作业的性质分为国境换装站和国内换装站。

1. 换装站布置要求

换装站布置除应遵守一般车站的布置原则外，还应满足下列要求：

(1) 两种不同轨距的线路应最大限度地避免互相交叉；

(2) 换装站与铁路区间应有直接通路，以便必要时列车能直接向区间发车；

(3) 大型换装场内各换装区的布置应保证作业安全便利、节省场地面积；

(4) 换装线的布置要考虑能互相调剂、长短线配合，同时设有一定的贮备线，以便停放车辆；

(5) 换装设备应尽可能采用机械化、半机械化设备，以提高作业效率；

(6) 两种轨距的客车到发线和客运设备，一般应集中设于一处，以便于旅客换乘；

(7) 两种轨距的机车整备设备可以合设也可以分设，机车检修设备则应合并设置，库内可有混轨线或分设台位两种布置形式，车辆检修设备一般均共用。

2. 换装站分类

根据两种轨距的到发场、调车场与换装场的相互位置，换装站可分为横列式、纵列式和混合式三种。

横列式换装站布置(图 10-5)是将两种轨距的到发场、调车场与换装场平行横列布置；两种轨距的客运设备合设在一起，与货运设备横列布置；机务设备也是两种轨距共用，设在换装场的外侧。

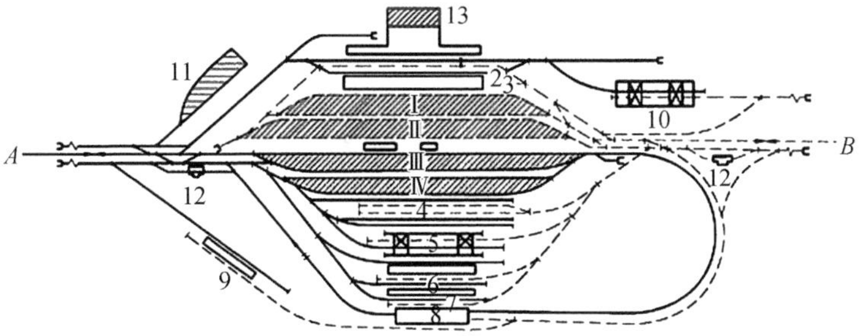

Ⅰ—宽轨到发场；Ⅱ—宽轨调车场；Ⅲ—准轨到发场；Ⅳ—准轨调车场；
1—混轨线；2，3—准轨、宽轨旅客列车到发线；4—笨重货物换装线；5—10 t 以下货物换装线；
6—零担货物换装线；7—散装货物换装线；8—机务整备设备；9—危险货物换装线；
10—客车转向架更换设备；11—车站货场；12—轨道衡；13—站房。

图 10-5 横列式换装站布置

纵列式换装站布置[图 10-6(a)]是将两种轨距的到发场、调车场均与换装场纵向布置；而混合式换装站布置[图 10-6(b)]是将换装场与一种轨距的到发场、调车场横列，而与另一种轨距的到发场、调车场纵列。

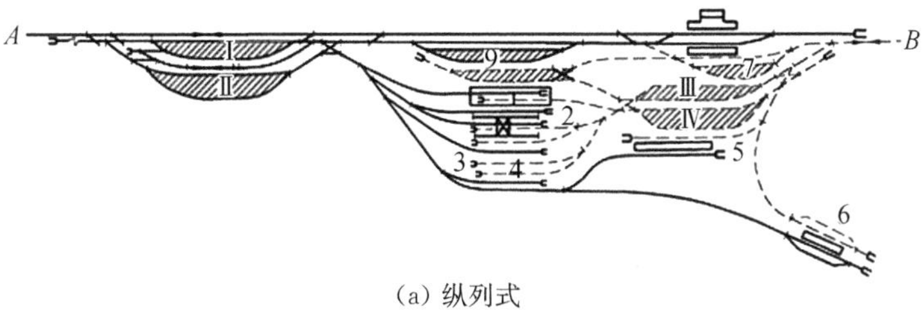

(a) 纵列式

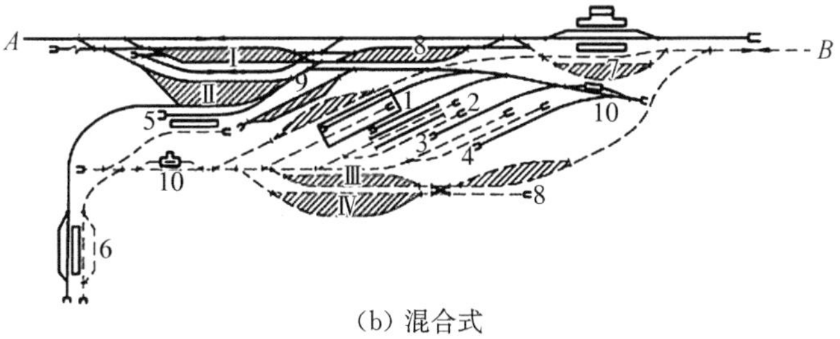

(b) 混合式

Ⅰ—准轨到发场；Ⅱ—准轨调车场；Ⅲ—宽轨到发场；Ⅳ—宽轨调车场；
1—零担货物换装线；2—笨重货物换装线；3，4—散装货物换装线；5—高站台换装线；6—危险货物换装线；
7—宽轨旅客列车停车线；8—机务整备设备；9—机务联合整备设备；10—轨道衡。

图 10-6 纵列式换装站及混合式换装站

10.4.3 工业站、港湾站

根据《铁路车站及枢纽设计规范》(GB 50091—2006)中关于工业站和港湾站的规定，有大量装卸作业的工矿企业、工业区或港口，根据需要可设置主要为其服务的铁路工业站或港湾站。

当采用车辆交接，工业站、港湾站承担的路网中转作业量小，距企业站、港口站较近且地形条件适合时，工业站与企业站或港湾站与港口站宜采用联设，否则，宜采用分设。

工业站、港湾站的布置应根据交接方式、作业量、作业性质、该站在路网上所承担的作业分工和货物装卸地点等因素确定。

(1) 当采用货物交接时，宜采用横列式[图 10-7(a)]。

(2) 当采用车辆交接双方车站分设时，宜采用横列式[图 10-7(b)]。如作业量大，可采用其他合理布置形式。

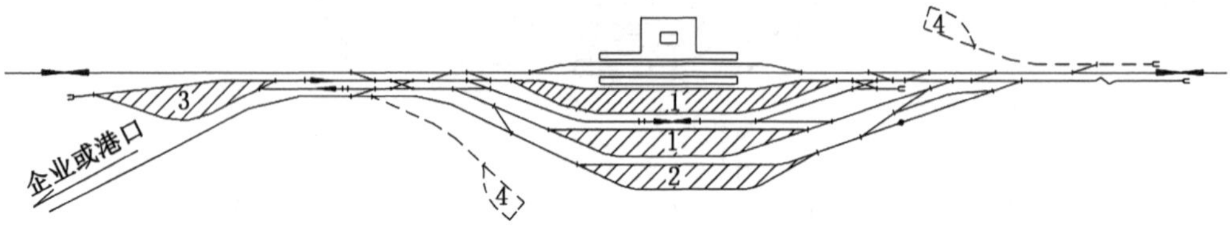

1—铁路到发场；2—铁路调车场；3—铁路机务段；4—货场。

(a) 货物交接

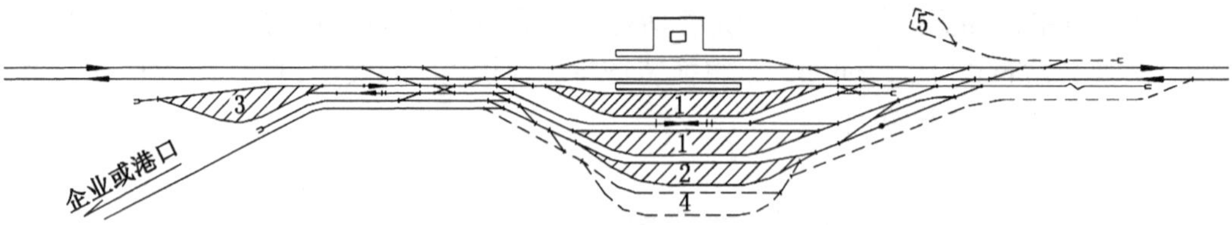

1—铁路到发场；2—铁路调车场；3—铁路机务段；4—交接场；5—货场。

(b) 双方车站分设

图 10-7 横列式工业站、港湾站

(3) 当采用车辆交接双方车站联设时，双方车站均采用横列式[图 10-8(a)]或纵列式[图 10-8(b)]。如作业量大，可采用双方车站联设的双向混合式[图 10-8(c)]或其他合理布置形式。

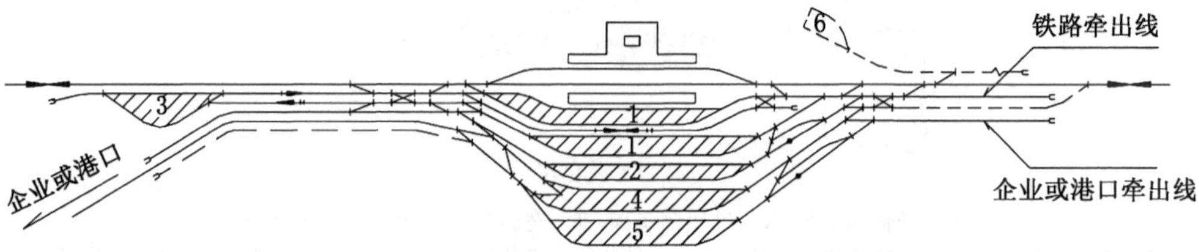

1—铁路到发场；2—铁路调车场；3—铁路机务段；4—企业或港口到发场兼交接场；5—企业或港口调车场；6—货场。

(a) 横列式

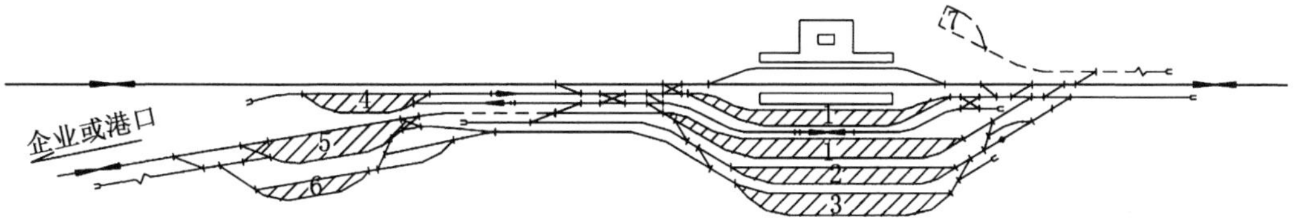

1—铁路到达场；2—铁路调车场；3—交接场；4—铁路机务段；5—企业或港口到发场；6—企业或港口调车场；7—货场。
注：到发场兼交接场时，采用图中虚线联络线，取消交接场及其联络线

(b) 纵列式

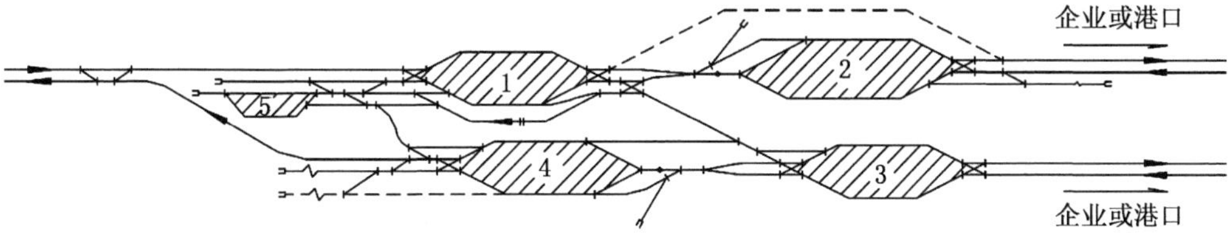

1—铁路到达场；2—企业或港口编发场；3—企业或港口到达场；4—铁路编发场；5—铁路机务段。

(c) 双向混合式

图 10-8　双方车站联设形式

(4) 当在工业站、港湾站内设置专为企业或港口大宗货物使用的装卸设备时，车站类型应结合作业方式和地形条件确定。

10.5　港口设计

10.5.1　港口水域设施

港口水域设施包括港池、航道、锚地、回旋水域、防波堤以及导航设施等。

1. 回旋水域

船舶回转水域通称转头地。20 世纪 60 年代港口设计中转头地内接圆直径多采用"3.0L"(L 为设计船长，即 3 倍船长)或更大一些，这是由当时的港作拖船(主要用于港内作业的拖船)条件所决定的，船舶多立足于自身车舵(船体、螺旋桨、舵叶综合运作称为车舵原理)来转头。目前港作拖船的性能已有很大的改善，因此转头地的尺度也应作相应的调整。

船舶回旋水域应设置在进出港口或方便船舶靠离码头的地点。其尺度应考虑当地风、浪、水流等条件和港作拖船配置、定位标志等因素确定(表 10-5)。回旋水域的设计水深可取航道设计水深。对货物流向单一的专业码头，经论证后，其部分回旋水域可按船舶满载吃水计算。

表 10-5　　　　船舶回旋水域尺度

适用范围	回旋圆直径/m
有掩护的水域，港作拖船条件较好，可借岸标定位	2.0L
无掩护的开敞水域或缺乏港作拖船的港口	2.5L

（续表）

适用范围	回旋圆直径/m
允许借码头或转头墩协助转头的水域	$1.5L$
受水流影响较大的港口，垂直于水流方向的回旋水域宽度为 $1.5L$～$2.0L$，沿水流方向的长度为 $2.5L$～$3.0L$	

注：1. 回旋水域可占用航行水域，当船舶进出频繁时，经论证可单独设置。
2. L 为设计船长(m)。

2. 航道轴线平面布置

为保证船舶在航道中安全方便地进出港口，满足良好的操船作业条件，提高航道通过能力，航道轴线的平面布置应符合以下要求：

(1) 航道轴线应尽量顺直，避免"S"弯转向。当水域狭窄、地形条件复杂、选线困难而必须采用时，可按(3)的要求设计。

(2) 航道需要转向时，转向角应尽量控制在 30°以内，超过 30°时，可根据具体条件采取适当加大转弯半径、加宽航道、减小航速或拖船助航等措施。

(3) 应避免多次转向。但当航道较长，又受地形、地质条件限制，必须转几次弯才能进港时，要根据船舶性能、吨级大小、航道断面尺寸、导助航设施和自然条件等，除减小转向角外，还应满足船舶转弯前调整修正船位的直线段和两次转弯间的直线段长度要求，建议按以下数值控制：

① 转弯前直线段长度为 $2L \sim 4L$。

② 两次转弯间的直线长度：当 $L \leqslant 200$ m 时，不小于 $6L \sim 7L$；当 $L > 200$ m 时，不小于 $9L \sim 10L$。

(4) 邻近防波堤口门外的航道应按直线布置。若受地形条件限制必须转弯进港时，其直线长度可按上述两次转弯间的直线长度要求控制。

(5) 防波堤口门内航道与转头水域连接时最好按直线布置，并应满足制动距离要求，对于进口门后必须转向的航道，其转弯半径建议为 $5L \sim 8L$。

3. 航道宽度

航道有效宽度由航迹带宽度 (A)、船舶间富余宽度(b) 以及船舶与航道底边间的富余宽度(c) 组成(图 10-9)。

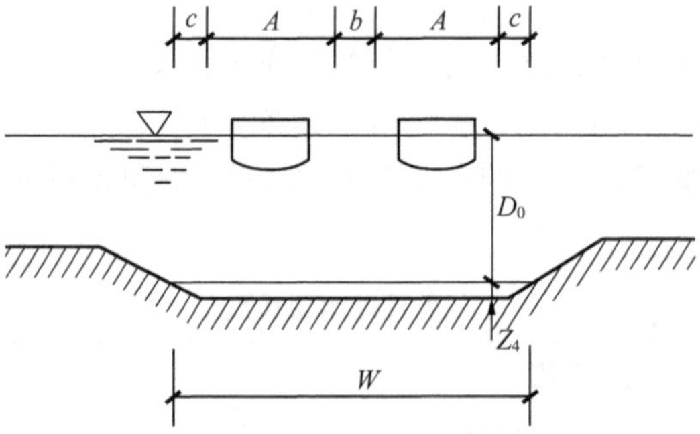

图 10-9　航道有效宽度

单、双向航道宽度可分别按式(10-10)、式(10-11)确定。当航道较长、自然条件较差和船舶定位困难时，可适当加宽；在自然条件有利的地点，经论证可适当缩窄。

单向航道：
$$W = A + 2c \tag{10-10}$$

双向航道：
$$W = 2A + b + 2c \tag{10-11}$$

$$A = n(L\sin\gamma + B) \tag{10-12}$$

式中 W——航道有效宽度(m)；

A——航迹带宽度(m)；

c——船舶与航道底边间的富余宽度(m)，按表 10-6 选用；

b——船舶间富余宽度(m)，取设计船宽 B；

n——船舶漂移倍数，按表 10-7 选用；

L——设计船长(m)；

γ——风、流压偏角(°)，按表 10-7 选用；

B——设计船宽(m)。

表 10-6　船舶与航道底边间的富余宽度 c

船舶类型	杂货船或集装箱船		散货船		油船或其他危险品船	
航速/kn	≤6	>6	≤6	>6	≤6	>6
c/m	0.50B	0.75B	0.75B	B	B	1.50B

注：kn 是航海和航空领域常用的速度单位，1 kn ≈ 1.852 km/h。

表 10-7　满载船舶漂移倍数 n 和风、流压偏角 γ 值

风力	横风≤7 级			
横流 V/(m·s^{-1})	$V \leq 0.25$	$0.25 < V \leq 0.50$	$0.50 < V \leq 0.75$	$0.75 < V \leq 1.00$
n	1.81	1.69	1.59	1.45
γ/(°)	3	7	10	14

注：当斜向风、流作用时，可近似查表取其横向投影值。

4. 航道水深

航道水深分通航水深和设计水深(图 10-10)，其计算方式如下：

通航水深：
$$D_0 = T + Z_0 + Z_1 + Z_2 + Z_3 \tag{10-13}$$

设计水深：
$$D = D_0 + Z_4 \tag{10-14}$$

式中 D_0——航道通航水深(m)；

T——设计船型满载吃水(m)；

Z_0——船舶航行时船体下沉值(m)；

Z_1——船舶航行时龙骨下最小富余深度(m)；

Z_2——波浪富余深度(m)；

Z_3——船舶装载纵倾富余深度(m)，杂货船和集装箱船可不计，油船和散货船取 0.15 m；

D ——航道设计水深(m)；

Z_4——备淤富余深度(m)，应根据两次挖泥间隔期的淤积量确定，不宜小于 0.4 m。

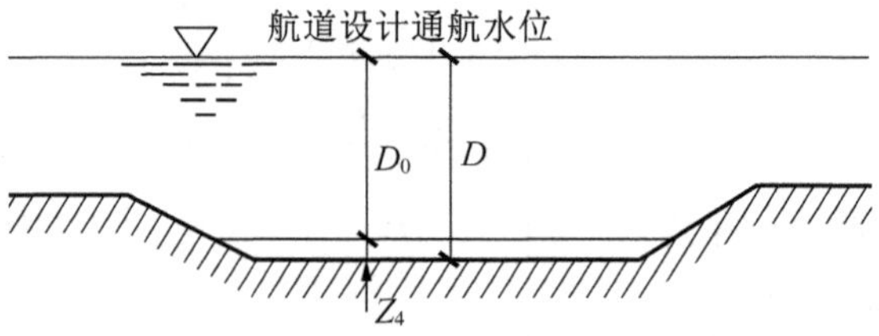

图 10-10　航道通航水深与设计水深

5. 转弯航道设计

航道转弯段应以航道中心线为准，用一定半径的圆弧线连接过渡。航道转弯半径 R 和加宽方式应根据转向角 Φ 和设计船长确定。

(1) $10° < \Phi \leqslant 30°$，$R = 3L \sim 5L$，宜采用切角法[图 10-11(a)]加宽；当水域狭窄，采用切角法困难时，经论证可采用折线切割法[图 10-11(b)]加宽。

(2) $\Phi > 30°$，$R = 5L \sim 10L$，可采用折线切割法加宽。

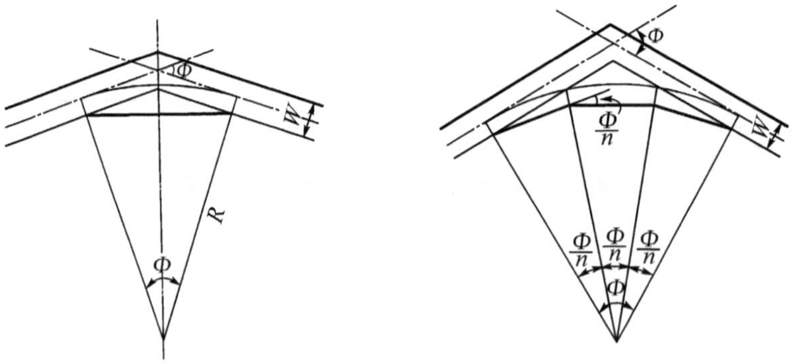

(a) 切角法　　(b) 折线切割法

W—航道有效宽度(m)；n—航道转弯处采用折线切割法加宽的等分折线段数。

图 10-11　航道转弯段加宽示意图

6. 助航标志

海港助航标志是帮助船舶进出港口安全航行的设施，是港口水域建设的主要组成部分。在进行港口水域总体布置设计时，应根据船舶航行密度、引航距离、待泊数量、船舶尺度和水文气象条件等选择安全、可靠、适用和经济合理的助航标志。

航标按所设区域可分为海区航标和内河航标，海区航标又可分为干线航标和港口航标；按航标配布地点可分为岸上航标和水上航标；按其结构和设置方法可分为固定航标和浮动航标；按航标的不同性能和技术装置可分为目视航标、音响航标和无线电航标。

1) 灯塔

灯塔是建立在海岸岬角、岛礁、航道入口、深水锚地附近、浅水岸滩或港口临海岸边的高大塔状建筑物。为便于识别，塔上涂有显著颜色，顶部装有远射程的发光灯器，作为白天和夜间测定船位、确定航行方向、标示港口位置或危险区域之用。

灯塔高度是根据选址的地形和位置决定的。建在地形较高的岸边或岛礁上时，在满足地理视距和灯光射程的前提下，塔身不宜建太高，一般以 10～25 m 为宜。

灯塔的形状有圆形、六角形、八角形等，但通常多采用圆形，要求以灯塔中线为轴四周对称，目标明显，特征突出，适应环境，造型优美。根据背景条件，塔身外部涂色，通常用白、黑、红颜色涂成单一或两种颜色相间的横带、竖条或斜带状，以获取良好的观测效果。

2）灯桩和立标

灯桩和立标是在防波堤头、码头端部、岛礁、港口附近海岸岬角、浅水岸滩或对航行有危险的地点设置的海上或岸上固定标志。灯桩装有灯器的为发光航标，可供日夜使用。立标无灯器的为不发光航标，只供白天使用。

3）浮标

浮标锚固于海底而漂浮在水面上，标示出航道和港口水域中通航部分的外廓线，根据其使用目的和要求分为有灯浮标和无灯浮标两种。浮标具有不同形状的钢制浮体，其水上部分涂有明显颜色、编号、配置灯质和顶标；水下部分有尾舵、浮尾和压重，浮体下面的锚泊装置有锚链、铅锤和锚等。

目前，我国采用的是 A 系统浮标制度，其通用的浮标按外形分为 5 种：罐形、锥形、球形、柱形和杆形浮标，按助航作用和特性分为 5 类：侧面标、方位标、孤立危险物标、安全水域标和专用标。

10.5.2 港口陆域设施

1. 码头前沿高程

码头前沿高程应考虑当地大潮时码头面不被淹没，便于码头作业和与前后方高程的衔接。码头前沿高程应根据泊位性质、船型、装卸工艺、船舶系缆、水文、气象条件、防汛要求和掩护程度等因素，并参照邻近现有码头前沿高程确定。

有掩护港口的码头前沿高程为计算水位与超高值之和，应按表 10-8 中的基本标准和复核标准分别计算，并取大值。

表 10-8　　码头前沿高程

基本标准		复核标准	
计算水位	超高值/m	计算水位	超高值/m
设计高水位（高潮累积频率 10%的潮位）	1.0～1.5	极端高水位（重现期为 50 年的年极值高水位）	0～0.5

注：1. 计算水位应按现行行业标准《海港水文规范》(JTS 145—2—2013)的有关规定确定。
2. 位于陆沉地区的港口，码头前沿高程应适当留有沉降富余量。
3. 当码头附近陆域过高时，为便于与铁路、道路在高程上的合理衔接，码头前沿高程经论证后可作适当调整。

开敞式码头应满足码头面不被波浪淹没的要求，通常不考虑码头及连接桥上部结构直接承受波浪力的作用，码头面高程可按式(10-15)确定，必要时，应通过模型试验确定。

$$E = HWL + \eta_0 + h + \Delta \tag{10-15}$$

式中 E ——码头面高程(m)；

HWL ——设计高水位(m)；

η_0——设计高水位时重现期为 50 年的 $H_{1\%}$（波列累积频率为 1%的波高)静水面以上的波峰面高度(m)；

h ——码头上部结构的高度(m)；

Δ ——波峰面以上至上部结构地面的富余高度(m)，可取 0～1.0 m。

2. 码头泊位设计

码头泊位长度应满足船舶安全靠离作业和系缆的要求。

对于有掩护港口的通用码头，其单个泊位长度(图 10-12)可按下式确定：

$$L_b = L + 2d \tag{10-16}$$

式中 L_b ——码头泊位长度(m)；

L ——设计船长(m)；

d ——富余长度(m)，按表 10-9 选用。

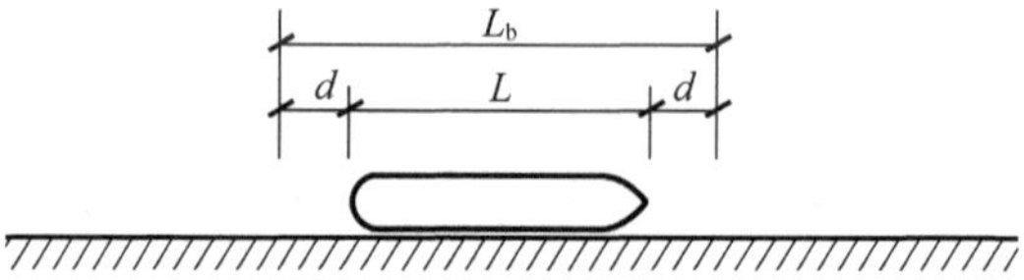

图 10-12 单个泊位长度

表 10-9 富余长度 *d*

***L*/m**	<40	41～85	86～150	151～200	201～230	>230
***d*/m**	5	8～10	12～15	18～20	22～25	30

港作船码头可参照表 10-9 中的数值确定泊位长度；泊位长度在满足平面布置的条件下，可采用首尾系缆墩及引桥连接方式，其泊位长度从系缆墩外侧边缘开始计算；而专业化码头的泊位长度，应满足装卸工艺要求。

3. 港口铁路

完善的港口铁路系统一般应包括港口车站、分区车场、码头和库场的装卸线，以及将这些部分连成整体的港口铁路区间正线、联络线和连接线等(图 10-13)。目前我国港口铁路的管理方式，因各港具体情况的不同，有港口管理和路网管理两种方式。对于港口管理的铁路，应配备机车及机务准备设备。

各部分的基本功能具体如下。

(1) 港口铁路区间正线：自铁路接轨站至港口车站之间的衔接线路。

(2) 港口车站：承担港口列车到发、交接、编组、集结等作业并向各分区车场或装卸线取送车辆的车站。

(3) 分区车场：承担本分区内的列车到发、取送及调车作业的车场。

(4) 装卸线：专供货物车辆装卸作业用的铁路线。

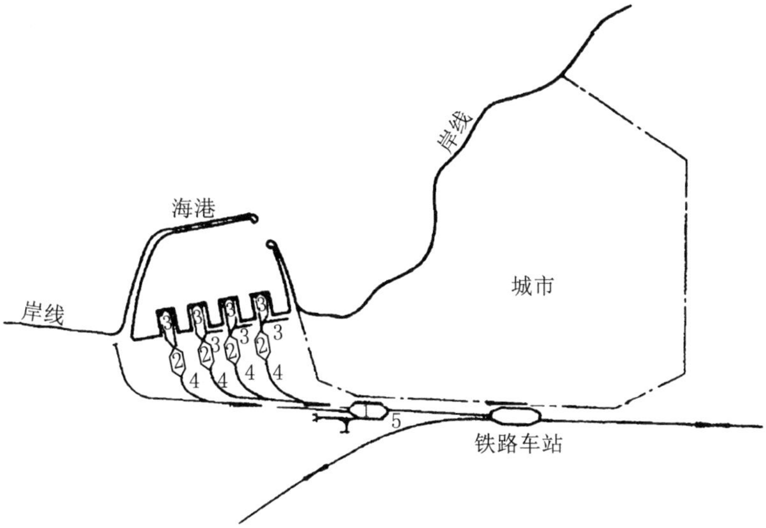

1—港口车站；2—分区车场；3—码头、库场装卸线；4—联络线；5—港口铁路区间正线。

图 10-13 港口铁路的组成

（5）联络线：港口站至分区车场的衔接线路。

（6）连接线：分区车场至码头、库场装卸线间的衔接线路及其他连接线路。

港口铁路等级应根据港口铁路所承担的重车方向的年运量 Q_t 按表 10-10 划分。

表 10-10　　港口铁路等级

铁路等级		重车方向年货运量 Q_t /(10^6 t)	铁路等级	重车方向年货运量 Q_t /(10^6 t)
Ⅰ	A	$Q_t \geq 10.0$	Ⅱ	$1.5 \leq Q_t < 4.0$
	B	$4.0 \leq Q_t < 10.0$	Ⅲ	$Q_t < 1.5$

4. 港口道路

港口道路分为进出港道路和港内道路。港口与全国公路网、城市或其他企业相衔接的对外道路称为进出港道路。港区内部的道路系统称为港内道路。

进出港道路按运量可分为两类。

（1）Ⅰ类进出港道路：汽车双向年货运量在 2.0×10^6 t 及以上的道路；

（2）Ⅱ类进出港道路：汽车双向年货运量在 2.0×10^6 t 以下的道路。

进出港道路的主要技术指标应遵守《海港总平面设计规范》(JTJ 211—1999)的有关规定，其主要技术指标见表 10-11，Ⅰ、Ⅱ类进出港道路的其他技术指标可分别按《厂矿道路设计规范》(GBJ 22-87)中平原、微丘的二、三级厂外道路的技术标准设计。邻近港区主要出入口道路的宽度应与港内主干道宽度适应。位于城市道路网规划范围内的疏港道路设计应符合《城市道路工程设计规范》(CJJ 37—2012)的规定；位于公路网规划范围内的疏港道路设计应符合《公路工程技术标准》(JTG B01—2014)的规定。

表 10-11　　进出港道路主要技术指标

<table>
<tr><th colspan="2">指标名称</th><th>Ⅰ类进出港道路</th><th>Ⅱ类进出港道路</th></tr>
<tr><td colspan="2">计算行车速度/(km・h^{-1})</td><td>80</td><td>60</td></tr>
<tr><td colspan="2">路面宽度/m</td><td>2×7.5</td><td>7.0～9.0</td></tr>
<tr><td colspan="2">路肩宽度/m</td><td>0.75～1.50</td><td>0.75～1.50</td></tr>
<tr><td colspan="2">极限最小圆曲线半径/m</td><td>250</td><td>125</td></tr>
<tr><td colspan="2">不设超高最小圆曲线半径/m</td><td>2 500</td><td>1 500</td></tr>
<tr><td colspan="2">停车视距/m</td><td>110</td><td>75</td></tr>
<tr><td colspan="2">会车视距/m</td><td>220</td><td>150</td></tr>
<tr><td colspan="2">最大纵坡/%</td><td>5</td><td>6</td></tr>
<tr><td rowspan="2">极限最小竖曲线半径/m</td><td>凸形</td><td>3 000</td><td>1 400</td></tr>
<tr><td>凹形</td><td>2 000</td><td>1 000</td></tr>
</table>

港内道路作为港区的内部道路，可分为下列三种。

(1) 主干道：全港性(或作业区)交通运输繁忙的主要道路。

(2) 次干道：港内码头、库场、流动机械库之间交通运输繁忙的道路。

(3) 支道：消防车道及车辆、行人均较少的道路。如生产辅建区、生活辅建区中次干道以下的道路。

港内道路主要技术指标可参考表 10-12。

表 10-12　　港内道路主要技术指标

<table>
<tr><th colspan="2">指标名称</th><th>主干道</th><th>次干道</th><th>支道</th></tr>
<tr><td colspan="2">计算行车速度/(km・h^{-1})</td><td>15</td><td>15</td><td>15</td></tr>
<tr><td rowspan="2">路面宽度/m</td><td>一般港区</td><td>9～15</td><td>7～9</td><td>3.5～4.5</td></tr>
<tr><td>集装箱港区</td><td colspan="2">15～30</td><td>4～7.5</td></tr>
<tr><td rowspan="2">最小圆曲线半径/m</td><td>行驶单辆汽车</td><td>15</td><td>15</td><td>15</td></tr>
<tr><td>行驶拖挂车</td><td>20</td><td>20</td><td>20</td></tr>
<tr><td rowspan="5">交叉口路面内缘最小转弯半径/m</td><td>载重 4～8 t 单辆汽车</td><td>9</td><td>9</td><td>9</td></tr>
<tr><td>载重 10～15 t 单辆汽车</td><td>12</td><td>12</td><td>12</td></tr>
<tr><td>载重 4～8 t 单辆汽车带挂车</td><td>12</td><td>12</td><td>12</td></tr>
<tr><td>集装箱拖挂车、载重 15～25 t 平板挂车</td><td>15～18</td><td>15～18</td><td>15</td></tr>
<tr><td>载重 40～60 t 平板挂车</td><td>18</td><td>18</td><td>18</td></tr>
<tr><td colspan="2">停车视距/m</td><td>15</td><td>15</td><td>15</td></tr>
<tr><td colspan="2">会车视距/m</td><td>30</td><td>30</td><td>30</td></tr>
<tr><td colspan="2">交叉口停车视距/m</td><td>20</td><td>20</td><td>20</td></tr>
<tr><td colspan="2">最大纵坡/%</td><td>5</td><td>5</td><td>8</td></tr>
<tr><td colspan="2">竖曲线最小半径/m</td><td>100</td><td>100</td><td>100</td></tr>
</table>

10.6 航空货运场站设计

货运和邮政业务是航空业务的重要组成部分，航空货运区是航站区的重要组成部分。货运区主要包括以下部分：货运航站楼、货机坪、海关监管区、快件邮件处理区、办公区、停车场、空港进出通道、空港内部道路等。

1. 货运航站楼

货运航站楼连接陆侧与空侧区域，承担着货邮在空侧与陆侧之间的转换功能。典型的货运航站楼可以归纳为图 10-14 所示的 4 种形式。

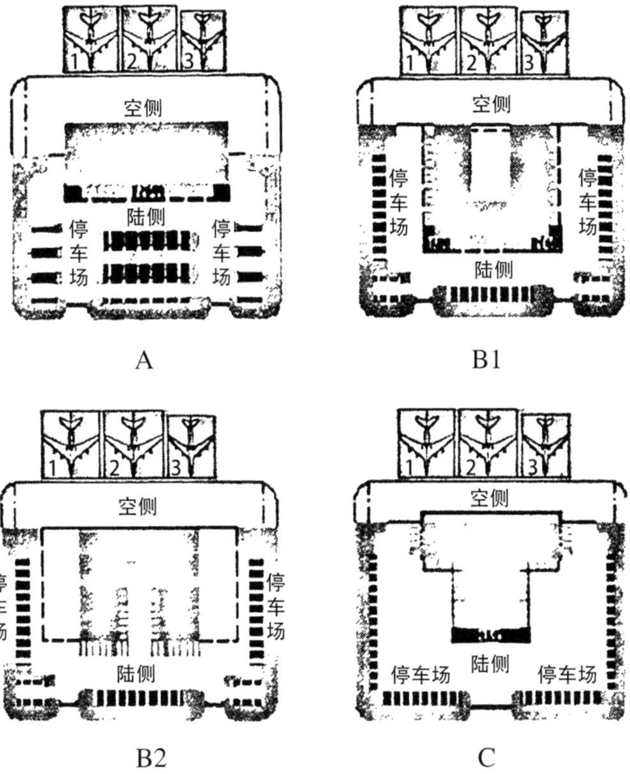

图 10-14　货运航站楼形式

2. 货机坪

货机坪是货机停放的场地，属于空侧范畴。货机坪相对于客机坪而言是比较简单的，它一般不要求飞机直接邻近航站楼停靠，而是采用地面运输机械完成货邮的装卸，因此也不存在机位与登机口匹配的问题。

3. 海关监管区

海关监管区覆盖了货运区的货物处理部分与货物仓储设施，所有国际航班货物将在海关监管区接受海关的监管。海关监管区通常与其他区域隔离，通过设置一定数量的卡口与外界联系。所有货物经由卡口进出，接受海关部门的监管和检查。

4. 停车场

停车场主要在陆侧为货车提供服务，货运卡车是目前最主要的陆侧运输工具，除卡车外，有些航空港货运区可能存在铁路货运站或水运港口。货车停车场通常在陆侧围绕航站楼紧密布置。

5. 空港进出通道

空港是城市的交通中心之一，而且有严格的时间要求，因而从城市进出空港的通道是城市规划的一个重要部分。空港进出通道的功能是把机场和城市连接起来，将旅客和货邮及时运进或运出空港。进出机场的地面交通系统的状况会直接影响空运业务。大型城市为了保证空港交通的通畅都修建了市区到空港的专用公路或高速公路。对于货运量较大的机场，要考虑专用的货运通道。

6. 空港内部道路

空港内部道路主要是供货物在空港专业区内移动，空港内部道路设计与城市道路设计类似。

10.7 物流节点交通设计

10.7.1 大型物流节点交通设计

大型物流节点主要是指具备较大规模以及功能较为完善的物流园区和物流中心。物流节点内部交通系统是节点物流活动正常运转的基本保证，起着联系各功能分区及与外部联系的重要作用，是节点运行效率的决定性因素，同时也是节点消防安全与内部景观构成的重要因素。其主要由以下几个部分组成：物流节点内部的道路网、功能设施（搬运设备、货场及堆场、储存仓库）、货车、客车、非机动车和步行交通等。

1. 设计原则

物流节点内部交通系统的规划设计应该遵循以下原则：①交通系统的规划要与物流节点总体规划相协调；②合理分析与组织交通，使内部道路功能明确，满足货物流及客流的要求，保证节点交通安全与通畅；③适度超前原则；④节约用地原则；⑤对于易燃易爆危险品，应尽量避免其穿越与其无关联的功能区域。

2. 设计内容

1）道路系统设计

道路系统设计可以分为两个部分，一是道路网络设计，二是道路交叉口设计。物流节点的道路网是由主干道、次干道以及支路三部分组成的交通网络，道路级别的确定与货运场站内部道路级别的确定方法基本一致，但要注意节点内部各功能模块之间的关系。其路网布局形式可归纳为以下三种。

（1）带状布置。这种道路布局形式通常应用在规模较小且功能比较单一的物流配送中心，通常以一条主要干道为交通轴线，各功能分区按照作业性质分布于干道的两侧，车辆的主要出入口设置在道路的一端或相对应的两端。这种道路布局形式结构简单，便于交通组织。

（2）网格状布置。这种道路布局形式将整个物流节点的地块分割成网格状，各种功能分区根据作业性质布置于网格中，是节点道路布局中较为常见的一种形式。这种布局形式的优点在于：道路布局整齐，有利于建筑物的布置；平行道路多，便于交通的分散以及便于机动灵活的交通组织。

(3) 放射状布置。放射状的道路布局方式实际上是网格状的一种转化。在节点中通常有一个核心，然后根据作业性质的关联程度把各功能分区围绕核心由内向外逐渐布置，路网则形成由中心向外扩散和放射的形式。

2) 停车场设计

停车场设计是节点内部交通系统设计的重要组成部分。其主要包括停车规模、停车形式及空间布局。

停车场按照使用性质的不同，可以分为社会停车场、专业停车场和专用停车场三种类型。停车系统要根据节点规模以及各类车辆停车状况来设计。

3) 节点的出入口设计

出入口设计是节点交通系统的重要环节。对于大型物流节点来说，外部交通是其规划设计时需要重点考虑的因素之一。因此，出入口的数量、位置以及大小等的确定至关重要，其关系到内部与外部交通之间的协调性，甚至影响到整个物流节点的运作效率。

物流节点的出入口设置主要分为以下四种类型。

(1) 外部有一条道路，出入口靠近道路，共用出入口[图 10-15(a)]；

(2) 外部有一条道路，出入口设置于道路的同侧，分开设置出入口[图 10-15(b)]；

(3) 外部相邻的两侧有道路，出口、入口分别邻近两侧道路设置[图 10-15(c)]；

(4) 外部相对的两侧有道路，出口、入口分别设置于邻近两侧的道路上[图 10-15(d)]。

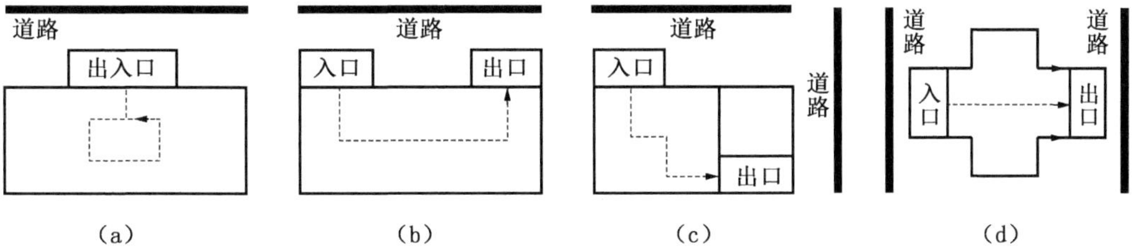

图 10-15　物流节点出入口设置

4) 内部交通组织设计

物流节点交通组织设计包括内部行车路线组织(如单行道、分时段、车辆限制等)和交叉口交通组织，可通过增加交叉口进出车道数提高交叉口通行能力，使其尽量与路段的通行能力匹配，还可以通过道路上的标志、标线、交通岛等设施使不同方向和不同车速的交通流互不干扰。

5) 外部交通衔接设计

物流节点的运输车辆都是大型货车，而且车流量相对较大，因此应尽量避免主要出入口设置于城市的主要干道上。其主要布置形式与货运场站的设置形式遵循相同的原则。

10.7.2　中心城区装卸点交通设计

1. 服务对象

中心城区装卸点主要为特定客户或末端客户服务，一般直接面向专业市场、大型商贸流通企业或大型制造企业、连锁店、零售店，或是货运代理、快递公司的集中服务区。中心城区装卸点的辐射范围比较小，可以为客户提供多品种、小批量、高频率的装卸服务。

2. 装卸点规划设计

中心城区装卸点一般位于城市的中心区，可在路边设置港湾式装卸位，也可在路外设置停车装卸位。装卸点设置一般应满足以下原则：与配送需求相一致；与道路网络相协调；充分利用现有停车设施；减少对环境的影响。

思考题

[10-1] 货运节点交通系统设计的主要内容有哪些？

[10-2] 查阅规范《车库建筑设计规范》(JGJ 100—2015)，说明汽车库分类的指标及车库(场)设计的主要技术指标。

[10-3] 铁路货运站的布置形式有哪几种？试述各自类型及优缺点。

[10-4] 设某地港口年货物吞吐量为 15.0×10^{6} t，其中通过公路中转的比例为 60%，试设计港口道路的等级及断面类型。

第 11 章
货运交通系统新技术

11.1 概述

货运交通系统与现代社会的信息发展有着密不可分的关系，信息技术的发展促进了货运交通系统高效有序地运转。

货物运输是货运交通系统的重要组成部分，也是交通运输业的一个重要内容，在整个物流系统中具有重要作用。从以前简单的物料搬运发展到今天的集机械设计、计算机科学、管理学和自动化控制技术等于一体的现代物流综合技术，这其中最为核心的是信息技术。

随着高科技产品在产业链上的应用逐渐普遍，运输者为了进一步挖掘利润，纷纷采用先进的信息技术，如一些企业已经采用了新的尖端技术来帮助提高服务质量和降低成本。因此，信息技术对货物运输系统的影响越来越大。

信息技术的应用使货物运输过程中的各个环节都发生了巨大的变化。例如，运输者越来越关注运输过程中自己所处位置及运输车辆和集装箱状态等信息的及时更新，多式联运市场中也需要共享各公司之间的信息。这些信息技术的应用使得许多大型综合货运服务供应商的生产效率大大提高，同时，信息系统与电子数据的普及也进一步提高了其效率。

11.2 货运交通系统中应用的新技术

货运交通系统中往往应用了多种新技术，这里主要介绍几种常用的新技术，如条形码技术（Bar-code Technology）、无线射频技术、GNSS 技术和智能交通系统等，这些技术已经成为现代货运交通系统中必不可少的组成部分。

11.2.1 条形码技术

条形码技术又称条码技术，是 20 世纪在计算机应用中产生和发展起来的一种自动识别技术，是集条码理论、光电技术、计算机技术、通信技术、条码印制技术于一体的综合技术。

条码是由一组规则的条空及对应字符组成的标记，用以表示一定的信息。运输条码则是货物流通过程中用以标志具体实物的一种特殊代码，它是由一组黑白相间的条、空组成的图形，利用识读设备可以实现自动识别、自动数据采集。货物从生产厂家到运输、交换的整个过程中都可以通过运输条码来实现数据共享，使信息的传递更加方便、快捷、准确，从而提高整个系统的经济效益。通常情况下，条码的下部印刷了其所代表的数字、字母或专用符号，以便于识别条码符号所代表的字符。条码是计算机输入数据的一种特殊代码。当光电扫描器扫读条码符号时，条码符号所代表的信息就被迅速地输入计算机，并由计算机自动存储、分类、排序、统计、打印或显示出来。条码技术具有简单、信息采集速度快、采集信息量大、可靠性高、设备结构简单、成本低等特点，因此在许多领域得到了广泛应用。

20 世纪 70 年代初，美国系统地研究了条码技术及 POS 系统(商店自动销售管理系统)的应用问题，首先在食品杂货业进行了条码应用的尝试。1973 年，美国统一代码委员会从若干种条码方案中选定了 IBM 公司提出的条码系统，并把它作为通用产品代码(简称 UPC 条形码)在美国和加拿大推广应用。条码是快速、准确地进行货物流通控制的现代化手段，推广应用商品条码，可以提高商品在国际市场上的竞争力，实现销售、仓储、运输等的自动化管理。目前，我国获准使用条码的企业已有数万家，采用条码标志的物品已超过 100 万种，采用条码技术进行自动化管理的各类仓储超市、配送中心已达数千家。条码技术的推广应用，使货物管理向现代化发展迈出了坚实的一步。相比之下，同属流通领域的物资流通业，因货物流通的特殊性、复杂性，其条码的推广应用工作起步较晚，进展缓慢。

1. 条码技术的特点

(1) 简单，易于制作，可印刷。条码标签易于制作，对印刷技术设备无特殊要求。

(2) 信息采集速度快。普通计算机的键盘输入速度是 200 字符/min，而利用条码扫描录入信息的速度是键盘录入速度的 20 倍。

(3) 信息采集量大。扫描一次条码可以采集十几位字符的信息，而且可通过选择不同码制的条码增加字符的密度，从而使录入的信息量成倍增加。

(4) 可靠性高。键盘录入数据的误码率为 1/300，光学识别技术的误码率约为 1/1 万，而条码录入方式的误码率仅为 1/100 万，首读率可达 98%以上。据统计，键盘录入平均每 300 个字符，1 个错误，而条码录入平均每 15 000 个字符，1 个错误。如果加上校验位，条码录入方式的误码率是 1/1 000 万。

(5) 设备结构简单、成本低。与其他的跟踪系统相比，条码跟踪所需的费用较低。

(6) 跟踪系统灵活、实用。条码符号作为一种识别手段可单独使用，也可与有关设备组成识别系统实现自动识别，还可与其他控制设备相连，实现整个系统的自动化管理。在没有自动识别设备时，也可利用手工键盘输入。

(7) 自由度大。识别装置与条码标签相对位置的自由度大。条码通常只在一维方向上表达信息，而同一条码上所表示的信息完全相同并且连续，这样即使是条码有部分欠缺，仍可从正常部分输入正确信息。

2. 条码在货物跟踪中的应用

1) 货物的入库验收

货物入库后按照其分类和属性被安排到相应货位上，用手持终端扫描要放置货物的条码后再扫描一下货架上的位置条码，所有该批次到货物品安排完后，将手持终端放到与计算机系统相连的通信座上，就能够将货物的到货和库存位置数据传送给计算机。

2) 货物的出库

根据各地的补货申请，由计算机系统对照相应货物的库存数量，制定出各地的补货指示书，将需补货的货物集中后，使用已存储好出库数据的手持终端，扫描货物的条码并确认出库的数量，完成后将手持终端数据传送至计算机系统。

3) 货物的库存盘点

使用手持终端依次扫描仓库货架上的货物条码，并输入实际库存数量，操作完成后将实际库存数据传送至计算机系统，由计算机系统进行处理，出具各种库存损益报告和分析报告。

11.2.2 无线射频识别技术

无线射频识别技术简称 RFID,广泛应用于货物、车辆的通过式运输跟踪和识别,利用 RFID 技术及时获取有关车辆、货物运输的状态信息。

射频技术的基本原理是电磁理论,利用无线电波记录媒体进行读写。随着超大规模集成电路技术的发展,射频识别系统的体积大大缩小,并进入了实用化的阶段。它利用电磁感应、无线电波或微波进行非接触双向通信,以达到识别目的并交换数据。RFID 系统根据工作频率的不同分为低频(100～500 kHz)、中频(10～15 MHz)和高频(850～950 MHz;2.4～5 GHz)。射频识别的工作原理因频率不同而不尽相同,有的是利用电磁感应(有人把电子标签称作感应卡),有的是利用电磁波的发射与反射。

与同期或早期的接触式识别技术不同,RFID 系统的电子标签和读写器之间不用接触就可完成识别,电子标签是将芯片完全封装在内,因此可以在比较恶劣的环境中使用。目前,RFID 技术已普遍应用于交通运输管理等众多领域。

1. 射频识别技术的特点

(1) 数据存储容量大。与传统形式的标签相比,射频标签容量大(1～1 024 bit),数据可随时更新,可读可写。

(2) 数据读写速度快。与条码跟踪相比,无需直线对准扫描,读写速度更快,可多目标识别、运动识别。

(3) 系统使用方便。射频标签采用专用芯片、序列号唯一,很难复制。

(4) 经久耐用。射频跟踪系统无机械故障,寿命长,能适应恶劣环境。

2. 射频识别系统的组成和功能

射频识别系统在具体的使用过程中,根据不同的应用目的和应用环境,其系统组成会有所不同,但从射频跟踪的工作原理来看,其一般由以下六个部分组成。

(1) 信号发射机。在射频跟踪系统中,信号发射机为了不同的应用目的,会以不同的形式存在,典型的形式是标签。

① 主动式标签与被动式标签。主动式标签内部自带电池进行供电,它的电能充足,工作可靠性高,信号传送的距离远,但使用寿命受到限制。被动式标签内部不带电池,要靠外界供电才能正常工作,但具有永久的使用期,同时数据传输的距离也比主动式标签小。

② 只读标签与可读写标签。根据标签内部使用存储器的不同,标签可分为只读标签和可读写标签两种。

③ 标志标签与便携式数据文件。根据标签中存储器存储数据能力的不同,标签可分成仅用于标志目的的标志标签和便携式标签两种。

(2) 信号接收机。信号接收机又叫阅读器,其基本功能是提供与标签进行数据传输的途径。

(3) 编程器。编程器是向标签写入数据的装置。

(4) 天线。天线是标签与阅读器之间用来传输数据的发射、接收装置。

(5) 电脑控制器。电脑控制器是系统的核心,负责处理读卡器接收的数据信号。

(6) 执行机构(含调度指挥运行图显示屏)。执行机构主要用于准确无误地完成电脑控制器发来的各种动作命令,以达到设计目的。射频系统根据功能的不同,可分为 EAS 系统、便携式数据采集系统、网络系统和定位系统。

3. 射频识别技术在货物跟踪中的应用

1）供应链管理

在货物生产或出入库过程中，将标签贴在货物上，这些标签将一直留在整个供应链上。货物从生产线前端到各加工流程再到成品入库直至被摆上货架，通过扫描就能生成详尽的货物流通记录。

2）仓储管理

RFID 系统用于智能仓库货物管理可以有效地解决仓储货物信息管理问题。对于大型仓储基地来说，管理中心可以实时了解货物位置、货物存储的情况，这对于提高仓储效率、反馈产品信息、指导生产都有重要的意义。

3）销售渠道管理

货物在生产过程中加入电子标签，其中包含唯一的产品号，厂家可以用识别器监控产品的流向，批发商、零售商可以用厂家提供的读写器来识别产品的合法性，这满足了许多企业对建立严格而有序的渠道、高效管理进销存的强烈需求。

4）车辆管理系统

停车场智能化管理系统是指无需停车，系统即可自动识别车辆的合法性、完成放行（禁止）、记录等管理功能，可以节约车辆进出场的时间以及提高工作效率。

因此，货运对货物信息的跟踪性、可追溯性、高准确度、高安全性、唯一识别性、无法伪造性、实时监控性以及大量处理过程中快捷性的要求，使得 RFID 技术具有广阔的市场前景。

11.2.3 全球导航卫星系统

全球导航卫星系统（Global Navigation Satellite System，GNSS）是能在地球表面或近地空间的任何地点为用户提供全天候的三维坐标和速度以及时间信息的空基无线电导航定位系统。进入 21 世纪以来，利用卫星导航系统进行定位的技术逐渐取代了地基无线电导航、传统大地测量和天文测量导航定位技术。全球导航卫星系统国际委员会公布的全球 4 大卫星导航系统供应商，包括了我国的北斗卫星导航系统（BDS）、美国的全球定位系统（GPS）、俄罗斯的格洛纳斯卫星导航系统（GLONASS）和欧盟的伽利略卫星导航系统（GALILEO）。

卫星导航系统主要分为三个部分——太空部分、地面控制部分和用户部分。太空部分是指在太空中持续传输距离测量信号的卫星，地面控制部分负责跟踪卫星并定期传输有关其位置和对原子钟的修正信息，用户部分是指使用卫星发送的信号来计算其位置、速度和时间数据的接收器。

卫星导航系统的定位功能是基于三角测量原理，通过估算接收器与每颗可见卫星之间的距离进行定位。这些距离是通过计算发射信号与接收信号之间的时间差来获得的，而信号传播速度为光速。

截至 2023 年，北斗卫星导航系统已完全建成，具备为全球范围内各种用户提供导航定位的能力。2019 年印发的《交通强国建设纲要》中明确提出，要大力发展智慧交通，推进北斗卫星导航系统的应用。近年来，北斗系统在交通运输各领域广泛应用，主要包括重点运输过程监控、公路基础设施安全监控、港口高精度实时定位调度等，为铁路运输、公路设施提供了安全保障，对各类车辆的行车路线实现更精准定位，同时还为各类海上活动提供了坚实的水上交通保障。目前，北斗二号系统可提供授权服务、公开服务、广域差分服务以及位置报告服务四种类型，其定位精度优于 10 m，授时精度优于 20 ns，测速精度为 0.2 m/s。[①]

1. 全球导航卫星系统的特点

(1) 跟踪定位速度快。以北斗系统为例，其由三种不同轨道的卫星组成，包括 24 颗地球中圆轨道卫星(覆盖全球)，3 颗倾斜地球同步轨道卫星(覆盖亚太大部分地区)和 3 颗地球静止轨道卫星(覆盖中国)，易对移动目标(如货运车辆)进行监控和定位。

(2) 信号频段多。相比 GPS 使用的双频信号，北斗系统使用的三频信号能够构建更复杂的模型，从而减小电离层延迟的高阶误差，以提高定位的精度，增强数据预处理能力，有效提高抗干扰能力。

(3) 短报文通信服务。卫星定位终端与北斗卫星或北斗地面服务站之间，能够直接通过卫星信号进行双向信息传递，这种报文发送服务在紧急情况下能够发挥巨大作用。

(4) 卫星寿命延长。北斗卫星的寿命一般在 10～15 年，相比 GLONASS 卫星的设计寿命 10～12 年，GPS 卫星寿命 8～15 年，北斗卫星寿命超过平均水平。

2. 北斗导航系统的应用

根据《"十四五"现代物流发展规划》，"十四五"期间将进一步推动北斗导航在现代物流领域的应用，提升物流体系智慧化发展。目前，北斗导航系统已经逐渐应用于货运物流的各个方面，以下将从铁路、公路、航运及港口应用等方面列举北斗导航在交通物流中的应用(图 11-1)。[②]

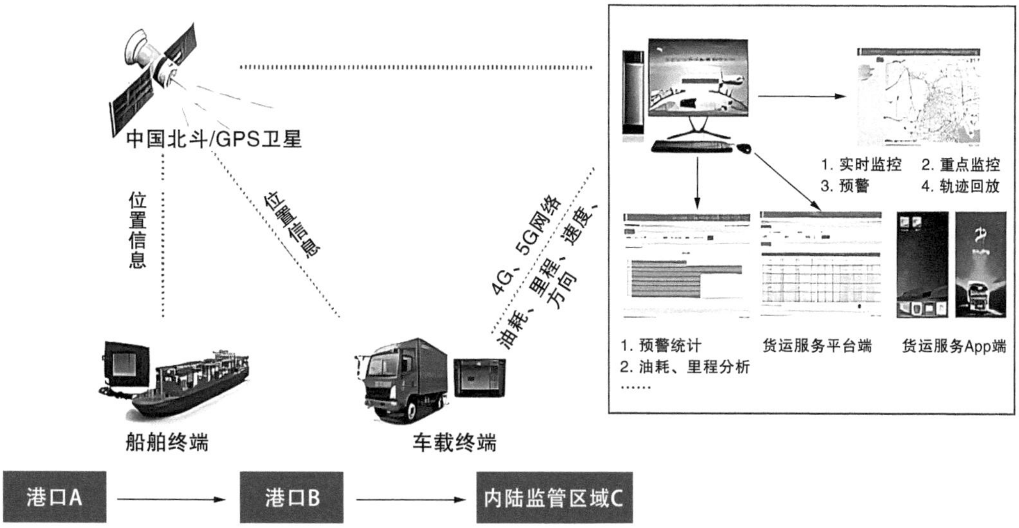

图 11-1 北斗系统的应用

资料来源：http://www.east-port.cn/? c=index&a=cate&classid=453。

1) 铁路应用

2019 年底开通的京张高铁，是我国首次采用自主研发的北斗卫星导航系统，设计时速

① 资料来源：http://www.beidouchina.org.cn/zhuanti/4354.html。

② 资料来源：http://www.beidou.gov.cn/yw/xydt/201909/t20190923_18973.html。

为 350 km 的智能化高速铁路，基于北斗卫星和地理信息系统技术，为建设、运营、调度、维护、应急全流程提供智能化服务。

此外，我国第一条按重载铁路设计的货运铁路——浩吉铁路在动态检测中利用北斗卫星导航系统对列车进行精确定位，以此实现对列车的智能控制，特别是司机夜间和雨雾天气时观察困难，通过北斗高精度定位，可以保障铁路运输效率和运输安全。

2）公路应用

北斗系统在“两客一危”车辆领域的应用是北斗系统应用示范，也是推动规模化应用的最佳范例。江西、湖南等省通过北斗卫星导航系统实时监控高速公路沿线的车流情况、气象状况、每辆车的位置以及基础设施状态；通过建设北斗自由流收费系统实现了无感收费；通过设置北斗卫星智能监管区域，安装交通设施智能管理终端，当车辆发生事故撞上防护栏时，防护栏会自动报警传回信息，以便工作人员及时到达现场修复，确保车辆通行安全。

此外，北斗系统在车辆上也得到应用。利用北斗系统和车联网大数据，建立预防疲劳驾驶的车载定位系统，可以实时分析货车的行驶时长、速度、路径等多个维度的驾驶行为，以有效减少因疲劳驾驶而引发的交通事故。

3）航运及港口应用

九江港区对辖区内的船舶安装北斗系统；天津港码头依靠北斗卫星导航系统实现全部单元实时定位；舟山群岛北端的花鸟灯塔上安装了北斗连续运行参考站，极大地提升了我国海上定位导航水平，为各类海上活动提供了坚实的水上交通保障。各地积极开展北斗内河应用示范工程，开发北斗防碰撞系统，让内河船舶实现“智慧渡运”。海南、福建、广东、黑龙江、辽宁等省持续推进基于北斗的船舶系统，不仅能够实现船舶的动态实时监管，还能在船只遇险时，利用北斗短报文功能及时发送信号，以便搜救。

11.2.4 智能运输系统

智能运输系统(Intelligent Transportation System, ITS)是指运用自动化、信息化、通信与感测等技术，对运输工具和线路设施运行状况等信息进行交换和处理，进而提高运输的效率、安全性与舒适度，同时减少对交通环境的影响的有效整合型运输系统。ITS 是利用高新技术改造传统运输系统而形成的一种信息化、智能化、社会化的新型运输系统。它能够利用现有的道路设施，加强对车辆的集中管理和调度，为驾驶员提供丰富的交通、公安等信息，实现人、车、路的密切结合与和谐统一。

目前，出行与运输管理系统、出行需求管理系统、公共交通运营系统、商用车辆运营系统、电子收费系统、应急管理系统、先进的车辆控制和安全系统都属于 ITS 的服务领域。ITS 能够在这些方面发挥交通基础设施的最大效能，提高交通的安全水平，提高道路网的通行能力和汽车运输生产率，增加经济效益。

目前，世界各国对 ITS 的服务领域的划分各不相同，但基本上包括以下服务领域：①交通管理与规划；②电子收费；③出行者信息服务；④车辆安全与辅助驾驶；⑤紧急事件和安全管理；⑥运营管理；⑦自动公路系统；⑧综合运输。

1. ITS 的组成

将 ITS 中相近功能的实体归纳成系统和子系统，其系统结构包括中心子系统、出行者子系统（或远程接入子系统）、车辆子系统和路边（路侧）子系统。

这些子系统都与货物流通的研究领域密切相关，尤其是ITS中包括的提供货源信息、提供货运车辆的运营信息、提供其他运输方式的货运信息、提供货运途中的交通信息、货运车辆的自动路径诱导、货运车辆车况的自动监控、货运车辆的自动定位跟踪、货运车辆在紧急情况下的自动报警、货运组织、货运车辆的调度与诱导、物流各方与货运车辆的双向数据通信、紧急情况下的补救措施、货运数据交换、不同运输方式互补、货物联运前信息服务和货物联运途中动态跟踪查询等服务，都与现代货物流通紧密相连。ITS对货物的实时跟踪和系统优化，更是为现代货运企业提供了极为重要的增值服务。

2. ITS物流系统

目前越来越多的货运企业在向综合物流服务企业转变，进而提供更多的运输以及相关的服务。基于ITS的物流系统(简称ITS物流系统)，是在ITS的基础上，通过电子商务化运作的物流服务体系。它通过ITS实现物流作业的实时信息采集，并对采集的信息进行分析和处理，通过各个物流环节中的信息传输，为货主提供详尽的信息和咨询，做到物流的信息化和可视化(图11-2)。

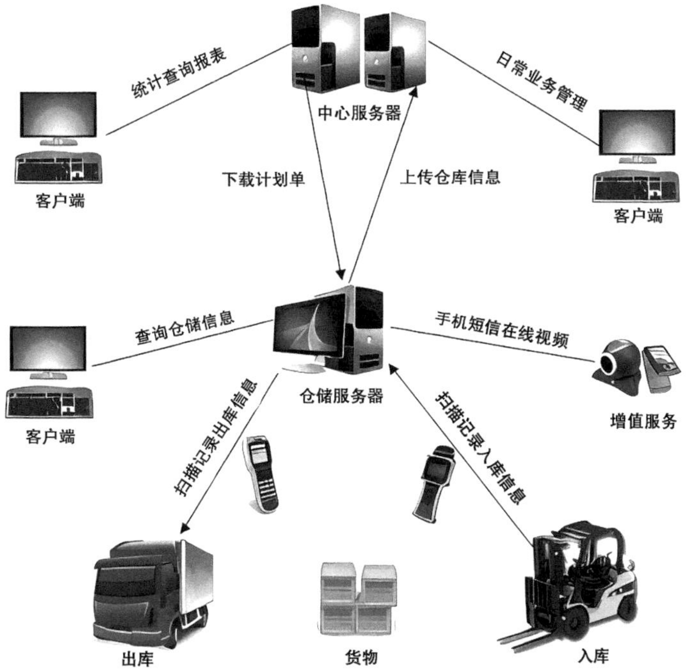

图11-2　智能运输系统的应用

1) 提供可视化的“一站式”服务

ITS物流服务推行门到门和库到库的“一站式”服务，提供完备的操作或作业提示，机械化、自动化设计或安装，代理业务，自动订货，传递信息，利用电子订货系统(Electronic Order System, EOS)、电子数据交换(Electronic Data Intercharge, EDI)、射频等实行自动结算，利用ITS技术尤其是车辆定位技术对货物实行全过程追踪等。

2) 高效率、快速响应市场

ITS技术整合物流系统可有效提高物流系统的快速反应能力，提高货物配送的速度和效率，从而快速地响应市场，满足客户对物流的可视化、实时化要求，提高客户的满意度。

3）移动位置服务

未来货物运输配送的需求趋势应是多品种、小批量、多频次、可视化的实时配送。基于ITS，利用移动位置服务，货物运输配送服务商可与客户保持实时的联系，做到全程可视化。

随着多种技术的集成和融合发展，尤其是通信技术的发展，基于ITS的物流系统将是现代物流的发展方向之一。ITS技术已经成为物流系统自动化和智能化的重要支撑条件，如表11-1所示。

表11-1　　ITS技术进步与物流管理的关系

ITS技术	功能	用途
车辆识别技术	车辆信息的传递、识别、尺寸、重量、车种、分类	车辆识别、拖车管理、电子收费
空间定位技术	车辆信息（位置、速度、机械状况、载货状况、任务完成情况、路况、天气状况、预计送到时间）	可视化调度、规划行程
GIS技术	返程自动配货、车辆导航	路径选择、里程规划
条码技术	物流单元、包装单元信息的提供、识别、尺寸、重量、发货和到达地点	销售及库存管理、车辆出入情况检查
EDI技术	商务数据交换、电子商务文件、订货单、发货单、包装、电子结算	电子订货、订单处理、拣选、配送的改进
车辆控制技术	提供货运车辆驾驶信息、道路交通信息、车辆及目的地信息、替代运输路线、货运车辆监控和事故预警、事故防止	最佳路线的确认、交通诱导（躲避事故、拥挤，躲避恶劣天气所造成的道路灾害）
通信技术	司机与监控中心的信息交换、行驶报告、货物报表、车辆位置、目的地位置	装卸时管理、中转时修理、紧急事态对策
计算机网络技术	监视车辆和司机、车辆速度、发动机转数、发动机怠速时间、机油状况、车辆停止时间和距离、驾驶员的自动操作	主要故障预防、驾驶方法的评分、提高安全性、降低油耗
互联网技术	信息查询、网上接单、公告发布、货运BBS	电子商务
信息融合技术	多传感器跟踪、客户分析、货运预测	对物流系统在线监测

自20世纪80年代末90年代初以来，美国、日本、欧洲等为发展ITS，以不同途径成立了研发机构，制定并实施了开发计划。目前，许多发达国家正在着手开发应用现代先进信息技术的新一代智能运输系统。我国ITS的研究与应用也正在蓬勃发展，国家科学技术部在2000—2001年组织了全国数十位ITS专家制定了“中国ITS框架体系”，国家ITS工程技术研究中心在1999年制定了未来20年我国ITS的发展战略，国内许多高校也都建立了ITS研究中心。

从目前发展趋势来看，ITS的概念、方法与技术已经拓展、渗透到与交通运输和现代货物流通相关的各个领域中，并且发挥着越来越重要的作用。ITS这一集成技术将对现代物流产生重大影响，并推动现代物流的发展。

11.3 货运信息系统

典型的货运信息系统一般包括决策支持系统、运输信息系统、仓储管理系统、配送信息系统和订单管理系统等方面。

11.3.1 决策支持系统

决策支持系统(Decision Support System, DSS)是辅助决策者通过数据、模型和知识,以人机交互方式进行半结构化或非结构化决策的计算机应用系统。它为决策者提供分析问题、建立模型、模拟决策过程和方案的环境,并提供有价值的信息及创造性思维与学习环境,以帮助决策者提高决策水平和质量。

1980 年,斯普拉格(Sprague)提出了决策支持系统三部件结构,即对话部件、数据部件、模型部件,明确了决策支持系统的基本组成,从而极大地推动了决策支持系统的发展。

20 世纪 80 年代末 90 年代初,决策支持系统开始与专家系统(Expert System, ES)相结合,并形成智能决策支持系统(Intelligent Decision Support System, IDSS)。IDSS 结合了专家系统以知识推理形式解决定性分析问题的特点以及决策支持系统以模型计算为核心解决定量分析问题的特点,将定性和定量分析进行有机结合,使得解决问题的能力和范围得到了显著的发展。

20 世纪 90 年代中期出现了数据仓库(Data Warehouse, DW)、联机分析处理(Online Analytical Processing, OLAP)和数据挖掘(Data Mining, DM)新技术,DW＋OLAP＋DM 逐渐形成新决策支持系统的概念。新决策支持系统完全不同于传统决策支持系统利用模型和知识辅助决策的方式,其特点是从数据中获取辅助决策信息和知识。这两种不同的辅助决策方式各有特色,不能相互代替,而应该相互结合。

更高形式的决策支持系统——综合决策支持系统(Synthetic Decision Support System, SDSS),是将传统决策支持系统和新决策支持系统结合起来的决策支持系统,即把 DW、OLAP、DM、模型库、数据库、知识库结合起来形成的决策支持系统。综合决策支持系统发挥了传统决策支持系统和新决策支持系统的辅助决策优势,实现了更有效的辅助决策。

如今,随着云计算、大数据和人工智能等技术的迅猛发展,网络环境下的决策支持系统变得更加功能强大并智能化。通过互联网普及,决策资源可以更加方便地在各个网络节点间进行共享和传递。数据资源的采集和处理能力大大提升,模型资源的建立和优化更加精确和高效,知识资源的获取和应用更加便捷和智能化。这些技术的进步使得决策支持系统能够更好地满足货物运输领域的需求,提供更准确、实时和可靠的决策支持。

11.3.2 运输信息系统

运输信息系统是指为提高运输企业的货物运输能力、降低货物运输成本、提高货物运输服务质量而采用现代化信息技术手段建立的信息系统,支持多网点、多机构、多功能作业的立体网络运输。运输信息系统能够协助管理人员进行资源分配、作业匹配、路线优化等操作,同时运输信息系统可与 GIS 系统实现无缝连接,在充分利用条码技术的系统内实现货物全自动接单、配载、装运和跟踪。这里主要介绍货运跟踪系统和车辆运行管理系统。

1. 货物跟踪系统

货物跟踪系统是指运输企业利用条码和EDI技术及时获取有关货物运输状态的信息(如货物品种、数量、货物在途情况、交货期限、发货地、到达地、货主、送货车辆、送货责任人等),提高运输服务质量的系统。利用货物跟踪系统,在承接货物时利用扫描仪自动读取货物包装或货物发票上的条码以获得货物信息,通过公共通信线路、专用无线通信线路或卫星通信线路,把货物信息传送到总部的中心计算机进行汇总整理并存储。当顾客需要对货物的状态进行查询时,只需要输入货物的发票号码就可以马上知道有关货物状态的信息,查询作业简便迅速,信息及时准确。同时,通过货物信息可以确认货物是否按规定的时间送到顾客手中,从而提高运送货物的准确性和及时性,提高运输服务水平。

2. 车辆运行管理系统

车辆运行管理系统是运输企业为了对处于分散状态的运输车辆进行及时调配,避免产生空车现象而采用的管理系统。

1) 应用多倍道接入无线技术的车辆运行管理系统

该系统由无线信号发射接收控制部门、运输企业的计划调度室和运输车辆组成,计划调度室和运输车辆之间通过无线信号进行双向通话。运输企业在接到顾客运送货物的请求后,将货物的详细信息(品种、数量、装运时间、地点、顾客的联系电话等)输入计算机。同时根据运行车辆移动通信装置发回的有关车辆位置和状态的信息,通过多倍道接入(Multi Channel Access,MCA)系统由计算机自动向最靠近顾客的车辆发出指令,由车辆上装备的接收装置接收装货指令并打印出来。采用这种系统可以提高企业的运输效率和服务水平。随着无线通信技术的发展,系统的覆盖范围可以扩大,不再局限于同城市的货运车辆计划调度管理,运输企业可以通过该系统实现跨城市、跨地区的货物调度和管理,进一步提高运输效率和服务水平。

2) 应用通信卫星、GPS技术、GIS技术的车辆运行管理系统

该系统中,运输企业的计划调度中心与车辆之间的双向通话通过卫星通信进行。货物运输企业的调度中心发出的装货指令通过公共通信线路或专业通信线路传送到卫星控制中心,由卫星控制中心把信号传送给通信卫星,再经由通信卫星把信号传送给运输车辆,而运输车辆通过GIS系统确定车辆所在的准确位置,找出到达目的地的最佳路线,同时通过车载的通信卫星接收天线、GPS天线、通信联络控制装置和输入输出装置,将车辆所在位置和状况等信息通过卫星传回到企业调度中心,以利于调度中心把握全局。这种系统的采用,对于实现全企业车辆的最佳配置、提高运输企业效率和顾客满意度都具有重大意义。

11.3.3 仓储管理系统

仓储管理系统(Warehouse Management System, WMS)是货运信息系统中应用较为广泛的系统,是各类物资及货运管理信息系统的基础系统,旨在帮助企业优化仓库管理流程、管理和控制日常仓库运营。仓储物流、物料统计、库存管理、人员配置是仓储管理系统的重点作业方向。

随着互联网商业的迅猛发展,传统仓库管理面临着庞大的货物订单需求,借助WMS可以简化仓库管理流程,实现收货、入库、拣配、包装、装运、库存跟踪和补货的轻松完成。WMS还能够在一个统一的界面上集中管理上述活动,提供便捷的管理方式。此外,WMS

通过整合多种工具，如条码、RFID标签、机器人和增强现实（Augmented Reality，AR）可穿戴设备等高级工具，以及运输管理系统、ERP和物流软件等其他任务关键型解决方案，进一步提高了仓库管理的效率。

WMS的主要功能有①：

（1）仓库收货入库管理功能。借助WMS，企业可以通过扫描条码自动收货和验货，并与相关的订单进行核对，以最高效的方式接收和处理货物并完成入库。

（2）库存管理。借助WMS，企业能够实时查看具体的库存情况，包括在途库存和店内库存。

（3）业务分析功能。部分WMS还具备高级分析功能，支持企业深入洞察产品和供应商绩效，执行周期盘点和需求预测。借助这些分析结果，企业能够动态调整库存水平，确保有足够的库存来满足客户的需求。

（4）订单分拣、装运。借助WMS，企业能够高效储存、检索和包装订单产品，降低相关成本。通过与运输管理和物流软件协作，WMS能够加快订单履行速度，例如，自动生成提货单、装箱单和货运发票，自动发送发货通知等。

11.3.4 配送信息系统

货物配送信息化的核心即配送信息系统，其主要目的是向各配送点提供配送信息，根据订单查询库存及配送能力，发出配送指令、结算指令及发货通知，汇总及反馈配送信息。配送信息系统的主要功能有以下几点：

（1）业务管理。用于配送中心货物的入库、验收、分拣、堆码、组配、发货、出库、输入进（发）货数量、打印货物单据，便于仓库保管人员进行货物的确认。

（2）统计查询。用于配送中心货物的入库、出库、残损及库存信息的统计查询，可按相应的货物编号、分类，便于供应商、客户和仓库保管人员进行统计查询。

（3）库存盘点。用于配送中心的货物盘点清单制作、盘点清单打印、盘点数据输入、盘点货物确认、盘点结束确认、盘点内容统计、盘点货物查询、浏览统计、盘亏盘盈统计，便于实行经济核算。

（4）库存分析。用于配送中心的库存货物结构变动的分析，各种货物库存量、品种结构的分析，便于分析库存货物是否存在积压和短缺问题。

（5）库存管理。用于配送中心的库存货物管理，例如对库存货物上下限报警、对库存呆滞货物报警、对库存缺货报警等，便于对在库货物进行动态管理，以保持相应合理的库存货物。

（6）库存货物保质期报警。用于配送中心的库存货物的质量管理，例如对库存货物中保质期在当天到期的货物进行信息提示，对超过保质期的货物进行报警并及时处理，对货物保质期进行查询等，便于仓库对在库货物进行质量管理，提高货物库存质量。

（7）货位调整。用于配送中心对库存货物的货位进行调整，并进行货位调整查询，以便仓库管理人员掌握各种货物的存放情况，便于仓库及时准确地查找在库货物。

---

① 资料来源：https://www.sap.cn/products/scm/extended-warehouse-management/what-is-a-wms-warehouse-management-system.html。

(8) 账目管理。用于物流配送中心核算某一时间段的每种货物明细账、每类货物的分类账和全部在库货物的总账，便于仓库进行经济核算。

(9) 条码打印。用于配送中心的货物自编条码打印、货物原有条码打印等，便于仓库实行条码管理，自动生成并打印各种货物的条码。

11.3.5 订单管理系统

订单管理系统(Order Management System, OMS)是货物信息系统的一部分，它通过对客户下达的订单进行管理及跟踪，动态掌握订单的进展和完成情况，从而提升整个货物运送过程的作业效率，节省运作时间和作业成本，提高企业的市场竞争力。

订单管理主要是指对商户下达的各种指令进行管理、查询、修改、打印等，同时将业务部门处理信息反馈至商户。OMS一般包括：订单处理、订单确认、订单状态管理(包括取消、付款、发货等多种状态，以及订单出库和订单查询)等。OMS的主要功能是通过统一订单提供用户整合的一站式供应链服务，包括订单管理以及订单跟踪。

11.4 国家交通运输物流公共信息平台

国家交通运输物流公共信息平台(以下简称“平台”，英文标识“LOGINK”)是国务院《物流业发展中长期规划(2014—2020年)》的主要任务和重点工程之一，是多项国家级和部委级物流业具体发展规划的重点建设内容，由交通运输部、国家发展和改革委员会牵头，多方参与共建的公共物流信息服务网络。该平台作为政府主导建设的一项交通基础设施工程，其建设的核心是提供物流信息互联共享标准和物流信息基础交换网络，同时基于该平台在全国开展一批互联应用示范工程和应用产品建设。

11.4.1 系统构成

平台构成形式为“1+32+nX”。“1”代表平台国家级管理服务系统；“32”泛指省级交通运输主管部门主导建设的区域交换节点；“1+32”是平台建设的主体内容；“nX”是指平台拓展和衔接的信息服务体系(图11-3)。

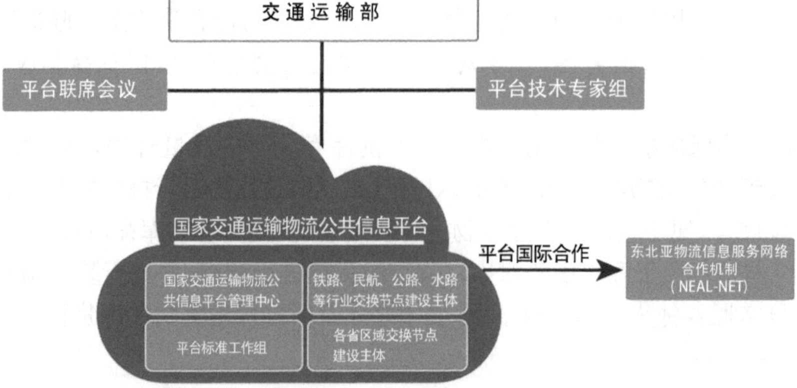

图11-3 国家交通运输物流公共信息平台架构

平台国家级管理服务系统包括国家交换节点、基础交换网络管理系统和国家平台门户，负责平台的运行管理、相关行业和国际物流系统的衔接以及公共信息服务。

区域交换节点由各省级交通运输主管部门推动建设，与国家交换节点共同构成平台基础交换网络。

“nX”中，n 类信息系统包括行业内相关政务信息、行业信息、企业信息、国际物流信息系统等。行业内相关政务信息系统包括道路运政管理系统、水路运政管理系统、交通电子口岸、多式联运信息服务系统、交通运输主管部门主导建设的区域物流公共信息平台等；相关行业信息系统包括海关、公安、商务、质检、金融等行业信息系统；相关企业信息系统包括与物流产业链相关的运输、仓储、商贸、制造及物流信息服务等企业信息系统；相关国际物流信息系统包括如日本、韩国、欧盟及东盟等相关物流合作国家或地区的信息系统。随着平台的发展，“nX”的范围将不断扩大。

11.4.2 三大服务

1. 标准服务

标准化是交通运输物流公共信息平台的基础支撑，是实现跨区域、跨部门物流信息交换，保障各类应用系统互联以及提供高质量物流信息服务的关键所在。经过多年建设，国家物流信息平台标准实现了从省内到全国，再到国际的跨越。2017 年 4 月，国家物流信息平台标准工作组正式向社会发布了《交通运输物流信息互联共享标准（2016 合集）》（图 11-4），涉及 687 项数据元，104 项代码集，68 个单证，17 个服务功能调用接口。国家物流信息平台在开展标准化建设过程中，从市场实际需求出发，实现了标准来源于市场、应用于市场和服务于市场的基本要求。

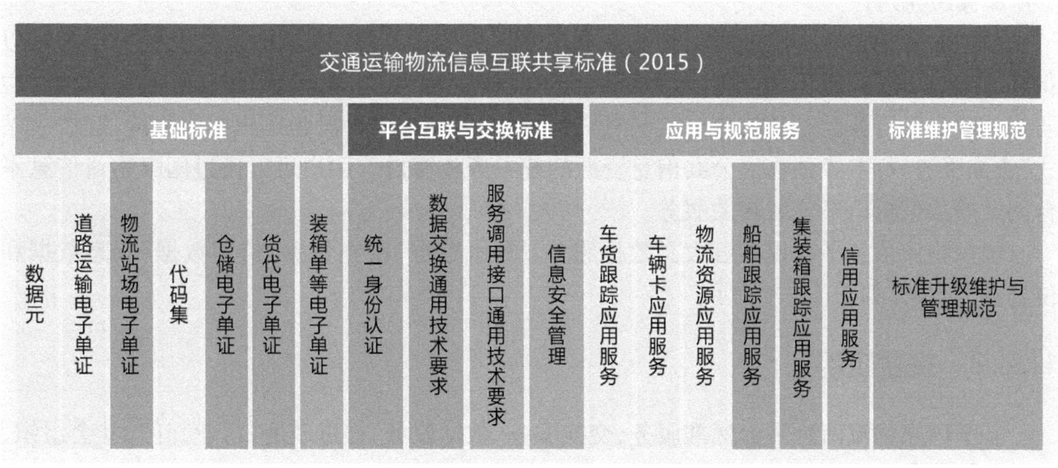

图 11-4　交通物流运输信息互联共享标准

2. 交换服务

平台交换服务主要解决跨国、跨行政区域、跨行业、跨部门各类物流信息平台与产业链上下游企业之间缺乏数据交换标准、信息传递效率低、集成能力低、交换成本高等问题。它为物流的仓储、运输、包装、装卸、加工、配送等各环节提供中立、开放、免费的数据报文交互的通道，从而逐步解决物流行业内统一数据交换标准、提高物流协同效率、降低物流运输成本等问题。任何一个应用服务，只要遵循交换服务标准接入该网络，就可以与平台上任意应用服务进行数据单据和信息交互，从而彻底消除“信息孤岛”现象，为打通整个物流链、价值链、服务链创造条件。交换服务覆盖全国，并实现了国际服务信息互通。

平台通过基础交换网络提供交换服务，由一个基础交换网络（主服务器）、N 个交换服务器组成，其整体架构图如图 11-5 所示。

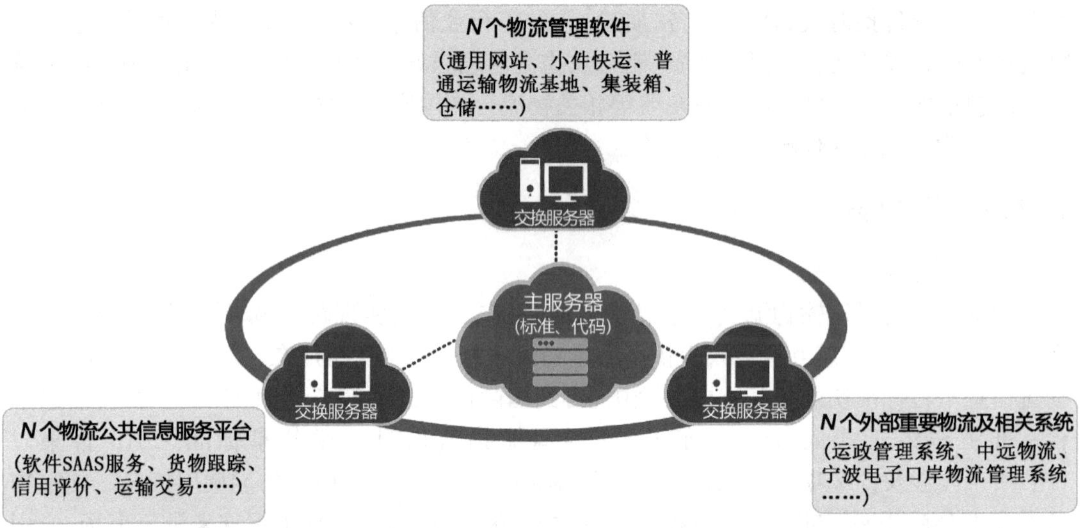

图 11-5　物流信息平台数据交换体系

3. 数据服务

数据服务主要解决国家层面物流公共信息服务资源零散、物流行业信息服务需求难以得到有效满足的问题。国家物流信息平台按照“统一标准，互联互通，共享服务”的理念，主要依托政府及行业已有的物流公共信息资源，通过多种技术手段为用户提供物流信息“一站式”查询服务，打造我国物流公共信息资源的统一开放窗口。用户可以通过国家物流信息平台网站或数据接口来获取相关服务。

国家物流信息平台提供五大类数据服务：资讯数据、设施数据、信用数据、状态数据和位置数据，具体如图 11-6 所示。

11.4.3　主要应用

基于国家物流信息平台标准服务、交换服务、数据服务，推进政府、行业部门、社会组织、企业主体等各方利用平台开展丰富的平台＋应用（图 11-7）。

（1）与软件开发商合作开展“平台＋物流管理软件”应用，推进国内主流物流管理软件支持国家物流信息平台标准互联接口，降低信息系统互联难度。

（2）与制造商贸业合作开展“平台＋供应链上下游互联”应用，推进供应链各方互联，提高供应链协同效率，降低物流成本。

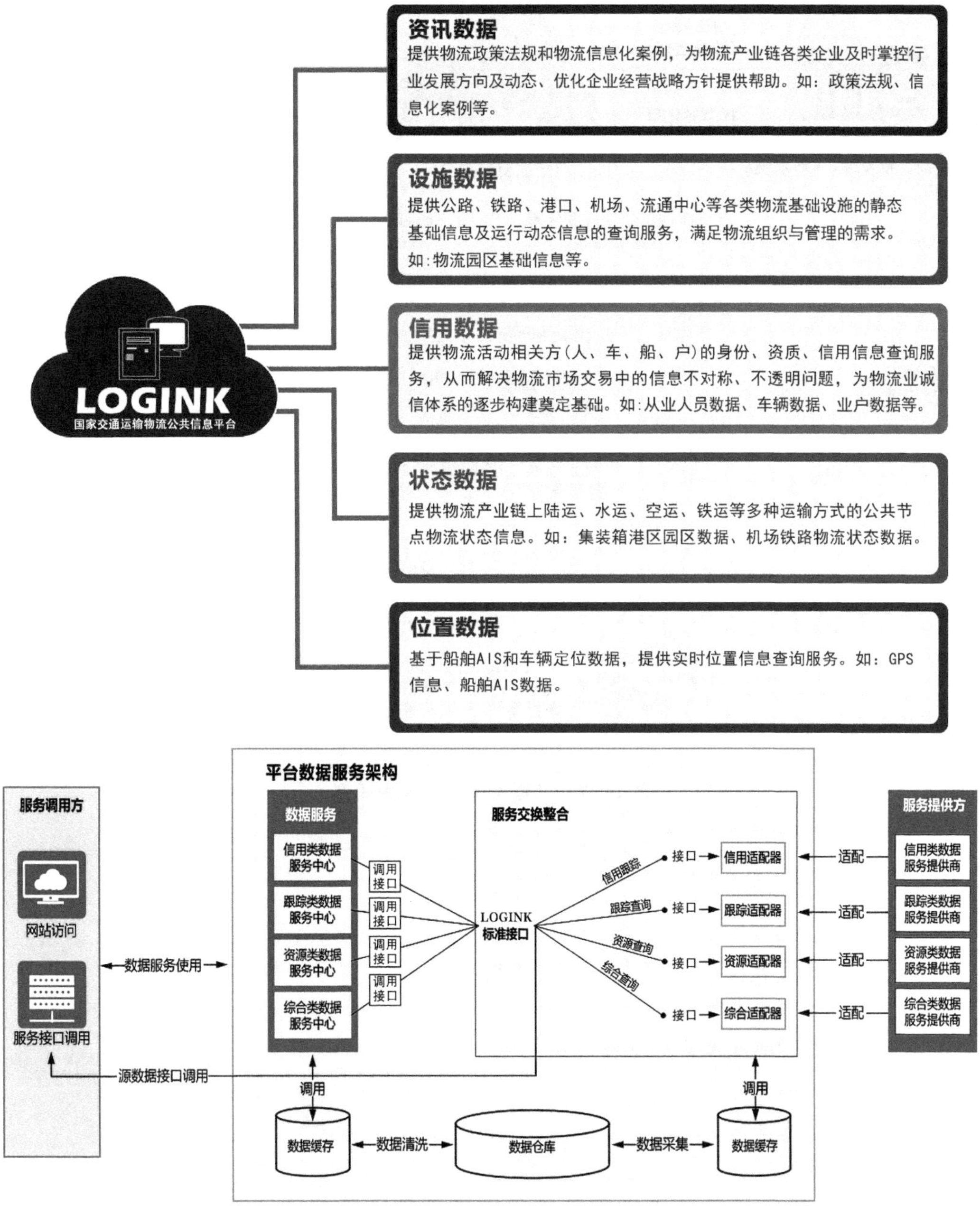

图 11-6　物流数据类型和服务架构

(3) 与市场化信息服务商合作开展“平台＋产品”应用，提供丰富的物流信息化产品。

(4) 与多种运输方式合作开展“平台＋多式联运互联”应用，推动多式联运发展。

(5) 与行业管理部门合作开展“平台＋行业管理”应用，强化社会管理，促进政府监管与服务更加精准有效。

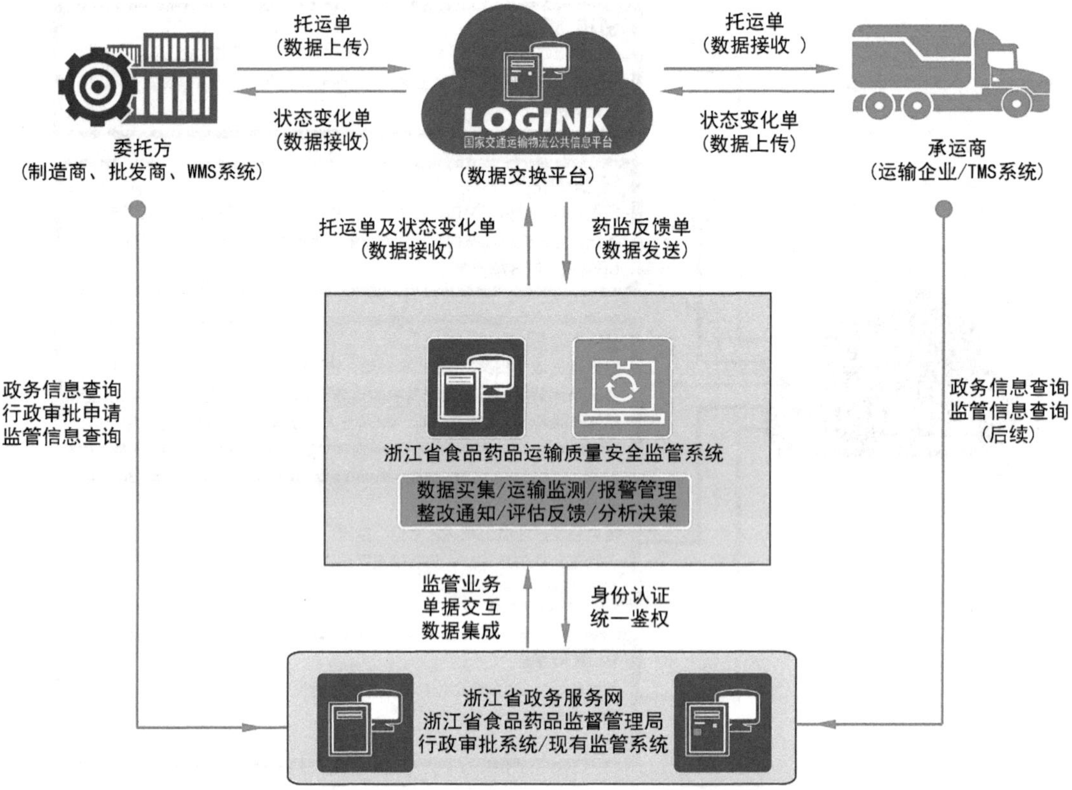

图 11-7　数据信息平台应用案例

思考题

[11-1] 简述什么是物联网，列举物联网的应用。

[11-2] 简述条形码技术的特点。

[11-3] 简述射频识别技术的特点和应用范围。

[11-4] 简述北斗系统的构成。

[11-5] 简述智能运输系统与物流管理的关系。

[11-6] 简述货运信息系统的构成及各自功能。

第12章
货运交通政策

12.1 概述

12.1.1 运输政策的含义

运输政策是政府依据各种运输方式的特性，在创造交通运输最大空间及时间效用的目标下，选定必要的经营策略，设定适当的组织系统，制订执行的策略，以及管理者制订行动方案时所应遵循的思想指导原则或行为范畴。

运输政策有经过一定的正式程序而形成的文字形式，例如，《公路法》《铁路法》以及有关的交通行政法规等，或政府的交通建设计划，有关运输部门的发展目标、投资计划等；也有不正式的形式，例如，交通部发言人在记者招待会上的某项声明。

12.1.2 运输政策的构成

1. 运输政策的主体

运输政策的主体是指运输政策制定和实施过程中的决策者、参议者和参与者的统称。运输政策主体主要解决运输政策运行过程中的所属问题，即由谁制定和实施的问题。具体而言，运输政策的主体由决策层、研究咨询层、运输服务供给层、运输服务消费层组成。

2. 运输政策的背景

运输政策的背景包括对运输政策制定的原因、时机及其他背景情况予以说明，以使公众和运输政策执行者对运输政策能有更好的了解并愿意配合执行，最终保证运输政策的顺利实施。

3. 运输政策的形式

运输政策需要借助于一定的形式来体现，这些形式包括法律形式、规划和计划形式、白皮书和纲要形式等。

4. 运输政策的目标

政府实行运输政策所要实现的目标是双重的：一是经济目标，即力图提高运输业资源配置的效率，加速运输业的发展，最终实现国家财政收入最大化；二是政治目标，即将运输业作为整个社会发展的一种手段，通过运输业的发展以实现政治统一、资源和地区开发、国防、社会福利等方面的目标，最终实现政治支持的最大化。

运输政策的目标贯穿于整个运输政策运行的全过程，决定着政策运行的方向和性质。但需要说明的是，运输政策的目标并非一成不变的，而是一个动态进程，该进程反映了运输业在不同地区、不同经济发展阶段的发展状况。

5. 运输政策的手段

运输政策的手段是指各种能够实现运输政策目标、发挥政策职能、保证政策运行顺畅而采取的各种方法和措施的统称。运输政策的手段主要有以下几种：

（1）税收和补贴。政府可以利用财政手段，如税收政策和补贴政策等，对某些运输业或某种运输方式进行鼓励和限制。对于运输业亏损问题，可以采取调整运价、调整税率或政府补贴等方法。

（2）实行运输管制或放松管制。对于运输业的垄断或过度竞争实施管制，如进入管制和价格管制等。

（3）直接投资和提供运输基础设施或运输服务。中央和地方政府可以通过对运输基础设施的直接投资和对运输企业的拥有来直接提供运输基础设施或部分运输服务。

（4）对某种运输方式实行国有和国营，或反之，实行民营和私营等形式。

（5）行政手段。如对于运输所造成的环境污染问题，可以采取鼓励环境友好型运输方式发展、制定运输工具的废气排放和噪声标准、推广清洁能源等方法。另外，政府可以通过宣传以达到防止污染和减少交通事故发生的目的。

（6）直接进行有关运输技术和管理问题的研究，这也是政府制定和实施运输政策的重要手段。

6. 运输政策的功能

运输政策通过为各种运输方式，运输业者，运输业的消费者、投资者提供明确的规则，节省相关的信息成本、降低各种风险、降低交易费用等，激励运输业的潜在效率得到最大程度的发挥。具体来说，运输政策具有以下功能：

（1）导向功能。运输政策对一个国家运输业发展的方向具有引导作用，具有超前性、规范性等特点。

（2）激励功能。运输政策的激励功能，主要体现在对各种运输方式发展的影响上。

（3）再分配功能。运输政策的再分配功能是指对社会福利和经济利益在个体之间或地区之间进行重新分配的功能。

（4）提高运输效率、降低运输成本。由于各种运输方式技术经济特性的不同，各自最优的运输范围也不同，国家通过制定促进综合运输发展的运输政策，可以加强各种运输方式的分工与衔接，从而使一体化、无缝隙运输成为可能。在货运方面，可以降低货物运输在整个运输体系中的周转时间和运输成本，在客运方面则可以增强公众出行的便捷性。

运输政策的构成要素之间相互渗透，共同决定着运输政策全局并贯穿于运输政策运行过程的始终。这些构成要素的存在保证了运输政策框架结构的科学性和整体性。

12.1.3 运输政策的表现形式与作用

1. 运输政策的表现形式

运输政策总体上属于上层建筑，它直接或间接地表达对当前或未来交通的某种愿景，可以以多种表现形式出现。它可以是国家和省市的法律、法令、法规等，也可以是政府交通部门单独发布的或与其他相关部门联合发布的法案、条例、白皮书、方针、标准、纲要等。

2. 运输政策的作用

运输政策的制定与完善涉及众多复杂因素，国家或地区的经济发展水平不同，所处的地理位置、地形环境不同，能源的获取方式不同以及各种交通方式的投融资方式不同等，这些因素会对一个国家或地区的交通方式的组成结构，交通运输市场的运作以及各交通方式的互动等产生重要的影响。运输政策的具体作用表现在以下方面：①缓和通勤、通学高峰时段的交通拥堵状况；②促进地区间的交流；③实现高质量的运输服务；④改善地球环境。

12.2 我国货运交通政策的发展过程

运输业是国民经济发展的基本物质保证，但长期以来，运输供给短缺是中国社会经济发展中存在的一个突出问题，同时由于基础设施投资金额大、回收期长，并且存在着较强的外部性，所以运输业的发展需要运输政策的支持与指导。

中国运输业在新中国成立初期极度落后，经过几十年的建设，目前在全国范围内初步形成了铁路、公路、水路、航空和管道五种运输方式共存的、具有相当规模的综合运输网骨架（表 12-1）。

表 12-1　　中国运输线路长度增长情况　　单位：万 km

年份	铁路	公路	内河航道	民用航空	管道
1949	2.18	8.07	7.36	—	—
1950	2.22	9.96	7.36	1.14	—
1960	3.39	51	17	3.81	0.02
1970	4.1	63.67	14.84	4.06	0.12
1980	4.99	88.83	10.85	19.53	0.87
1990	5.34	102.83	10.92	50.68	1.59
2000	5.87	140.27	11.93	150.29	2.47
2010	6.62	400.82	12.42	276.51	7.85
2020	14.6	519.81	12.77	393.27	16.9

数据来源：《中国交通年鉴》。

但到目前为止，中国还没有形成一个国家批准实施、被各方面认可的权威性运输政策。总体来看，中国的运输政策一直处于扩大运输供给能力的阶段，但不同时期所采取的政策手段、政策力度有着很大的差异。

12.2.1 新中国成立前的运输政策（1949 年之前）

中国运输业的发展有着非常悠久的历史，为了确保对运输政策变迁过程分析的完整性，对新中国成立前的运输政策进行分析是必不可少的。

1. 古代的道路和水运政策

秦始皇统一中国后，实行了“通关塞”政策（消除六国割据时在各自边界修筑的道路障碍，统一修筑全国道路）和“车同轨”政策（对全国的车辆制造实行标准化，规定统一车宽六尺），使古代中国道路交通网变成了现实。另外，秦朝还修建了灵渠，从而将长江水系和珠江水系连接了起来。

后受中国古代重农抑商政策的制约，历代统治者对运输发展的重视主要是出于军事和政治的需要。

2. 晚清时期的铁路和水运政策

19 世纪，西方资本主义国家的入侵彻底打破了清政府的长期闭关锁国政策，轮船、铁路等现代化的运输方式也在中国出现。在经历了义和团运动和八国联军入侵后，清政府为维护其统治，于 1903 年实行新政，并颁布《铁路简明章程》，宣布向民间开放路权，将鼓励商办政策进一步明确化。由于民间资金不足、管理不善和各省各自为政等情况，商办政策在执行过程中仍出现了许多问题，因此清政府在实行商办政策的同时，继续借债修路。晚清时期的借债筑路政策对于中国铁路的建设起到了非常重要的作用。尽管在半殖民地半封建社会依靠外国进行铁路建设，要保持完整的利权实际上是不可能的，但借债筑路政策还是取得了非常显著的成效，初步筑成了中国国家铁路网络。

3. 民国时期的铁路政策

中华民国成立后，在孙中山的倡导下，民国元年（1912 年）一度出现了筹办铁路的热潮。1912 年北洋军阀袁世凯篡夺大总统后，继续实行铁路干线国有政策和借债筑路政策。1927 年国民党在南京成立了国民政府。国民党政府在“振兴实业”的旗号下制定了铁路建设计划和中外合资筑路政策，到 1949 年新中国成立前，中国铁路里程达到 22 600 km。

12.2.2 计划经济时期的运输政策（1949—1978 年）

新中国成立后，中国开始实行比较严格的计划经济体制。政府对运输业从投入到产出各个环节进行垂直控制，并实行严格的投资和运价管理。这一时期国家对运输业的政策主要体现在投资政策和运价政策两方面。

1. 低投资政策

1978 年以前，在高度集中的计划管理体制下，中国运输业的建设资金来源主要靠国家财政预算拨款。而在国家的重工业优先发展战略下，在国家财力有限的情况下，政府对运输业长期实行低投资政策，从而使运输业成为国民经济和社会发展的瓶颈产业。

从表 12-2 中可以看出，这一时期国家对运输业的投资比例远低于重工业的投资比例，也低于国家对能源工业的投资比例，而且国家对运输业的投资比例还处于不断下降的状态。此外，中国运输业基本建设投资的增长速度也是最低的。

表 12-2　　国民经济主要行业的基本建设投资比例(%)

时期	轻工业	重工业	能源工业	运输业
恢复时期(1950—1952)	—	—	—	20.9
“一五”时期(1953—1957)	6.4	36.2	12.4	14.6
“二五”时期(1958—1962)	6.4	54.0	17.1	12.7
调整时期(1963—1965)	3.9	45.9	15.1	12.3
“三五”时期(1966—1970)	4.4	51.1	15.9	14.4
“四五”时期(1971—1975)	5.8	49.6	17.6	17.1
“五五”时期(1976—1980)	6.7	45.9	20.9	12.0
“六五”时期(1981—1985)	6.9	38.5	20.4	12.3
“七五”时期(1985—1990)	7.5	44.3	27.5	11.7

数据来源：根据中国统计年鉴和交通邮电发展统计资料的有关数据编制。“—”表示未找到相关数据。

2. 低运价政策

为了保证国家的整体利益以及国民经济其他行业的平稳发展，降低国民经济各部门运输成本在总成本中的比重，根据中央政府的发展战略与安排部署，政府对运输业的价格实行严格管制，长期实行低运价政策。除了局部运价有所提高外，运价总水平基本上是稳定且略有下降的。而与此同时，政府对运输业还实行较高的税率政策，国家长期对运输业实行的低运价和高税率政策，属于重新分配经济利益的运输政策，是对经济利益在运输业与国民经济其他行业之间进行的重新分配。

12.2.3 改革开放初期的运输政策（1978—2000 年）

1978 年 12 月，党的十一届三中全会的召开标志着中国进入改革开放时期。这一时期，国家高度重视运输业，将运输业的发展提到了非常重要的战略地位，并制定了一系列促进运输业发展、扩大运输能力的运输政策。

1. 运输政策的发展方向

运输政策首先体现在国家的五年计划中。“六五”和“七五”计划将交通产业列为国民经济建设的战略重点；“八五”“九五”计划都明确提出要加强综合运输体系的建设，建立综合运输体系成为这一时期指导中国交通运输建设的战略方针和一项国策；“九五”计划继续把交通列为经济建设的战略重点，继续加强基础设施和基础工业的建设。

2. 对公路和水路运输的放松管制政策

中国最早的运输政策变迁是从公路和水路运输开始的。

（1）“贷款修路，收费还贷”政策。国务院于 1984 年 12 月出台了“贷款修路，收费还贷”政策。该政策包括两个方面含义：一是指贷款筹资的方式，即国家实行该项政策以后，由银行提供大批的贷款来解决公路建设资金缺口问题；二是指还款方式，即通过收取公路车辆通行费，在除去必要的管理费后用来还本付息。

（2）价格和市场准入的放松管制政策。在公路运输方面，随着市场经济成分的引入，个体运输大量增加，国营公路运输部门实行了形式多样的经济承包制，水运部门在长江实行了港、航分管和港口下放政策，沿海港口也先后实行了港口下放、港务部门与装卸部门脱钩的各项改革。

3. 对民航放松进入管制和运价管制政策

民航运输业实行的一系列允许地方政府和民间资本投资民航、征收民航基础设施建设基金等政策，促进了民航的快速发展。

（1）民航放松进入管制政策。1993 年，经国务院批准，民航局颁布了国内投资经营民用航空企业有关政策，鼓励国内资本投资民航，实现投资主体和所有制的多元化。

（2）民航放松运价管制政策。经国务院批准，从 1993 年起，在提高国内航空票价的基础上，征收民航基础设施建设基金，由航空公司代收代缴，财政部列收列支，用于机场、航路和空中管制等基础设施建设。

4. 对铁路的严格管制政策

曾经处于运输业“老大”地位的铁路，由于建设规模的严重不足，成为国民经济发展的“瓶颈”产业。

国家对铁路实施严格的投资和运价管制政策，再加上铁路自身政企合一的管理体制，铁路发展所需的资金严重短缺，使铁路发展错过了最好的发展时期，与国家大力促进公路和民航发展的政策存在着很大的差距。

12.2.4 现阶段的运输政策（2000 年至今）

目前，国家出台了一系列投资政策和路网规划，为即将展开的大规模路网建设提供了非常有利的政策支持。

1. 运输业的发展战略

"十五"规划确立了中国交通运输发展的长期战略目标，即以市场经济为导向，以可持续发展为前提，建立客运快速化、货运物流化的智能型综合交通运输体系。

"十一五"规划从建设资源节约型和环境友好型社会的角度，将综合运输体系的建设提上重要日程，在加快各种运输方式发展的同时，进行运输资源的优化配置，促进运输的一体化，以充分发挥运输的整体运输能力。

综合运输体系的建设成为这一时期运输业发展的新战略，完全符合运输经济运行的内在规律要求。非公有资本是中国当前最具活力的经济成分，将其引入运输基础设施领域，对于民航和铁路领域投资主体多元化，提高运输效率，促进运输业发展，更好地满足国民经济和社会发展的需要都具有积极意义。

"十二五"规划紧扣 "科学发展"这一主题，围绕"加快转变发展方式"这条主线，包含了综合运输、公路交通、水路交通、民用航空、邮政服务以及城市客运管理等方面内容，体现了交通运输业发展的时代要求，体现了"适度超前"的交通运输发展战略。

"十三五"规划面向支撑全面建成小康社会的攻坚期、优化网络布局的关键期、提质增效升级的转型期的新时代特征，提出切实转变发展思路、方式和路径，优化结构、转换动能、补齐短板、提质增效，更好地满足多元、舒适、便捷等客运需求和经济、可靠、高效等货运需求；要更加注重提高交通安全和应急保障能力，提升绿色、低碳、集约发展水平；要适应国际发展新环境，提高国际通道保障能力和互联互通水平，有效支撑全方位对外开放，有效地支持现代化建设新阶段的进一步发展。

"十四五"规划强调了现代物流在构建现代流通体系、促进形成强大国内市场、推动高质量发展、建设现代化经济体系中发挥着先导性、基础性、战略性作用。

2. 铁路政策

1）中长期铁路网规划

为根本缓解运力持续紧张的局面，2008 年 11 月国务院审议通过了《中长期铁路网调整规划方案》（以下简称《调整方案》）。规划确立了铁路网发展的目标：到 2020 年，全国铁路营业里程达到 12 万 km，主要繁忙干线实现客货分线，复线率和电化率均达到 60%。运输能力满足国民经济和社会发展需要，主要技术装备达到或接近国际先进水平。

《调整方案》实施后，我国铁路网规模进一步扩大，路网结构更加合理，运输能力大幅度提高，运输质量迅速提升，繁忙通道实现客货分线。

2016 年，国家出台以"八纵八横"高铁网为主通道的《中长期铁路网规划》以来，我国铁路建设投资连续保持在每年 8 000 亿元以上，"八纵八横"高铁主通道目前建成运营规模达 70%。京沪、京哈、京港澳、沪昆、广昆等通道已贯通，沿海、陆桥、京昆、兰广等通道剩余区段正在加快建设。截至 2020 年 7 月底，中国高铁运营里程已经达到 3.6 万 km，稳居世界第一，城区人口 100 万以上的城市高铁覆盖率达到 94.7%。

2020 年，《新时代交通强国铁路先行规划纲要》发布，明确了中国铁路 2035 年及 2050 年的发展目标和主要任务。以“八纵八横”为主通道的高铁网和普速铁路网都将进一步优化和完善。

2）铁路放松进入管制的政策

铁道部于 2005 年 7 月 22 日发布了《关于鼓励支持和引导非公有制经济参与铁路建设经营的实施意见》，对国内非公有资本开放四大领域：铁路建设领域、铁路运输领域、铁路运输设备制造领域、铁路多元经营领域，同时还出台了七项措施为非公有资本的进入提供政策支持和法规保障。

2020 年末，国家发展改革委等单位发布了《关于推动都市圈市域（郊）铁路加快发展意见的通知》，其中明确指出，要创新铁路企业与地方政府合作方式，通过自主运营、合作运营、委托运营、购买服务等市场化方式，因地制宜、因线施策合理选择市域（郊）铁路运营管理模式，实现互利共赢。在确保运营安全的前提下，鼓励运营主体多元化发展，支持铁路运输企业、城市轨道交通运营企业等具有相关经验的市场主体参与市域（郊）铁路运营。鼓励有条件的线路探索网运分离、所有权与经营权分离等模式，支持市场主体通过租用线路时刻和车辆设备等提供运输服务。

3. 公路政策

1）《道路交通安全法》将运输安全纳入法制轨道

2003 年出台的《道路交通安全法》更加注重对弱势群体的保护，首次将“保护人身安全”列为立法目的，赋予行人在人行道上的绝对优先权。

2021 年，《道路交通安全法》全面修订，调整了原有的记分规则，并实行了如扣减记分等新办法，实现记分管理与教育引导相结合。

2）《收费公路管理条例》是对收费公路政策的立法化

2004 年的《收费公路管理条例》是对“贷款修路，收费还贷”政策的进一步规范和肯定，并将其上升为国家行政法规，通过法律手段对收费公路经营管理者的行为加以监管和规范，为公路的建设创造有利的法律环境。

2018 年，《收费公路管理条例》修订，力求从制度上解决收费公路债务问题，避免债务风险不断累积。它从根本上明确了提高收费公路设置门槛、收费公路的偿债期限和经营期限的确定原则、完善政府收费公路“统借统还”制度，以及建立养护管理收费制度等必要原则。我国收费道路发展模式进入新阶段。

3）公路规划

2022 年国务院审议通过了新的《国家高速公路网规划》提出：以国家综合立体交通网“6 轴 7 廊 8 通道”主骨架为重点，强化城市群及重点城市间的通道能力；有序推进对加强国际、区域、省际和城际联系具有重要作用的国家高速公路建设，优先打通主线和省际待贯通路段的新规划内容。

4. 港口政策

根据港口和农村公路的发展现状以及发展需求，国务院通过了《长江三角洲、珠江三角洲、渤海湾区域港口建设规划》，明确提出了今后港口建设的任务、重点和分地区的建设目标，并就资金筹措和管理体制等政策措施给出了初步设想。

5. 民航政策

1）民航进入管制政策的放松

民航局于2005年的4月1日发布了《国内投资民用航空业规定》，放宽了民航非公有制经济的市场准入，鼓励支持国有、非国有投资主体，包括集体企业、私营企业、其他非国有经济组织和个人投资民用航空业，鼓励支持各种投资主体以独资和参股形式投资航空运行、航空维修、航空油料供应、航空地面服务及其他相关的项目，鼓励支持各种投资主体以参股形式投资建设和经营机场。

2）民航运价管制的进一步放松

2004年4月20日开始实行的《民航国内航空运输价格改革方案》，将具体核定航线票价的直接管理，改为对航空运输的基准价和票价浮动幅度的间接管理，标志着中国民航体制的市场化改革又向前迈进一步。

3）民航管理体制的改革

民航于2002年进行了较彻底的政企分开改革，主要内容包括：民航局转变政府职能，即转换为监管者的角色；航空公司联合重组，重组后的六大航空集团公司与民航局脱钩，交由中央（国资委）管理；机场实行属地化管理；运价改革；等等。

12.3 我国目前实行的主要交通政策

交通政策作为国家对运输业实施调控的有效手段，旨在实现资源配置、产业布局、环境保护以及运输业与其他产业协调发展。

12.3.1 主要交通运输法规

目前，我国已颁布了不少相关的法律法规，如《公路法》《铁路法》《海商法》《港口法》等基本法律，同时也颁布了不少单行法规或行政规章，如《中华人民共和国道路运输条例》《道路货物运输及站场管理规定》《国内水路运输管理条例》《中华人民共和国国际海运条例》等。

12.3.2 运输管理的相关政策

在运输管理的法制化方面，无论是国家的运输政策和规划，还是管理机构的设置和变更，权利与义务的划分以及资金来源与分配，都以立法形式予以规定，以保证国家对交通运输的有效管理。根据不同时期的交通运输特点和问题，国家对交通运输业进行统一管理，并制定相应的运输法规，建立和完善各自的交通运输管理体系和法规体系。下面就当前我国交通运输发展的重点政策作简要介绍。

1. 多式联运政策

多式联运是指运输全程中至少使用公路、铁路、水路中的两种运输方式，主要运输集装箱货物，由多式联运经营人对货运全程负责，是一种高效集约的运输方式。随着改革开放以来我国经济的快速发展，基础设施建设逐渐完备，基本运输方式逐渐完善，在此基础上，加快多式联运的发展对于降低全社会物流成本、提高整体物流效率有着十分重要的意义。

在“十四五”阶段，优化调整运输结构成为加快建设交通强国、构建现代综合交通运输体系的一项重点工作。党的二十大报告明确提出，加快推动交通运输结构调整优化。国务院办公厅于 2022 年初印发《推进多式联运发展优化调整运输结构工作方案(2021—2025 年)》(以下简称《方案》),提出到 2025 年,多式联运发展水平明显提升,基本形成大宗货物及集装箱中长距离运输以铁路和水路为主的发展格局,全国铁路和水路货运量比 2020 年分别增长 10%和 12%左右,集装箱铁水联运量年均增长 15%以上。据测算,多式联运占全社会货运量比重每提高 1 个百分点,可降低社会物流总费用约 0.9 个百分点,节约成本支出 1 000 亿元左右。

具体来说,《方案》提出了以下六方面政策措施。①

一是提升多式联运承载能力和衔接水平。加快建设综合立体交通网。加快港口物流枢纽建设,完善铁路物流基地布局,有序推进专业性货运枢纽机场建设。健全港区、园区等集疏运体系,新建或迁建煤炭、矿石、焦炭等大宗货物年运量 150 万吨以上的物流园区、工矿企业及粮食储备库等,原则上要接入铁路专用线或管道。

二是创新多式联运组织模式。丰富多式联运服务产品,大力发展铁路快运,推动冷链、危化品、国内邮件快件等专业化联运发展。培育多式联运市场主体,鼓励港口航运、铁路货运、航空寄递、货代企业及平台型企业等加快向多式联运经营人转型。推进运输服务规则衔接,以铁路与海运衔接为重点,推动建立与多式联运相适应的规则协调和互认机制,深入推进多式联运“一单制”,探索推进国际铁路联运运单、多式联运单证物权化。加大信息资源共享力度。

三是促进重点区域运输结构调整。推动大宗物资“公转铁、公转水”。推进京津冀及周边地区、晋陕蒙煤炭主产区运输绿色低碳转型。加快长三角地区、粤港澳大湾区铁水联运、江海联运发展。

四是加快技术装备升级。推广应用标准化运载单元,积极推动标准化托盘(1 200 mm×1 000 mm)在集装箱运输和多式联运中的应用。加强技术装备研发应用。提高技术装备绿色化水平。

五是营造统一开放市场环境。深化重点领域改革,建立统一开放、竞争有序的运输服务市场。规范重点领域和环节收费。加快完善法律法规和标准体系。

六是完善政策保障体系。加大资金支持力度。加强对重点项目的资源保障。制定推动多式联运发展和运输结构调整的碳减排政策,鼓励各地出台支持多种运输方式协同、提高综合运输效率、便利新能源和清洁能源车船通行等方面政策。

2. 物流发展政策

2022 年 5 月国务院办公厅印发《“十四五”现代物流发展规划》,针对目前国内物流领域降本增效不够深化、结构性失衡、大而不强、部分领域短板突出等问题,提出到 2025 年,基本建成供需适配、内外联通、安全高效、智慧绿色的现代物流体系。具体目标包括:物流创新发展能力和企业竞争力显著增强,物流服务质量效率明显提升,“通道+枢纽+网络”运行体系基本形成,安全绿色发展水平大幅提高,现代物流发展制度环境更加完善。规划具体制定了四方面的政策措施:②

一是精准聚焦现代物流发展重点方向,加快物流枢纽资源整合建设,构建国际国内物流

① 资料来源:https://www.gov.cn/zhengce/content/2022-01/07/content_5666914.htm。

② 资料来源:https://www.gov.cn/gongbao/content/2023/content_5736713.htm。

大通道，完善现代物流服务体系，延伸物流服务价值链条，强化现代物流对社会民生的服务保障，提升现代物流安全应急能力。

二是加快培育现代物流转型升级新动能，推动物流提质增效降本，促进物流业与制造业深度融合，强化物流数字化科技赋能，推动绿色物流发展，做好供应链战略设计，培育发展物流经济。

三是深度挖掘现代物流重点领域潜力，加快国际物流网络化发展，补齐农村物流发展短板，促进商贸物流提档升级，提升冷链物流服务水平，推进铁路（高铁）快运稳步发展，提高专业物流质量效率，提升应急物流发展水平。

四是强化现代物流发展支撑体系，培育充满活力的物流市场主体，强化基础标准和制度支撑，打造创新实用的科技与人才体系。

3. 运输安全管理政策

对于货运安全来说，一方面是道路运输安全。《“十四五”全国道路交通安全规划》制定了“十四五”期间国内道路交通安全规划的具体目标，包括道路交通现代治理迈上新台阶，道路交通治理能力达到新水平，道路交通本质安全实现新提升，道路交通文明意识得到新提高，道路交通事故预防取得新成效。主要指标包括道路交通事故万车死亡率、较大道路交通事故起数、重特大道路交通事故起数、国省干线交通安全设施技术状况优良率、电动自行车和摩托车头盔佩戴率、汽车安全带佩戴率。①

另一方面则是货运涉及的危险货物运输。根据交通运输部于 2013 年发布、2016 年及 2019 年修正的《道路危险货物运输管理规定》，危险货物是指具有爆炸、易燃、毒害、感染、腐蚀等危险特性，在生产、经营、运输、储存、使用和处置中，容易造成人身伤亡、财产损毁或者环境污染而需要特别防护的物质和物品。道路危险货物运输是指使用载货汽车通过道路运输危险货物的作业全过程。从事道路危险货物运输，需要具备运输许可，使用专业车辆与设备管理，在运输过程中需要遵守道路危险货物运输规范，并且规定道路运输管理机构需要定期或不定期对道路危险货物运输企业或单位进行现场检查。②

4. 投融资政策

2019 年，24 部委联合发布《关于推动物流高质量发展促进形成强大国内市场的意见》，意见指出，要健全物流高质量发展的政策保障体系，将加强投融资支持方式创新。按照“扶优做强”原则，研究设立国家物流枢纽中央预算内投资专项，支持国家物流枢纽的物流基础设施建设。鼓励符合条件的金融机构或大型物流企业集团等发起物流产业发展投资基金，按照市场化原则运作，加强重要节点物流设施建设。支持符合条件的物流企业发行各类债务融资工具，拓展市场化主动融资渠道，稳定企业融资链条。鼓励持牌金融机构在相应的金融业务资质范围内开发基于供应链的金融产品，引导和支持资金流向实体企业，加大对小微企业融资支持力度。③

此外，《“十四五”现代物流发展规划》在具体实施保障部分指出，将加大金融支持力度，鼓励符合条件的社会资本按市场化方式发起成立物流产业相关投资基金。发挥各类金融机

---

① 资料来源：https://www.gov.cn/zhengce/zhengceku/2022-07/29/content_5703363.htm。

② 资料来源：https://xxgk.mot.gov.cn/2020/gz/202112/t20211224_3632786.html。

③ 资料来源：https://www.gov.cn/xinwen/2019-03/02/content_5370107.htm。

构作用，按照市场化、法治化原则，加大对骨干物流企业和中小物流企业的信贷支持力度，拓宽企业兼并重组融资渠道，引导资金流向创新型物流企业。在仓储物流行业稳妥推进基础设施领域不动产投资信托基金(Real Estate Investment Trust，REITs)试点。鼓励保险公司开发农产品仓储保鲜冷链物流保险，提升鲜活农产品经营和质量安全风险保障水平。

12.3.3 可持续发展交通政策

在过去的"十三五"规划阶段，公路、水路交通运输行业在污染控制、生态保护与建设、污染事故应急处置及环保监管能力建设等方面取得了显著进展，初步适应了国家环境保护政策的要求，并为行业的快速、可持续发展提供了有力支持。在客货运输领域，污染治理取得了初步成效，污染物排放总量得到了有效的控制，污染应急防范能力明显增强。

然而，目前在"十四五"规划阶段，中国面临着新的交通运输挑战和问题。道路运输中的外部性问题和能源浪费问题仍然是重要的考虑因素。道路运输作为准公共物品，其外部性问题日益突出，对环境的影响仍然存在一定的挑战。在运输需求不断增长的背景下，合理控制外部性，维护社会的健康可持续发展仍然是交通运输政策的重要任务。

1.《中国交通的可持续发展》白皮书[①]

国务院新闻办公室于2020年12月发布《中国交通的可持续发展》白皮书，系统介绍了新时代中国交通发展成就，分享了中国交通可持续发展的理念和实践。

在从交通大国向交通强国迈进的过程中，我国基础设施从"连线成片"到"基本成网"，运输服务从"走得了"到"走得好"，交通科技从"以跟跑为主"到"跟跑、并跑、领跑并行"；在服务决战脱贫攻坚和决胜全面小康的领域中，交通行业坚决打赢交通扶贫脱贫攻坚战，"四好农村路"建设推动贫困地区交通高质量发展，交通助推广大农民脱贫致富奔小康；在推进交通治理现代化的过程中，通过推进交通治理体系改革，推进交通运输绿色发展，加强安全防控和应急保障能力建设，使得交通治理能力得到提升。

白皮书最后提出我国交通发展的具体目标——到2035年，基本建成交通强国。现代化综合交通体系基本形成，人民满意度明显提高，支撑国家现代化建设能力显著增强。拥有发达的快速网、完善的干线网、广泛的基础网，城乡区域交通协调发展达到新高度。基本形成都市区1小时通勤、城市群2小时通达、全国主要城市3小时覆盖的"全国123出行交通圈"和国内1天送达、周边国家2天送达、全球主要城市3天送达的"全球123快货物流圈"，旅客联程运输便捷顺畅，货物多式联运高效经济。智能、平安、绿色、共享交通发展水平明显提高，城市交通拥堵基本缓解，无障碍出行服务体系基本完善。交通科技创新体系基本建成，交通关键装备先进安全，人才队伍精良，市场环境优良。基本实现交通治理现代化。交通国际竞争力和影响力显著提升。交通运输全面适应人民日益增长的美好生活需要，为基本实现社会主义现代化提供有力支撑。

2.《绿色交通"十四五"发展规划》[②]

2021年10月，交通运输部正式印发了《绿色交通"十四五"发展规划》(以下简称《规划》)，《规划》是为了落实《中华人民共和国国民经济和社会发展第十四个五年规划和

① 资料来源：https://www.gov.cn/zhengce/2020-12/22/content_5572212.htm。

② 资料来源：https://www.gov.cn/zhengce/zhengceku/2022-01/21/content_5669662.htm。

2035 年远景目标纲要》要求，按照《交通强国建设纲要》《国家综合立体交通网规划纲要》相关战略部署，基于“生态优先，绿色发展”“系统推进，重点突破”“创新驱动，优化结构”“多方参与，协同共治”的基本原则制定的“十四五”时期交通运输绿色发展的重要纲领性文件。

《规划》具体介绍了“十三五”期间绿色交通发展成效，“十四五”期间绿色交通的发展目标，以及主要任务与保障措施。主要目标为到 2025 年，交通运输领域绿色低碳生产方式初步形成，基本实现基础设施环境友好、运输装备清洁低碳、运输组织集约高效，重点领域取得突破性进展，绿色发展水平总体适应交通强国建设阶段性要求。

主要任务包括优化空间布局，建设绿色交通基础设施；优化交通运输结构，提升综合运输能效；推广应用新能源，构建低碳交通运输体系；坚持标本兼治，推进交通污染深度治理；坚持创新驱动，强化绿色交通科技支撑；健全推进机制，完善绿色交通监管体系；完善合作机制，深化国际交流与合作。

3.《“十四五”现代综合交通运输体系发展规划》

“十三五”时期，我国综合交通运输体系建设取得了历史性成就，基本能够适应经济社会发展要求，人民获得感和满意度明显提升，为取得脱贫攻坚全面胜利、实现第一个百年奋斗目标提供了基础保障，在加强交通运输保障、促进复工复产等方面发挥了重要作用。五年里，我国交通运输基础设施网络日趋完善，综合交通网络总里程突破 600 万 km，“十纵十横”综合运输大通道基本贯通。

根据国务院《“十四五”现代综合交通运输体系发展规划》，到 2025 年，我国综合交通运输基本实现一体化融合发展，智能化、绿色化取得实质性突破，综合能力、服务品质、运行效率和整体效益显著提升，交通运输发展向世界一流水平迈进。

12.4 国外运输政策介绍

12.4.1 美国现行主要交通发展政策

美国拥有世界最为庞大的交通运输系统，其现行主要交通发展政策由三部主要法律以及其他相关法律法规组成。三部主要法律分别是前进法案（MAP-21），修复美国地面运输法案（FAST ACT），交通基础设施融资和创新法案（TIFIA）。

1. 前进法案

前进法案于 2012 年颁布，是 2005 年颁布的《安全、负责灵活、高效运输公平法案》的后续替代，为联邦地面交通项目提供资金。它的重点是加强交通安全，简化项目交付，并促进创新。该法案为 2013 年和 2014 年财政年度拨款超过 1 050 亿美元，用于地面交通项目，并成为自 2005 年以来首次实施的多年期交通授权法案。前进法案改变了交通领域的投资框架，引导美国国家重要交通基础设施的增长和发展。

2. 修复美国地面运输法案

该法案于 2015 年通过，它建立在前进法案的基础之上，授权为公路、交通和铁路项目提供资金，在 2016 年至 2020 年财政年度援助超过 3 050 亿美元，为地面交通提供了长期的资金确定性，并且资金来源是通过联邦储备等渠道征集，并未增加交通用户的费用。它旨在改善交通基础设施，简化项目审批程序，并促进创新和安全。[①]

3. 交通基础设施融资和创新法案

该法案计划为美国具有国家和区域重要性的地面交通项目提供联邦信贷援助，包括直接贷款、贷款担保和备用信贷额度。TIFIA 信贷援助提供了更好的资本市场准入机会、灵活的还款条件以及可能比私人资本市场上类似工具更有利的利率条件。TIFIA 可以帮助推进符合条件的大型项目，这些项目之前可能因规模、复杂性或投资回报时间不确定而延迟或推迟。许多地面交通项目，包括公路、公共交通、铁路、多式联运货运和港口通道，都有资格获得援助。每 1 美元的联邦资金可以提供高达 10 美元的 TIFIA 信贷援助，并带动 30 美元的交通基础设施投资。[②]

此外，发布于 2017 年的《超越交通：2045》白皮书，讨论了客运和货运出行的长期趋势和新兴趋势，以及技术进步、气候变化、不断演变的治理机构和资金来源可能带来的影响。[③]

12.4.2 德国低碳交通政策

德国十分重视可持续发展问题，在 1992 年的里约会议上就对《21 世纪议程》作出承诺，将可持续发展确定为国家的长期战略目标。1994 年联邦德国基本法第 20a 条明确规定“国家本着对后代负责的精神保护人类生活的自然基础”，从此确定了德国的可持续发展纲要。2002 年 4 月，德国政府颁布了《德国前景》可持续发展战略，在这份文件中，德国政府将德国的可持续发展战略目标定义为“在当今时代的需求和子孙后代的生存前景之间达到均衡”，并把实行环保型交通运输政策作为可持续发展战略的重点目标之一。2016 年，德国响应《巴黎气候协定》，颁布了《2050 年气候行动计划》，其中对交通运输的低碳发展提出了明确的目标和规划。

1. 德国交通运输现状

德国交通高度发达，铁路、公路、水路和航空运输全面发展，以公路为主，截至 2020 年，全国公路网总长超过 64.4 万 km，其中 1.2 万 km 是高速公路[④]，这是仅次于美国和中国的世界上最长的高速公路网，并且路况大多处于良好状态。随着世界经济的发展和欧洲一体化顺利进行，德国在欧洲的政治、经济影响的日益扩大及其地理位置的特殊性，作为欧洲的交通中转国，未来德国交通所承担的货流量和客流量还会有较大幅度的增长，德国的交通会更加繁忙，东西向交通负荷将大大增加。

2. 德国低碳货运政策的主要内容

随着低碳发展成为全球化的趋势，德国也将交通方面的低碳转型作为《2050 年气候行动计划》中的重要内容，决定将交通部门温室气体年排放量从目前的约 1.6 亿吨二氧化碳当量减少到 2030 年的 9 500 万～9 800 万吨之间。目前交通运输约占德国温室气体总排放量的 1/5，尽管个体车辆的环保性和噪声性能有了显著改善，但机动车交通仍然会对环境产生不利影响。德国联邦环保局对低碳货运的战略包括但不限于以下方面[⑤]：

---

① 资料来源：https://www.transportation.gov/fastact。

② 资料来源：https://www.fhwa.dot.gov/ipd/finance/tools_programs/federal_credit_assistance/tifia/。

③ 资料来源：https://www.transportation.gov/sites/dot.gov/files/docs/BeyondTraffic_tagged_508_final.pdf。

④ 资料来源：https://www.worlddata.info/europe/germany/transport.php。

⑤ 资料来源：https://www.umweltbundesamt.de/en/topics/transport/sustainable-mobility。

(1) 降低货运交通量。主要通过改变土地利用方式和生产结构，或增加车辆利用率来缩短交通路线。目标是通过更多流动性而降低交通量。

(2) 提高环保交通方式比重。通过降低公路货运比例，提升铁路货运或航运比例。截至《2050年气候行动计划》发布，德国国内货运交通方面，重型货车的份额最大，占运输量的73%，铁路货运占17.7%，内陆水路货运占9.3%，在货运方式转换上有较大的提升空间。德国联邦交通和数字基础设施部预测，2010—2030年铁路货运增长率为43%，内河航运增长率为23%。特别是对于铁路货运，德国正在进行有针对性的铁路网络投资（包括铁路电气化），并建立适当的框架以促进将货运从公路转移到铁路。实现模式转移的另一个关键是有效改善多式联运的竞争条件，使其更有利于环境友好的铁路运输。①

(3) 提高清洁能源使用率。《2050年气候行动计划》强调了生物燃料的贡献，指出“在目标情景中，街道和铁路交通、部分航空和海运交通以及内陆航运的能源供应将转向生物燃料，否则主要转向可再生电力和其他温室气体中和燃料”。

思考题

[12-1] 简述运输政策的定义与作用，并列举我国现行的主要交通运输法律。
[12-2] 分析美国运输政策经历了哪几个阶段及每个阶段经历的时间。
[12-3] 具体说明我国交通政策每个发展阶段主要的运输政策。
[12-4] 简要说明我国目前就集装箱、多式联运方面的政策。
[12-5] 简要分析对我国现行高速公路收费情况的看法及建议。
[12-6] 请列举我国可持续发展交通政策。

① 资料来源：https://climate-laws.org/document/climate-action-plan-2050_37a5。

参考文献

[1] 顾民权．海港工程设计手册[M]．北京：人民交通出版社，2001.
[2] 邓爱民．交通枢纽与港站[M]．北京：人民交通出版社，2003.
[3] 王修智．交通运输[M]．济南：山东科学技术出版社，2007.
[4] 张远．运输港站与枢纽[M]．南京：东南大学出版社，2008.
[5] 胡思继．综合运输工程学[M]．北京：清华大学出版社，北京交通大学出版社，2005.
[6] 邵振一，董千里．道路运输组织学[M]．北京：人民交通出版社，2001.
[7] 张连富．物流学[M]．北京：人民交通出版社，2005.
[8] 沈志云，邓学钧．交通运输工程学[M]．2 版．北京：人民交通出版社，2003.
[9] 伊俊敏．物流工程[M]．2 版．北京：电子工业出版社，2009.
[10] 崔书堂，朱燕茹．交通运输组织学[M]．南京：东南大学出版社，2008.
[11] 徐瑞华，等．交通运输组织基础[M]．北京：清华大学出版社，2008.
[12] 盖宇仙．铁路货运组织[M]．北京：中国铁道出版社，2011.
[13] 吴芳．铁路运输设备[M]．北京：中国铁道出版社，2007.
[14] 刘其斌，马桂贞．铁路车站及枢纽[M]．北京：中国铁道出版社，2003.
[15] 陈宜吉．铁路货运组织[M]．北京：中国铁道出版社，2001.
[16] 戴实．铁路货运组织[M]．北京：中国铁道出版社，2012.
[17] 李永生．水路运输与港口商务管理学[M]．北京：人民交通出版社，2003.
[18] 徐大振，刘红，沈志江．水运概论[M]．北京：人民交通出版社，2005.
[19] 张丽君，侯超惠，胡国强，等．现代港口物流[M]．北京：中国经济出版社，2006.
[20] 张清，杜扬．国际物流与货运代理[M]．北京：机械工业出版社，2003.
[21] 洪承礼．港口规划与布置[M]．北京：人民交通出版社，1999.
[22] 苏波辉．国际货物运输[M]．大连：东北财经大学出版社，2007.
[23] 杨霞芳．国际物流管理[M]．上海：同济大学出版社，2004.
[24] 刘寿兰．国际货物运输[M]．北京：中国铁道出版社，1998.
[25] 张弦．物流设施与设备[M]．上海：复旦大学出版社，2006.
[26] 中国国际货运代理协会．国际货运代理理论与实务[M]．北京：中国商务出版社，2010.
[27] 徐循初，黄建中．城市道路与交通规划(下册)[M]．北京：中国建筑工业出版社，2007.
[28] 张潜，吴汉伯．城市物流[M]．北京：北京大学出版社，2011.
[29] 唐秀丽．城市物流[M]．北京：中国物资出版社，2011.
[30] 汪晓霞．城市物流配送管理[M]．北京：清华大学出版社，北京交通大学出版社，2012.
[31] 王炜．交通规划[M]．北京：人民交通出版社，2007.

[32] 杜红. 应用运筹学[M]. 杭州：浙江大学出版社，2010.
[33] 清华大学教材编写组. 运筹学[M]. 北京：清华大学出版社，2005.
[34] 王述英. 物流运输组织与管理[M]. 北京：电子工业出版社，2006.
[35] 戴彤焱，孙学琴. 运输组织学[M]. 北京：机械工业出版社，2006.
[36] 严新平，徐佑林. 交通运输业的现代物流[M]. 武汉：经济管理出版社，2005.
[37] 陈海滢，刘昭. 物联网应用启示录——行业分析与案例实践[M]. 北京：机械工业出版社，2011.
[38] 王伟. 计算机科学前沿技术[M]. 北京：清华大学出版社，2012.
[39] 姚祖康. 运输工程导论[M]. 上海：同济大学出版社，2008.
[40] 黄卫，路小波. 智能运输系统(ITS)概论[M]. 北京：人民交通出版社，2008.
[41] 王晓芳. 运输政策变迁的制度分析[M]. 北京：经济科学出版社，2011.
[42] 季令. 交通运输政策[M]. 北京：中国铁道出版社，2003.
[43] 杜文. 货运运输与配送管理[M]. 北京：机械工业出版社，2006.
[44] 中华人民共和国交通运输部. 危险货物道路运输规则：JT/T 617—2018[S]. 北京：人民交通出版社，2018.
[45] 国家技术监督局. 道路运输危险货物车辆标志：GB 13392—2005[S]. 北京：人民交通出版社，2005.
[46] 中华人民共和国建设部，中华人民共和国国家质量监督检验检疫总局. 铁路车站及枢纽设计规范：GB 50091—2006[S]. 北京：中国计划出版社，2006.
[47] 中华人民共和国国家质量监督检验检疫总局，中国国家标准化管理委员会. 集装箱公路中转站级别划分、设备配备及建设要求：GB/T 12419—2005[S]. 北京：中国标准出版社，2006.
[48] 国家市场监督管理总局，国家标准化管理委员会. 物流术语：GB/T 18354—2021[S]. 北京：中国标准出版社，2021.
[49] 中华人民共和国国家质量监督检验检疫总局，中国国家标准化管理委员会. 物流园区分类与基本要求：GB/T 21334—2017[S]. 北京：中国标准出版社，2017.
[50] 国家市场监督管理总局，国家标准化管理委员会. 物流中心分类与基本要求：GB/T 24358—2019[S]. 北京：中国标准出版社，2019.
[51] 中华人民共和国交通运输部. 公路货运站站级标准及建设要求：JT/T 402—2016[S]. 北京：人民交通出版社，2017.
[52] 中华人民共和国交通运输部. 海港总体设计规范：JTS 165—2013[S]. 北京：人民交通出版社，2014.
[53] 中华人民共和国住房和城乡建设部. 车库建筑设计规范：JGJ 100—2015[S]. 北京：中国标准出版社，2015.
[54] 上海市住房和城乡建设管理委员会. 建筑工程交通设计及停车库(场)设置标准：DG/TJ 08—7—2021[S]. 上海：同济大学出版社，2021.
[55] ICAO. 国际民用航空公约 附件 14—机场[S]. Montreal：ICAO，2018.
[56] 中华人民共和国住房和城乡建设部. 城市综合交通体系规划标准：GB/T 51328—2018[S]. 北京：中国建筑工业出版社，2018.
[57] 中华人民共和国交通部. 运输货物分类和代码：JT/T 19—2001[S]. 北京：人民交通出版社，2001.
[58] 中华人民共和国铁道部. 铁路货物运输品名分类与代码：TB/T 2690—1996[S]. 北京：中国铁道出

版社，1996.
[59] 中华人民共和国国家质量监督检验检疫总局，中华人民共和国建设部. 铁路线路设计规范：GB 50090—2006[S]. 北京：中国标准出版社，2006.
[60] 中华人民共和国住房和城乡建设部. Ⅲ、Ⅳ级铁路设计规范：GB 50012—2012[S]. 北京：中国标准出版社，2012.
[61] 中华人民共和国铁道部. 铁路车站货运作业 第5部分：货运检查作业：TB/T 2116.5—2005[S]. 北京：中国铁道出版社，2005.
[62] 中华人民共和国铁道部. 铁路站场客货运设备设计规范：TB 10067—2000[S]. 北京：中国标准出版社，2000.
[63] 中华人民共和国住房和城乡建设部. 内河通航标准：GB 50139—2014[S]. 北京：中国计划出版社，2015.
[64] 姜立得，程辉. 保税物流园区设计[J]. 水运工程，2009(7)：194-197.
[65] 赵丽君. 城市货运交通规划研究：以沈阳市为例[R]. 上海：同济大学建筑与城市规划学院，2007.
[66] 闫振英，朱晓宁，韩要稳. 关于物流园区的交通设计问题探讨[J]. 物流科技，2007(9)：87-89.
[67] 王国花，刘晋霞，王广先. 三级物流节点的数量规划理论及运用[J]. 物流工程与管理，2011,33(3)：40-42.
[68] 宋晓俊，毛海军. 关于物流园区出入口设计优化[J]. 物流技术，2009，28(11)：92-94.
[69] 戴炜. 城市货运交通体系政策研究[J]. 城市交通，2008,6(1)：54-58.
[70] 胡铁钧，周伟，王元庆. 浅析货运需求与国民经济活动之间的量化关系[J]. 交通世界(运输·车辆)，2005(6)：18-21.
[71] 贺竹磬，孙林岩. 联合运输研究综述[J]. 长安大学学报(社会科学版)，2006,8(4)：32-36，41.
[72] 张梦迪，黄鑫，伍峰，等. 国外铁路货运发展战略分析及对我国铁路发展的启示[J]. 铁道货运，2021，39(12)：86-91.
[73] 周俊安. 航道的等级划分与通航条件[J]. 中国水运报，2009,28(7)：2-11.
[74] 罗跃华. 集装箱船舶的大型化发展趋势[J]. 水运管理，2011,33(7)：37-39.
[75] 王燕，魏国辰. 北京特色农产品物流配送现状与发展趋势分析[J]. 中国集体经济·商贸流通，2009：112-113.
[76] 杨涛，杨东援，何永占，等. 新型城市地下货运交通系统[J]. 国外城市规划，2002(1)：45-46.
[77] 张明聚，钱七虎，唐吉力. 现代地下货物运输系统的研究与进展[J]. 北京工业大学学报，2005,31(6)：580-584.
[78] 曹静. 区域综合交通运输通道布局规划方法初探[J]. 才智，2008(4)：199-200.
[79] 张戎. 上海市货运发展政策框架研究[J]. 综合运输，2011(11)：29-31.
[80] 魏光兴. 物流配送中心选址方法综述[J]. 交通企业管理，2005：48-49.
[81] 王岳丽，曾海川. 芝加哥大都会地区货运政策与规划[J]. 城市交通，2009,7(5)：56-61.
[82] 鲍香台，李旭宏，何杰. 公路快速货运系统发展现状及政策建议[J]. 东南大学学报(自然科学版)，2003，33(6)：782-787.
[83] SEAN A，ALON B，et al. Planning for freight in the Central Puget Sound Region：Partnerships in local and regional transportation[R]. San Diego，2009.

[84] GENEVIEVE G, JOSE-LUIS A, ZHOU J P, et al. A freight analysis and planning model[R]. Los Angeles, 2011.
[85] 刘培忠. 物流园区交通系统规划设计[D]. 南京：东南大学，2008.
[86] 闫振英. 物流园区功能布局及其道路交通的研究[D]. 北京：北京交通大学，2007.
[87] 肖允兵. 现代物流中心规划设计分析与研究：以泰山物流中心规划设计为例[D]. 青岛：青岛理工学院，2010.
[88] 马晓燕. 公路零担货运发展方式分析[D]. 西安：长安大学，2011.
[89] 张烁君. 公路物流配送中心的设计与研究[D]. 合肥：合肥工业大学，2007.
[90] 王楠. 深圳地区铁路货运站发展规划研究[D]. 北京：北京交通大学，2008.
[91] 滕彦彬. 现代物流发展背景下的道路货运场站系统规划研究[D]. 成都：西南交通大学，2009.
[92] 李东. 现代航空港空间设计理论研究[D]. 天津：天津大学，2004.
[93] 马路阳. 演变·联系：基于体系的现代航空港设计研究[D]. 上海：同济大学，2010.
[94] 徐化龙. 铁路货运发展策略研究[D]. 成都：西南交通大学，2006.
[95] 汤宇卿. 城市流通空间研究[D]. 上海：同济大学，2002.
[96] 陈菊. 城市物流通道系统布局优化理论与方法研究[D]. 成都：西南交通大学，2007.
[97] 江琴. 城市货运干道沿线空间设计研究[D]. 成都：西南交通大学，2008.
[98] 邓爱民. 城市配送系统优化研究[D]. 武汉：武汉理工大学，2005.
[99] 赵丽君. 城市货运交通规划研究[D]. 上海：同济大学，2007.
[100] 杜志芳. 综合货运枢纽公路货运场站布局规划研究[D]. 北京：北京交通大学，2010.
[101] U.S. Department of Transportation. Freight transportation improvements and economy[R]. Washington, DC, 2004.
[102] ICF Consulting. 21st Century Freight Mobility[R]. 2004.
[103] Climate Techbook. Freight transportation[R]. 2010.
[104] U.S. Department of Transportation. Intelligent transportation systems and intermodal freight transportation[R]. 1996.
[105] U.S. Department of Transportation, Federal Highway Administration. Urban Freight Case Studies: Orlando[R]. Washington, DC, 2009.
[106] U.S. Department of Transportation, Federal Highway Administration. Urban Freight Case Studies: Washington, DC[R]. Washington, DC, 2009.
[107] U.S. Department of Transportation, Federal Highway Administration. Urban Freight Case Studies: New York[R]. Washington, DC, 2009.
[108] U.S. Department of Transportation, Federal Highway Administration. Urban Freight Case Studies: Los Angeles[R]. Washington, DC, 2009.
[109] World Economic Forum, Mckinsey Company. Road freight zero: Pathways to faster adoption of zero-emission trucks[R]. 2021.
[110] U.S. Department of Transportation, Bureau of Transportation Statistics. Transportation statistics annual report 2022[R]. Washington, DC, 2022.
[111] STACY C D, ROBERT G B. Transportation energy data book: Edition 40[R/OL]. https://www.

ornl. gov/publication/transportation-energy-data-book-edition-40.

[112] U. S. Environmental Protection Agency. Inventory of U. S. greenhouse gas emissions and sinks: 1990—2021[R]. 2023.

[113] American Transportation Research Institute. An analysis of the operational costs of trucking: 2023 Update[R]. 2023.

[114] Policy and Economics Department Association of American Railroads. Quarterly rail cost adjustment factor surface transportation board[R]. 2023.

[115] 中华人民共和国国家质量监督检验检疫总局,中国国家标准化管理委员会. 汽车、挂车及汽车列车外廓尺寸、轴荷及质量限值: GB 1589—2016[S]. 北京: 中国标准出版社, 2016.

[116] 中华人民共和国住房和城乡建设部. 城市道路工程设计规范: CJJ 37—2012[S]. 北京: 中国建筑工业出版社, 2012.

[117] 中华人民共和国交通运输部. 公路工程技术标准: JTG B01—2014[S]. 北京: 人民交通出版社, 2015.

[118] 中华人民共和国住房和城乡建设部. 物流建筑设计规范: GB51157—2016[S]. 北京: 中国建筑工业出版社, 2016.

[119] 宋海良, 吴澎, 邓筱鹏, 等. 外高桥现代集装箱港区规划与设计[J]. 水运工程, 2009, 423(1): 183-194.

[120] 张梓巍, 白玉星, 李晨曦. 全球导航卫星系统的发展综述[J]. 科技与创新, 2023(9): 150-152.

[121] LEE N L, GIFFORD J. MAP-21 to FAST Act: Did the transportation infrastructure finance and innovation act program better support high-risk transportation infrastructure projects [J]. Transportation Research Record, 2021, 2675(10): 481-490.